Ich lebe im jenseitigen Kinderreich

von
Sylvia Barbanell

Verlag „Die Silberschnur"

ISBN 3-923 781-45-8

Titel der Originalausgabe: When a child dies.
© Psychic Press, London
Aus dem Englischen übersetzt von Dr. Wolf Friedrich und Hannelore Friedrich.
Umschlagsgestaltung: Alois Hauslian, Bad Honnef

Druck: Strüder-Druck, Neuwied
Printed in Germany
1. Auflage 1991

Verlag „Die Silberschnur" GmbH
Heddesdorfer Str. 7, D-5450 Neuwied

Inhaltsverzeichnis

Einleitung 5
I. Die Herausforderung eines kleinen Mädchens . 18
II. Der Lebensfunken 23
III. Einige werden hinweggenommen 27
IV. Der Schleier hebt sich 30
V. Ruth Anne kommt zurück 46
VI. Telepathie ist ausgeschlossen 65
VII. Weitere Beweise aus dem Jenseits 72
VIII. Zeichen und Wunder 83
IX. Beweise durch Totgeborene 102
X. So ihr nicht werdet 114
XI. Warum sie zurückkommen 132
XII. „Dein Knecht hört" 142
XIII. Die Gaben des Geistes 153
XIV. Zwischen den Welten 173
XV. Rat aus dem Jenseits 182
XVI. In Liebe Verbundene finden sich wieder 198
XVII. Hinter dem Schleier 204
XVIII. Augenblicke in der Ewigkeit 213
XIX. „Denn ihrer ist das Himmelreich" 230
XX. Bürger von morgen 246
XXI. Das große Abenteuer 262

„Wenn Dein Kind stirbt" von Sylvia Barbanell,
Verfasserin des Buches „Wenn dein Tier stirbt":

An alle, die ein Kind betrauern!

Silberbirke, ein indianischer Weiser aus der geistigen Welt, hat Eltern, die ein Kind betrauern, einmal diese Botschaft übermittelt:

Weine nicht, weil du meinst, du habest für immer die schönste Blume in deinem Garten verloren. In Wahrheit ist diese Blume in einen weit schöneren Garten versetzt worden, wo sie größeren Duft verbreitet und weit lieblicher und schöner ist, als sie es auf Erden je hätte sein können. Ihr sind viele der traurigen und kummervollen Geschehnisse auf Erden erspart geblieben — manche Grausamkeiten und viele verderbliche Einflüsse. Dein Kind wird all das Viele, das dein eigenes Leben verdunkelt hat, nie kennenlernen. Freue dich, daß einer jungen Seele die Freiheit geschenkt wurde, die durch das Elend, das deine Welt heimsucht, nie bekümmert werden wird. Trauere nicht um dein Kind; gräme dich, wenn du willst, um deinen eigenen Verlust, denn dir wird das kleine strahlende Gesicht fehlen, das kindliche Plappern, die so kleine Gestalt. Wenn deine Augen es auch nicht sehen, deine Ohren es nicht hören können, dein Kind ist immer gegenwärtig. Wenn du aufhörst, Tränen zu vergießen, die vor deine Augen einen Schleier ziehen, wirst du die Wahrheit erkennen, daß es in Gottes großem Reich keinen Tod gibt und alle unter weit besseren Verhältnissen weiterleben in einer Welt, die reicher und lieblicher ist als alles, was du jemals erträumt hast. Trauere nicht um dein Kind. Wisse, daß ein liebender Gott dem Kind Engel geschenkt hat, die es schützen werden, und dein Kind wird, wenn die Zeit sich erfüllt hat, mit dir wieder vereinigt werden.

Einleitung

Der Ozeandampfer mit dem Reiseziel USA war bereit abzulegen. An Bord herrschte überall eine erregte Geschäftigkeit. Gepäckträger und Stewards eilten hierhin und dorthin. „Wer nicht mitfährt – an Land gehen!" riefen die Schiffsoffiziere laut und immer dringlicher. Letztes Händeschütteln, hastige Umarmungen, eilig wurden letzte Nachrichten ausgetauscht zwischen den Reisenden und denen, die gekommen waren, ihnen „Gute Reise" zu wünschen.

Ein Elternpaar umarmte den kleinen Jungen, der ohne sie fahren sollte, ein letztes Mal, bevor sie beide widerstrebend die Gangway hinunterschritten. Ein wenig später standen sie zusammen auf dem Kai, als das große, mächtige Schiff davonglitt. Mit Taschentüchern kräftig winkend, erweckten sie den Anschein herzlicher Fröhlichkeit, bis die Gestalt ihres Kindes dann nicht mehr erkennbar war. Da wandten sie sich einander zu, um sich gegenseitig zu trösten. Die Lippen der Frau zitterten, als sie sagte: „Ich kann den Gedanken kaum ertragen, daß er diese lange Reise ohne uns macht, obwohl ich weiß, daß Miss Halsall sich auf der Reise immer um ihn kümmern wird. Er fehlt mir so sehr. Was machen wir bloß ohne den Jungen?" Sie fing an, leise zu weinen.

„Liebling, sei nicht traurig," sagte ihr Mann tröstend. „Das Letzte, was wir von Bobbie gesehen haben, war doch sehr trostreich. Hast du nicht gesehen, wie sorgfältig Miss Halsall ihn beschützte, als er uns zum Abschied zuwinkte? Und er hat doch seine alte Lehrerin immer sehr gern gehabt. Ich bin ja so froh, daß sie auch diese Reise macht. War es nicht sehr nett von ihr, ihre Reise in die Staaten für dasselbe Schiff zu arrangieren? Wir waren uns ja einig, daß diese Reise das Allerbeste ist, was dem Jungen unter den gegebenen Umständen passieren konnte."

„Ach, ich weiß ja, daß du in allem recht hast," sagte seine Frau unter Tränen. „Ich freue mich so für ihn, daß er gefahren ist. Und es ist ja auch nicht so, als ob er zu Fremden käme."

„Das will ich meinen," sagte ihr Mann. „Er lebt ja doch drüben bei deiner eigenen Familie. Überleg mal, wie die sich über die Aussicht freuen, ihn bei sich zu haben. Bobbie hat einfach Glück, denn Miss Halsall mag ihn so gern und kümmert sich um ihn, bis dein Vater ihn am Schiff auf der anderen Seite des Atlantik abholt. Atlantik! Pah, Großer Teich, will ich sagen. Ist ja wirklich gar keine Entfernung – heutzutage weniger denn je zuvor!"

Er fuhr fort, mit sanften, ermutigenden Worten seiner Frau zu helfen, Fassung zu gewinnen. Sie bemühte sich, ihrer Gefühle Herr zu werden, als sie zu dem Zug gingen, der sie in ihr leerer gewordenes Zuhause bringen sollte.

„Bald ist mit mir alles wieder in Ordnung," versicherte sie ihrem Mann und versuchte unter Tränen zu lächeln. „Es ist einfach der Gedanke, daß Bobbie seine erste große Reise ohne uns macht. Natürlich weiß ich, daß alles nur zu seinem Guten ist und er in den Staaten glücklich sein wird. Und mein Vater wird ihm wirklich all die großartigen Gelegenheiten verschaffen können, die wir ihm nicht geben konnten." Sie trocknete sich ihre Tränen.

„Du bist mein tapferes Mädchen," sagte der Mann. „Im Geist können wir uns ja all die Orte vorstellen, die er besuchen wird. Angesichts von Radio und Kino, den Büchern, die wir gelesen haben, und all dem, was wir über Amerika gehört haben, meine ich, kennen wir das Land, wenn wir auch nie dort gewesen sind."

Seine Frau antwortete: „Das ist – weiß Gott – wahr. Er wird eine herrliche Zeit erleben." Dann, ein bißchen wehmütiger: „Aber er wird Mami und Papa nicht vergessen – das weiß ich."

„Das ganz gewiß nicht," antwortete der Vater des Jungen. „Zwischen uns besteht nun mal ein besonderes Band der Liebe, das niemand verändern könnte. Bobbies letzte Worte waren doch, daß er uns oft schreiben würde und alles erzählen, was er macht, deshalb können wir uns von jetzt ab auf seine Briefe freuen."

Als sie in den Zug einstiegen, sagte er nachdenklich: „Schließlich ist es ja nicht so, als ob Bobbie uns für immer verlassen hätte. Wir werden ihn ja später wiedersehen. Er ist vielleicht ein bißchen größer und ein bißchen reifer, wenn wir ihn wieder treffen, aber er ist ja immer noch unser Junge."

„Ja," stimmte seine Frau zu und wurde zusehends weniger traurig. „Wie du sagst – es ist ja nicht so, als sähen wir ihn nie wieder..." Als der Zug aus dem Bahnhof dampfte und Fahrt aufnahm, verfielen der Mann und die Frau in Schweigen, erfüllt von den Fragen, was die Neue Welt ihrem geliebten Sohn wohl bringen würde.

Ein anderes kleines Kind war ebenfalls auf dem Weg in die Neue Welt. Dies Mädchen machte seine erste Reise auch ohne Begleitung der Eltern, die nah bei ihr standen, und bereit waren, ihr Lebewohl zu sagen. Anders, als eben beschrieben, war auch die Abschiedsszene. Keine geschäftigen Leute, kein Lärm, keine Aufregung – hier in diesem Krankenzimmer. Das regelmäßige Ticken einer Uhr schien nur noch zu unterstreichen, wie ruhig die Atmosphäre war. Schweigend standen Vater und Mutter am Bett ihres sterbenden Kindes. Hand in Hand warteten sie darauf, daß der Geistkörper freigegeben würde von dem schmerzgeplagten physischen Körper, der ja nicht mehr benötigt würde in der geistigen Welt, in die sich die Kleine nun begab.

Mit ihren irdischen Augen konnten sie nicht sehen, was jetzt am Bett ihres Kindes geschah. Aber ihre kenntnisreiche Erfahrung mit dem Spiritualismus half ihnen, sich etwas von den Vorgängen geistig vorzustellen, die sich jetzt vollzogen, als Joans irdisches Leben dem Ende zuging.

Sie waren sich dessen bewußt, daß ihr kranker und leidender Körper nur ein armseliges Gegenstück war zu ihrem gesunden und von der Anlage her vollkommenen Geistkörper. Der ätherische Körper, das wahre Individuum, löste sich langsam von der so geliebten Gestalt ihrer Tochter.

Während des ganzen irdischen Lebens ist der Geistkörper mit der physischen Gestalt verknüpft durch ein feinstoffliches Band, unsichtbar für das Auge, und doch so real wie die Luft, die wir atmen, aber nicht sehen. Die Bibel nennt dies unsichtbare Band die „Silberschnur". Sie ist der Anker, die das Schiff in irdischen Wassern festhält.

Das feinstoffliche Band, das den irdischen Anker trägt, läßt sich während des Schlafes, wenn der Geist in andere Dimensionen geht, ausdehnen. Manche erinnern sich an ihre Erlebnisse, wenn sie während des Schlafes, in Bewußtlosigkeit oder in Trancezuständen vorübergehend von ihrem Körper gelöst sind. Aber erst, wenn der Tod uns ruft, wird das feinstoffliche Band vom Körper vollständig getrennt. Dann findet der Geist, das wahre Selbst, seine dauerhafte Ausdrucksform auf der Ebene der Existenz, die wir die geistige Welt nennen.

Diesen Eltern war das alles vertrautes Wissen.

Die Silberschnur, die Joans gequälten Körper an die Erde band, löste sich ganz. Die Eltern standen daneben und wußten, daß sie, hätten sie die Gabe des Hellsehens – die Gabe der meisten Medien – besessen, neben dem Bett ihres Kindes Wesen gesehen hätten, die die Welt „Tote" nennt. Sie wußten, daß viele ihrer liebsten bereits verstorbenen Verwandten und Freunde jetzt um das Bett ihrer Tochter herum waren und darauf warteten, den Neuankömmling in ihrer Welt, die sie bereits bewohnten, zu begrüßen. Da Joan in dem Wissen erzogen worden war, daß das Leben in einem ununterbrochenen Fluß weitergeht, würde sie sich nicht seltsam vorkommen oder gar erschrecken, wenn sich ihre geistigen Augen öffneten und sie unter denen, die gekommen waren, sie abzuholen, liebe und vertraute Gesichter erblicken würde.

Im Wissen um manche der feinstofflichen Vorgänge und der Aktivitäten, die sich in dem ruhigen Zimmer abspielten, schauten die Eltern zu und beteten. Und als ihre Kleine den letzten irdischen Atemzug tat und ihre erste Reise ohne sie antrat, da wandten sie sich einander zu, um sich zu trösten – der Mann bemühte sich, seiner eigenen Gefühle Herr zu werden, um seine Frau zu trösten. Ihr Kummer in dieser Stunde war etwas ganz Natürliches; die Tränen der Frau waren eine Erleichterung für die aufgestauten Gefühle und eine segensreiche Hilfe dafür, den Weg zu ebnen zu der stillen, sicheren Gefaßtheit, die sie ja auf Grund ihres Wissens besaß. Als erfahrene Spiritualisten, die unwiderlegliche Beweise für das Überleben nach dem Tode erhalten hatten, waren sie sich sicher, daß ihre Kleine noch lebte und nur ihr Körper zugrunde gegangen war.

Wie jene anderen Eltern, die ihrem Kind, das im Begriff war, über das Meer in die Neue Welt zu fahren, vorläufig Lebewohl gesagt hatten, äußerten auch Joans Eltern gegenseitig in dieser Stunde der Einsamkeit ähnliche Worte des Trostes. „Trockne deine Tränen, Liebste," sagte der Mann zu seiner Frau. „Sei tapfer – Joan ist in den Händen guter und fähiger Wesen, wie wir doch beide wissen. Nach einiger Zeit, wenn wir beide ruhiger geworden sind, können wir uns darauf freuen, zu hören, wie unser Liebling in seinem neuen Leben vorankommt. Sie hat uns dann bestimmt sehr viel zu erzählen."

Seine Frau antwortete: „Es ist ein wunderbarer Trost, zu wissen, daß sie hinübergegangen ist zu denen, die sie lieben. Und doch wird sie den Kontakt mit ihrer Mami und ihrem Papi nicht aufgeben wollen."

„Hab Geduld," antwortete der Mann. „Sie ist uns ja nur ein Stück des Weges vorangegangen. Wenn es Gott gefällt, werden wir alle wieder beieinander sein."

Ohne Zweifel war der größte Trost, den diese Eltern in den ersten Tagen nach Joans Fortgang hatten, ihr Wissen, daß sie weiterhin mit ihr würden in Kontakt bleiben können, bis sie mit ihr in der Welt, in der sie jetzt wohnte, vereinigt werden würden. Sie würden mit ihr sprechen können und sich vertraut machen mit der Lebensweise, die sie jetzt im Jenseits hatte.

Die geistige Welt ist mit ihren Schwingungen rings um uns herum. Es ist möglich, sich sozusagen auf die richtige Wellenlänge einzustellen und so mit denen in Kommunikation zu treten, die die Welt ‚tot' nennt. Medien haben die Fähigkeit, als Verbindungskanal zu dienen zwischen unserer Welt und der anderen. Diese Medien sind auf unsichtbare Schwingungen eingestellt. Sie wirken als Sender und Empfänger von Informationen weitgehend so, wie Rundfunkgeräte, Telegrafen- und Telefondienste. Kanäle sind für die Übermittlung irdischer Nachrichten. Wenn wir mit jemandem sprechen wollen, der auf einem anderen Kontinent lebt, müssen wir eine der bekannten Kommunikationsmethoden verwenden. Ganz gleich, wie eng das Band der Zuneigung ist, das uns mit den Freunden oder Verwandten im Ausland verbindet, wir müssen diejenigen Mittel akzeptieren, die für das Gespräch mit ihnen vorgesehen sind. Wenn die Kommunikationsverbindung in gutem Zustand ist, wird die Entfernungsbarriere vorübergehend überwunden. Weder können weite Ozeane, noch riesige Landflächen unsere Wiedervereinigung verhindern.

In derselben Weise wird, wenn ein Medium als Sender von Nachrichten zwischen der materiellen und der geistigen Welt wirkt, der Raum überwunden, und wir können leicht und ganz natürlich mit denen in Verbindung treten, die den Schleier des Todes durchschritten haben.

Während ihrer langdauernden Erfahrungen mit dem Spiritualismus hatten Joans Eltern bei zahllosen Gelegenheiten mit ihren 'toten' Verwandten und Freunden gesprochen. Auf dem Wege verschiedener Formen der Medialität hatten ihre Lieben ihr ununterbrochenes Überleben als Individuen manifestiert, die dieselben Charakteristika beibehalten hatten, die sich auch auf Erden gezeigt hatten. Die Eltern hatten viele öffentliche spiritualistische Zusammenkünfte besucht, wo Medien ihre Gabe des Hellsehens praktiziert und Beschreibungen ‚toter' Freunde und Verwandter für ihnen unbekannte Menschen unter den Zuhörern gegeben hatten.

Beweise für das Überleben nach dem Tode waren Joans

Eltern oft auf privaten Sitzungen mit Hilfe von geistigen Phänomenen gegeben worden, wobei Medien ihre Gabe des Hellsehens oder Hellhörens praktiziert hatten. Dabei waren sie oft für das Medium völlig Fremde. Solch eine private Sitzung war dann für sie von einer angesehenen spiritualistischen Gesellschaft arrangiert worden. Daß solche Organisationen die Namen der Sitzungsteilnehmer oder andere Informationen über sie dem Medium geben, ist nicht üblich. Bei solchen Sitzungen geht das Medium oft in Trance. Während dieser Zeit ergreift vom Körper des Mediums möglicherweise dessen geistiger Führer Besitz – ein erfahrenes und hochentwickeltes Geistwesen, dessen Aufgabe es ist, den Hinübergegangenen zu helfen, den Sitzungsteilnehmern Beweise für ihr Überleben zu vermitteln.

Joans Eltern hatten an Sitzungen mit Direkter Stimme teilgenommen, wo die ‚Toten' zum Zwecke des Erkennens ihre irdischen Stimmen reproduziert hatten. Auf Materialisationssitzungen hatten sie gesehen, daß sich die offensichtlich grobstofflichen Formen ihrer lieben Verstorbenen vor ihren Augen konkret ausbildeten. Sie waren bei medialem Fotografieren dabeigewesen. Wenn ein Medium, das diese Gabe besitzt, von einem lebenden Menschen eine Aufnahme macht und dazu eine gewöhnliche Kamera benutzt, erscheint auf dem Negativ oft eine zusätzliche Gestalt. Ein geistiges Wesen hat demselben Foto, das den Sitzungsteilnehmer zeigt, sein Bild aufgeprägt. Hunderte Verstorbener haben sich auf diese Weise gezeigt.

Diese Eltern, die die meisten Arten medialer Phänomene kennengelernt hatten, hatten in ihrem eigenen vertrauten Zuhause, ohne daß ein praktizierendes Medium anwesend war, mit ihren lieben Verstorbenen ernste Gespräche geführt. Überall in England gibt es viele Tausende solcher Hauskreise. Familienmitglieder und vielleicht ein oder zwei Freunde treffen sich ein- oder zweimal die Woche zu regelmäßigen Zeiten. Für erfolgreiche Sitzungen ist die wichtigste Voraussetzung die Harmonie unter den Sitzungsteilnehmern. Die meisten Menschen haben bis zu einem gewissen Grade mediale Kräfte. Oft sind sie verborgen, bis sie in einem solchen Hauskreis entdeckt und entfaltet werden. Meistens sitzen die Teilnehmer des Kreises um einen ganz gewöhnlichen Holztisch herum; die Hände liegen dabei leicht auf der Tischplatte. Die mediale Kraft macht es nun den Verstorbenen möglich, mit Hilfe einer Sprache von Klopfzeichen und Tischbewegungen in Kommunikation zu treten. Jedes Klopfzeichen oder eine Tischbewegung entspricht einem Buchstaben.

Aus all dem, was Joans Eltern während ihrer spiritualistischen Erfahrungen gelernt hatten, wußten sie, daß ihr kleines Mädchen in der Geisteswelt ziemlich genauso wie auf der Erde wachsen und heranreifen würde. Sie hatten keinerlei Zweifel, daß sie bei ihrem eigenen Übergang ihr Kind erkennen würden und ihr Kind sie. Warum sollte das auch nicht so sein, da sie ja doch viel Zeit in ihrem elterlichen Haus verbringen würde? Ihr irdischer Atem hatte zwar versagt, aber ihr Geist war doch nicht versetzt worden in einen vagen, abgelegenen Himmel jenseits der Wolken und jenseits allen Verstehens. Der Vorgang des Sterbens hatte sie freilich auch nicht verwandelt in ein engelhaftes Wesen mit Flügeln, das die Eltern nicht mehr erkennen könnten.

Diese Eltern wußten, daß der Astral- bzw. der Ätherkörper ihres Kindes zwar ein Gegenstück zum physischen Körper war, aber dennoch in ihrem neuen Seinszustand keine

Mängel des irdischen Körpers reproduzierte. Im Augenblick des „Todes" war das wahre Individuum aus der physischen Hülle herausgetreten, weil dieser in einer nichtphysischen Welt keinen Nutzen mehr bringen konnte. Der Geist und das Bewußtsein ihrer Tochter dagegen waren, da es sich um keine physischen Eigenschaften handelte, unzerstörbar. Ihre eigene Individualität würde im Zustand ihres neuen Lebens weiterhin konkret zum Ausdruck kommen. Die Eltern wußten, daß Joan im Augenblick nach dem Übergang genau dasselbe Kind war wie einen Augenblick davor. Ihren Charakter hatte der Tod nicht verändert, ebensowenig die Charakteristika, die für die Eltern die Kennzeichen für ihre geliebte Tochter waren. Diese Eigenschaften würden auch in Zukunft zum Ausdruck kommen, nun aber durch den geistigen Körper statt des materiellen.

Sie wußten, daß sie in der Neuen Welt, in die sie eingetreten war, ein Zuhause haben würde, das von ihrem irdischen nicht so gänzlich verschieden war, daß sie sich verloren und fremd vorkommen würde. Sie würde mit Verwandten und Freunden zusammenkommen, die sie in der Jenseitswelt kannten und liebten. Für jemanden, dem der Spiritualismus neu ist, mag es schwer sein zu glauben, daß in der Jenseitswelt Häuser und Gebäude so real und konkret sind wie unsere irdischen Heimstätten. Aber denken Sie doch für einen Augenblick an das, was in Träumen geschieht. Sind unsere Erlebnisse während des Schlafes, solange sie anhalten, nicht ebenso real wie unsere Tätigkeiten im Wachzustand? Während der Zeit unseres Träumens denken wir nicht „Ach, dieses Gebäude ist ja nicht wirklich solide!" Das Haus ist solide gebaut, und unsere Erfahrung wird nicht in Frage gestellt, weil wir während des Traumes vorübergehend außerhalb der physischen Dimensionen weilen. Die geistige Welt ist freilich in keinem Sinn des Wortes ein Traumzustand. Sie ist realer und dauerhafter als die irdische Welt, die wir zur Zeit bewohnen. Der Vergleich mit Träumen sei nur zur Erläuterung gegeben.

Das Wissen dieser Eltern um das Leben in der Jenseitswelt sagte ihnen, daß Joan in ihrer neuen Umgebung ein durchaus aktives Leben führen würde, das zwar mit der irdischen Existenz vergleichbar war, ihr aber reichere und umfassendere Möglichkeiten schenken würde, ihre wahre Persönlichkeit und ihr Bewußtsein zur Auswirkung kommen zu lassen. Auf ihr Kind wartete eine Vielzahl von Interessen, ein Leben voll glücklicher Erfüllung. Freunde würde sie finden und Gefährten; Bildung und Erziehung würde ihr zuteil in Schulen, die speziell dafür ausgestattet sind, ihr das Wissen zu vermitteln, das sie brauchte. Die Begabungen, die sie in ihrem kurzen irdischen Leben bereits gezeigt hatte, würden gepflegt und gefördert werden von Wesen in der geistigen Welt, die für die Entfaltung ihrer besonderen Fähigkeiten am besten geeignet sein würden. Darüber hinaus würden auch die verborgenen Fähigkeiten und Talente, die sie auf Erden noch nicht hatte zeigen können, gefördert werden. Denn es ist keineswegs so, daß Genie und Talent in einem Individuum nach dem ‚Tod' keine angemessene Verwirklichung mehr finden. Alle Koryphäen der künstlerischen Welt, die hinübergegangen sind, alle berühmten Komponisten, die hervorragenden Schriftsteller, die großen Wissenschaftler und Philosophen haben nicht aufgehört, ihre Begabungen in die Tat umzusetzen. Einige unter ihnen geben, weil sie so wunderbare Seelen sind, ihr Wissen an andere weiter.

In der geistigen Welt ist niemand am falschen Platz. Vielen

von uns ist oft wegen finanzieller Schwierigkeiten die Möglichkeit versagt, während unseres irdischen Daseins latente Begabungen zu verwirklichen. In einem Bergarbeiter ist vielleicht die Seele eines Mozart versteckt, aber er bekommt weder die Gelegenheit, noch die Zeit, sein verborgenes Talent zu entfalten. In der Jenseitswelt, in der materielle Werte keine Geltung haben und niemand seinen Lebensunterhalt verdienen muß, hat jeder die Möglichkeit, seine angeborenen Begabungen zu entfalten.

Für Joans Eltern war es ein Glück, daß sie dieses Wissen besaßen. Ihnen half die Gewißheit, daß ihr Kind weiterhin als Individuum existierte und sie den Kontakt mit ihr nicht verlieren würden, über die schwierigsten Tage hinweg. Es stillte ihren Kummer, beruhigte ihre Gefühle und gab ihnen den Mut, der Zukunft entgegenzusehen.

Sie sind vielleicht eine Mutter oder ein Vater — Eltern, die unter ähnlichen Umständen sich danach sehnen, in der Stunde der Betrübnis konkrete Hilfe und Führung zu erhalten. Der Körper Ihres Kindes, einst so voller Leben und Kraft, liegt nun still da. Die junge Knospe, einst so vielversprechend, ist nun dahin — die Hand des Todes hat den zarten Stengel geknickt. Wohin ist der Lebensfunke entschwunden, der eben noch den geliebten Körper belebte? Von tausend Fragen wird Ihr Geist gequält. Zweifel, Ängste und Verwirrungen setzen Ihrem Geist zu. Bevor dieser Kummer Sie erreichte, hatten Sie vielleicht keine religiösen Überzeugungen. Oder aber Sie haben den orthodoxen und konventionellen Glauben an ein zukünftiges Leben nie in Frage gestellt. Jetzt aber möchten sie mehr wissen. Die irgendwie mythologische Auffassung von einem fernen Himmel, bevölkert von weißgekleideten Engeln, wird unwirklich, ohne jede Überzeugungskraft. Der Gedanke, daß Ihr eigenes, so menschliches Kind in einen geflügelten Cherub verwandelt wird in einem nebulosen Reich, bringt in Ihre Stunde der Einsamkeit wenig Tröstliches.

Sie empfinden sehr, daß eine solche Umwandlung Sie ganz und gar scheidet von Ihrem Kind, das Sie so gut kannten und so sehr liebten. Ihre ganze Seele sehnt sich danach zu erfahren, was nun eigentlich mit dem kleinen Wesen geschehen ist, dessen geistige und körperliche Pflege vom Augenblick seiner Geburt Ihr Anliegen war. Sie fragen sich: „Wie ergeht es meinem Liebling ohne mich in dem fremden, neuen Leben? Vermißt er mich? Werde ich gebraucht? Was tut mein Kind und in wessen Obhut ist mein Liebling? Sehe ich mein geliebtes Wesen jemals wieder? Und wenn, wie werden wir uns wiedererkennen können? Kann ich wirklich mit meinem Geistkind in Kommunikation treten, und ist es recht, wenn ich es tue? Wird eine ständige Rückkehr zur Erde den Fortschritt meines lieben Kindes in der geistigen Welt verzögern?"

Wenn dies die Fragen sind, die Sie in Ihren Gedanken beunruhigen, dann werden Ihnen die Antworten, die auf den folgenden Seiten erscheinen, hoffentlich helfen. Zu diesem Zweck jedenfalls wurde dieses Buch geschrieben.

Kapitel I

Die Herausforderung eines kleinen Mädchens

„Es ist ein Fehler, die Toten zu beschwören." Wie viele Male habe ich diese Worte der Verdammung, gegen den Spiritualismus gerichtet, gehört! Mit einem solchen Vorwurf gibt man nur zu erkennen, daß man vom Thema nichts weiß. Spiritualisten stören die ‚Toten' nicht. De facto ist oft das Gegenteil der Fall: die ‚Toten' sind es, die uns stören!

An Hunderten von Séancen habe ich teilgenommen. Bei mehr als einer Gelegenheit habe ich gehört, daß eine ‚tote' Person darum bat, man möge den trauernden Verwandten oder Freunden die Information geben, daß der, um den sie trauerten, das Grab überlebt habe. Solche Informanten aus der geistigen Welt haben ihre Identität nachgewiesen. Weil diejenigen, die die Jenseitigen trösten wollten, für die Medien und für die Anwesenden völlig Fremde waren, mußten die ‚Toten' nämlich Namen und Anschriften liefern, bevor die Nachrichten weitergegeben werden konnten.

Spiritualisten ‚beschwören' die ‚Toten' nicht! Wenn der Große Geist, den wir Gott nennen, es nicht gewollt hätte, daß der Schleier zwischen den beiden Welten durchdrungen würde, wären die Bemühungen der ‚Toten' ebenso wie die Anstrengungen der Lebenden gänzlich zum Scheitern verurteilt.

Die Seiten der alten und neuen Geschichte sind voll von Beispielen medialer Erlebnisse derjenigen, die mit der Welt des Geistes Verbindung hatten. Propheten und Weise, Philosophen, Sozialreformer und Menschheitshelfer haben zu Zeiten aus der Jenseitswelt unmittelbare Inspirationen erhalten und ihre Offenbarungen in ihren Dienst am Nächsten umgesetzt. Religionen sind auf solche Erlebnisse gegründet worden. Der christliche Glaube beruht auf den Lehren des großen Jesus von Nazareth, der mit der Geisteswelt in ständiger Verbindung stand. Seine ‚Wunder' waren Manifestationen der Tatsache, daß er die Gesetze des Feinstofflichen meisterlich beherrschte. Die ewigen Wahrheiten, die der Nazarener lehrte, gingen später in einer Masse von Dogmen und Glaubenssätzen unter. Die Einfachheit seiner Worte, das Verständnis für seine Taten und deren Konsequenzen gingen in den komplizierten Ritualen gänzlich verloren. Von Zeit zu Zeit haben andere inspirierte Führer versucht, seine Lehren wieder zum Leben zu erwecken.

Über die Jahrhunderte hinweg haben heilige Männer und Frauen aus der geistigen Welt Offenbarungen empfangen. Mit ihren hellsichtigen Augen haben sie Schauungen erlebt; hellhörig haben sie Stimmen aus dem Jenseits vernommen. In der westlichen Welt gehören Jeanne d'Arc, Emanuel Swedenborg und George Fox zu einigen der großen Persönlichkeiten, die durch ihre Verbindung mit der geistigen Welt geistig erhoben wurden. Jeanne d'Arc wollte lieber den Martertod sterben als die mediale Quelle ihrer Inspirationen zu verleugnen.

Und doch sind in so vielen Fällen die Interpretationen der geistigen Mitteilungen durch die religiöse Erziehung und die orthodoxe Haltung der Mitteilungsempfänger gefärbt und beeinflußt worden. Im römisch-katholischen Glauben erzogen, setzte Jeanne d'Arc die strahlenden Persönlichkeiten ihrer geistigen Boten mit den Heiligen gleich, die zu verehren und zu bewundern man sie gelehrt hatte. Für die erfolgreiche

Erfüllung ihrer Mission war es natürlich und vielleicht sogar notwendig, daß das so war.

Der große schwedische Seher Emanuel Swedenborg war der Sohn eines Bischofs. In der Interpretation der Bedeutung und der Konsequenzen seiner außerordentlichen medialen Erlebnisse konnte auch er sich von seiner theologischen Ausbildung nicht lösen. Das auf orthodoxem oder theologischem Boden kultivierte Denken des Menschen kann nicht so leicht all das Unkraut religiöser Vorurteile ausreißen. Über die Jahrhunderte hinweg haben hochentwickelte Geister sich bemüht, die Tür des Mißverstehens und der theologischen Vorurteile aufzuschließen und zu beweisen, daß Kommunikation mit der Geisteswelt nicht das besondere Vorrecht weniger Erhabener ist, wie fleckenlos rein ihr Leben auch sein mag. Denn dieselben Naturgesetze, die wirksam waren, als der Nazarener nach seinem ‚Tode' vor seinen Jüngern erschien, sind auch heute gültig. Aber heute noch ist es so, daß junge Menschen „Träume träumen und Visionen schauen" wie in alten Zeiten. Die Gesetze des Universums sind unwandelbar, unabänderlich; unser Wissen über ihre Anwendung hat jedoch zusammen mit einem umfassenderen Verständnis für ihre Wirkungsweise zugenommen.

Das Wissen um die Möglichkeit der Kommunikation zwischen unserer Welt und der anderen, und zwar für einfache Menschen, wurde zum ersten Mal 1848 entdeckt – nicht etwa von einem großen Seher, sondern von zwei Kindern, deren schlichtes Denken nicht beeinträchtigt war von den Vorurteilen Erwachsener. Begonnen hatte alles mit der spielerischen Bitte eines kleinen Mädchens. In dem Dorf Hydesville, Staat New York, war ein Farmer namens Fox mit Frau und Familie in ein neues Heim eingezogen. Sie hatten ihre aus Holz errichtete Heimstätte noch nicht lange bewohnt, als sie nachts immer wieder seltsame Geräusche hörten. Klopfzeichen ertönten überall im Haus. Alle Bemühungen, der Ursache der Störungen auf die Spur zu kommen, schlugen gänzlich fehl. Im Laufe der Wochen nahmen die so unwillkommenen, unnatürlichen Gechehnisse an Heftigkeit und Häufigkeit zu. Möbelstücke bewegten sich, unsichtbare Hände zogen an Bettdecken, und überall im Haus hörte man Fußtritte.

Anfangs waren die Kinder von den unwillkommenen Geschehnissen ebenso beunruhigt wie die Eltern. Allmählich aber gewöhnten sie sich an die Phänomene und waren von ihnen eher amüsiert als erschreckt. Als sie eines Nachts im Elternschlafzimmer im Bett lagen, kamen ihnen die seltsamen Klopftöne lauter als sonst vor. Die 12jährige Katie, vielleicht besonders mutig geworden, weil die Eltern dabei waren, setzte sich im Bett auf. Zu dem unsichtbaren Störer ihrer Nachtruhe sagte sie: „Hey, Mr. Klumpfuß, mach, was ich mache!" Dabei klatschte sie in die Hände. Sofort folgte dem Klatschen dieselbe Zahl von Klopfzeichen. Um sich von der jüngeren Schwester nicht überbieten zu lassen, rief die damals 15jährige Margaret: „Jetzt mach's wie ich – zähle eins, zwei, drei, vier!" Sogleich waren vier Klopfzeichen zu hören. Von dem neuen Spiel erregt, machte Katie als nächstes ohne Worte Bewegungen mit ihren Fingern. Das unsichtbare intelligente Wesen machte die Zahl von Klopfzeichen, die der Zahl der geräuschlosen Bewegungen von Katie entsprach. „Schau, Mama," sagte das erstaunte Kind, „er kann sehen und hören!"

Weiteres Befragen durch Mrs. Fox ergab intelligente Antworten mit der Klopfmethode. „Ist es ein menschliches Wesen, das meine Fragen so korrekt beantwortet?" wollte sie wissen. Schweigen. „Ist es ein Geistwesen?" fragte sie. „Wenn ja, gib zwei Klopfzeichen!" Sofort folgten zwei Klopfzeichen.

Diese Kommunikationsmethode war zwar zwangsläufig langwierig und mühselig, aber man konnte doch feststellen, daß die Klopfzeichen von einem ‚toten' Mann gemacht wurden, einem Hausierer, der sagte, er sei im Alter von 31 Jahren in eben diesem Haus ermordet worden und seine Leiche liege unter dem Keller verscharrt. Er sagte ihnen, wie er ermordet worden sei und wer die Tat begangen hatte. Er machte einzelne Angaben über seine Frau und seine Kinder und nannte Ereignisse, die seit seinem Tod geschehen waren. Die Behauptungen dieses Gesprächspartners aus der jenseitigen Welt wurden überprüft und erwiesen sich als zutreffend. Seine sterblichen Überreste fand man an der Stelle, die er angegeben hatte.

Und so wurde mit der spielerischen Herausforderung an ein unsichtbares intelligentes Wesen der moderne Spiritualismus geboren.

Kapitel II

Der Lebensfunken

Der Körper des Menschen wird nicht durch physischen Stoff belebt. Wenn das Leben entweicht, stirbt der Körper, und das, obwohl die Bestandteile des Körpers in dem Augenblick, wo das Atmen aufgehört hat, immer noch dieselben sind. Herz und Lunge sind noch da, wie unzureichend sie auch vor dem eigentlichen Tod funktioniert haben mögen. Der Tod tritt ein, weil mit dem Körper etwas geschehen ist, das den Geist daran hindert, durch das bisherige irdische Gefäß zu wirken. Wie die Wunder der modernen plastischen Chirurgie gezeigt haben, können heute, falls erforderlich, viele verschiedene Teile des Körpers durch Teile eines anderen Körpers, ob von einem Menschen oder Tier, ersetzt werden. Zahlreiche entstellte Opfer des Ersten Weltkrieges mußten über ihren armseligen, verunstalteten Gesichtern Masken tragen oder wurden vor den Blicken ihrer Mitmenschen verborgen gehalten.

Heutzutage können Knorpel und Knochen von Leichen lange Zeit aufbewahrt werden, bis sie für plastische Operationen benötigt werden. Es mag einem vielleicht schauerlich vorkommen, daß Opfer einer Katastrophe den Rest ihres Lebens mit neuen Nasen, Ohren, neuem Kinn herumlaufen müssen, die aus den Knochen von Toten gestaltet worden sind.

Und doch ermöglichen es diese kunstvollen Ersatzgebilde den Patienten, ihr Leben unter ihren Mitmenschen fortzuführen. Die Alternative — dauerhafte, schreckliche Entstellung und vielleicht freiwillige Verbannung aus der menschlichen Gesellschaft — wurde so vermieden. Die so ‚reparierten' Individuen nehmen aber weder teilweise, noch ganz die Persönlichkeiten derer an, deren Körperteile mit Hilfe der Chirurgie an die Stelle ihrer eigenen Teile gesetzt wurden. Die Patienten bringen, wie bisher, ihre eigene Persönlichkeit zum Ausdruck. Man kann körperliche Mängel mit den Körperteilen anderer flicken oder ersetzen, aber den Geistkörper eines Menschen kann man nicht mit dem Teil eines anderen Geistkörpers reparieren.

Die irdische Gestalt ist ja nicht das Individuum; sie ist nur die vorübergehende Wohnstätte des Geistkörpers, der eine vervollkommnete Spiegelung des irdischen Körpers darstellt und die rein physischen Mängel seiner vorübergehenden Behausung nicht reproduziert. Wenn der Geist sich durch Materie nicht mehr auswirken kann, dann wird der materielle Körper beiseitegelegt wie ein unbrauchbarer Mantel. Da das Leben unzerstörbar ist, setzt der Geist die Reise fort...

Die beiden Schwestern Fox, die als Kinder entdeckt hatten, daß Kommunikation zwischen dieser und jener Welt möglich ist, waren die ersten Medien, die öffentliche Demonstrationen für diese so erstaunliche Wahrheit gaben. Sie waren die Fackelträger des modernen Spiritualismus. Seit ihrer Zeit sind andere Medien den Weg gegangen, den sie gebahnt haben, und haben die Flammen der Inspiration hochgehalten. Der Umfang des Beweismaterials für das Überleben des Todes hat immer mehr zugenommen.

Heutzutage sind sehr reichlich Beweise verfügbar, daß der Mensch nach dem Tode seine Individualität, sein Bewußtsein und sein Gedächtnis behält. In den letzten Jahren haben die Naturwissenschaftler durch ihre eigenen Forschungen die

Argumente für den Materialismus zunichte gemacht. Mit dem Wissen, daß das Atom gespalten werden kann, fielen zahlreiche vorgefaßte Meinungen über die Unzerstörbarkeit der Materie weg.

Heute erkennt man, daß ‚feste' Materie eine Art Illusion ist. Man hat wissenschaftlich zeigen können, daß materielle Substanz aus einer Ansammlung elektrisch geladener Teilchen besteht. Unsere Körper, die Häuser, die wir bewohnen, die Möbel, die wir benutzen, die Nahrung, die wir essen, und die Bücher, die wir lesen, müssen alle aufgefaßt werden als elektronische Strahlungen. Materie kann nicht vernichtet werden, nur ihre Form kann verändert und in andere Substanzen überführt werden. Ein Stück Papier, den Flammen überantwortet, wird in Asche verwandelt; die Asche ihrerseits kann in ihre chemischen Bestandteile aufgelöst werden. Der Körper eines Menschen, offenbar doch etwas ganz Festes, kann aufgelöst und in nichtmaterielle Substanzen umgewandelt werden.

Da selbst ausrangierte Materie oder ein toter Körper nach der Auflösung in veränderter Form weiterbestehen, ist es unvernünftig anzunehmen, daß der höhere menschliche Geist, der den Mechanismus des Körpers steuerte, nach Aufgabe seines irdischen Gefäßes erlischt. Auch wenn man die Vielzahl von Beweisen für das Weiterleben nach dem Tode beiseite läßt: Solch eine Annahme ist einfach unlogisch und unvernünftig. Völlige Negation ist nun mal nicht das Gesetz des Universums, wie es von dem Höchsten Geist geplant worden ist. Der Tod tritt ein, wenn die Lebenskraft aus dem Körper entwichen ist. Dann wirkt der ätherische oder geistige Körper, durch materielle Zustände nicht länger begrenzt, auf derjenigen nichtphysischen Ebene, zu der er gehört.

Individualität, Charakter und Gedächtnis funktionieren weiterhin durch den geistigen Körper, weil diese nichtmateriellen Eigenschaften zu keiner Zeit ein Teil der physischen Hülle waren, durch die sie vorher gewirkt hatten. Neuankömmlinge in der geistigen Welt befinden sich in einer Sphäre, die in vielfacher Hinsicht derjenigen ähnlich ist, die sie gerade verlassen haben. Die ätherische oder astrale Welt, zu der der Geist hingezogen wird, läßt sich mit unserer eigenen vergleichen, ist aber eine mentale Welt, da der materielle Teil des Lebens für den Ätherkörper nicht mehr notwendig ist. Aber das Fehlen physischer Zustände bedeutet ja nicht, daß die geistige Welt weniger konkret ist als die unsrige. Das Gegenteil trifft zu. Das Leben dort ist von unendlich mehr Intensität und Lebenskraft erfüllt. Man kann sagen, daß in der Jenseitswelt an die Stelle physischer Handlungen auf der Erde Gedankenhandlungen treten. In einer mentalen Welt sind die Wirkungen der Gedanken real und kraftvoll.

Hunderte von Gesprächspartnern haben in Séanceräumen in der ganzen Welt vom Leben in der anderen Welt berichtet. Selten widersprechen sie sich in irgendeinem wichtigen Punkt. Wir erfahren, daß wir für das Leben, das wir geführt, und den Charakter, den wir gebildet und entfaltet haben, persönlich verantwortlich sind. Das Leben in der anderen Welt wird also von dem Charakter bestimmt, den wir beim Übergang mit uns nehmen. Wiedergutmachung für irdische Fehler ist freilich möglich, und Weiterentwicklung in alle Ewigkeit steht uns allen offen.

Kapitel III

Einige werden hinweggenommen...

Der ‚Tod' eines lieben altgewordenen Verwandten oder Freundes wird von den Hinterbliebenen tief empfunden. Wenn aber die ersten tiefen Schmerzen des Kummers nachgelassen haben, holt man sich oft Trost aus der Überlegung, daß der Verstorbene seine irdische Zeitspanne gut genutzt und ein volles Maß irdischer Erfahrungen erworben hat.

Wer in reifem Alter hinübergeht, hat die Stürme des Lebens, seine harten Prüfungen bestanden. Man hat seinen Anteil gehabt an den üblichen Erfahrungen der Menschen. Man ist ebene Straßen gewandert und steinige. Man hat zu den verschiedenen Zeiten der irdischen Pilgerschaft Freuden und Sorgen erlebt, Glück und Schmerz. Solche Menschen haben, wie wir sagen, „ihr Leben gelebt", und die Trauer über ihr Hinscheiden wird durch solche tröstliche Gedanken gemildert. Wenn jedoch ein Kind ‚stirbt', ist uns solcher Trost versagt, es sei denn, wir betrachten den irdischen Verlust von einem anderen Standpunkt.

Wenn Ihr Kleines vielleicht erst kürzlich hinübergegangen ist, haben Sie nach dem Hinscheiden des Kindes einen Sturm aufwühlender Emotionen erlebt. Mit einiger Bitterkeit haben Sie sich wohl gefragt, warum der Becher des Lebens so vorzeitig den Lippen Ihres Lieblings entrissen wurde; seine Zukunft schien doch so rosig, und Sie hatten so wunderbare Pläne für ihn gemacht. Wo doch die goldenen Möglichkeiten, ein nützliches, aktives und glückliches Leben zu führen, so offensichtlich waren, konnten Sie nicht begreifen, warum

Ihrem Kind die Fülle menschlicher Erfahrung versagt war. Das waren vielleicht einige der Gedanken, die Ihnen in bitteren Stunden zusetzten.

Ich will nicht so tun, als könnte ich eine angemessene Antwort auf die Frage geben, warum einige hinweggenommen werden und andere nicht. Menschen, die die Reinkarnationshypothese akzeptieren, versichern, daß alle, die jung hinübergehen, in ihrem kurzen irdischen Erleben einen besonderen Abschnitt in der Entfaltung ihrer Seele erfüllt haben. Ganz gleich, ob diese Versicherungen – sie haben mit den Zielen dieses Buches nichts zu tun – Ihre Vernunft ansprechen oder nicht: fassen Sie Mut! Weinen Sie nicht mehr und tragen Sie Ihren Kopf hoch! Anhaltende, übermäßige Trauer ist eine Form von Selbstmitleid. Wir weinen wegen unserer eigenen Gefühle von Verlust und Trennung, wegen unserer Einsamkeit.

Es trifft zu, daß die Fülle menschlicher Erfahrung, wie wir das verstehen, das Los Ihres Kindes nicht sein wird, wenn auch – wie Sie noch lesen werden – ‚tote' Kinder tatsächlich auf die Erde zurückkehren und eine gewisse Zeit bei ihren Verwandten sind. Im materiellen Sinne freilich wird Ihr Kleines die weltlichen Freuden und Vergnügen nicht kennenlernen. Es wird dafür aber auch nicht den Schmerz elterlicher Trauer durchmachen, wie Sie ihn jetzt gerade erlebt haben. Die Bitterkeit der Enttäuschung, Desillusionierung durchkreuzter ehrgeiziger Ziele und unerfüllt gebliebener Hoffnungen wird Ihr Kind nicht erfahren. Nie wird Ihr Liebling die Qual unerwiderter irdischer Liebe durchmachen oder das Elend von Krankheiten erleiden oder die qualvollen Schrecken des Krieges erleben.

Ihr Kind wird ein aktives und freudevolles Leben führen in

einer Welt voll unvorstellbarer Schönheit und grenzenloser Möglichkeiten. Das kleine Glück wurde aufgegeben zugunsten des großen Glücks. Allein Ihre Trauer trennt Sie von Ihrem Kind, das Sie ja nicht verlassen hat und Sie auch nie verlassen wird, solange die Bande der Liebe Sie beide halten. Das Tor des Todes, das sich nach Ihrer Meinung vorzeitig geöffnet hat, könnte sich als der größte Segen erweisen, den die Vorsehung Ihrem Kind schenken konnte.

Für Spiritualisten ist das Jenseits keine terra incognita. Immer und immer wieder sind ‚tote' Kinder zurückgekehrt, um ihren Eltern von den Wundern der Welt zu berichten, in die sie durch den Ratschluß einer weisen Vorsehung gerufen worden sind.

Kapitel IV

Der Schleier hebt sich

Mehr als zwei Jahre besuchte ich die Sitzungen mit Direkter Stimme im Haus von Estelle Roberts, dem berühmten Medium, durch dessen hohes Niveau öffentlich demonstrierten Hellsehens Tausende von Menschen vom Leben nach dem Tode überzeugt worden sind.

Von sehr wenigen Ausnahmen abgesehen, werden Sitzungen mit Direkter Stimme oder mit Materialisationen im Dunkeln oder mit rotem Licht abgehalten. Weißes Licht hat eine nachteilige Wirkung auf bestimmte physische Phänomene des Spiritualismus etwa in der Weise, wie es für Fotofilme vernichtend ist, weshalb diese im Dunkeln oder bei rotem Licht entwickelt werden müssen. Physische Phänomene lassen sich tatsächlich mit den Vorgängen bei der Geburt vergleichen. Das Keimen des Lebens vollzieht sich im Dunkeln. Das Heranwachsen des tierischen und menschlichen Embryos geht in der Dunkelheit des Körpers vor sich. Ohne jegliches Licht beginnt der Samen sein Wachstum in der Erde. Die physischen Phänomene im Séanceraum, besonders die Materialisationen erfordern eine zeitweilige ‚Beschleunigung' der Lebenskräfte. Ich habe Hunderte von Materialisations-Séancen mitgemacht, die in klarem rotem Licht abgehalten wurden, aber bei Séancen ist auf jeden Fall weder das Vorhandensein, noch das Fehlen von Licht von Bedeutung. Worauf es ankommt ist allein der Beweis für das Überleben des Todes, den man dort erhält.

Das kegelförmige Instrument aus Zinn oder Aluminium,

das bei Sitzungen mit Direkter Stimme verwendet wird, sieht wie eine Trompete aus und wird auch so bezeichnet. Es bewahrt, lenkt und verstärkt die Stimme des Gesprächspartners aus der geistigen Welt, der es als Megaphon benutzt. Wenn die mediale Kraft des Mediums gut funktioniert, dann schwebt die Trompete im Séanceraum frei umher. Bei den Dutzenden von Estelle Roberts' Séancen mit Direkter Stimme, an denen ich teilgenommen habe, ist die Trompete im Dunkeln nie gegen irgend etwas gestoßen oder hat, während sie unter geistiger Lenkung im Raum schnell umherschwebte, einen Sitzungsteilnehmer unabsichtlich berührt. Die Sitzungen von Estelle Roberts' wurden im Dunkeln abgehalten, aber die breiten Streifen von Leuchtfarbe am offenen Ende der Trompete ermöglichten es den Sitzungsteilnehmern, jeder ihrer Bewegungen mit Leichtigkeit zu folgen.

Bei den erfolgreichsten Sitzungen mit Direkter Stimme sind die Gesprächspartner der geistigen Welt in der Lage, ihre irdische Stimme zu reproduzieren, so daß Freunde und Verwandte oft deren Charakteristika, Intonationen und besondere Eigenheiten klar erkennen können.

In jenen Höheren Gefilden der geheiligten Vereinigung von Lebenden und sogenannten Toten bin ich mir manchmal als Eindringling vorgekommen, wenn ich die innigen Gespräche hörte, die mich zu Tränen rührten. Im Gegensatz dazu hat es auch viele lustige Episoden gegeben. Komisches und Dramatisches vermischen sich im Séanceraum so frei und natürlich wie im täglichen Leben. In einer dieser Séancen mit der Trompete habe ich während meiner langdauernden Erfahrungen mit dem Spiritualismus den auffälligsten Bestätigungsbeweis bekommen. Aber ich habe ja Beweis auf Beweis für das Überleben des Todes gehört, den andere Sitzungsteilnehmer erhielten; viele von ihnen waren Neulinge im Bereich des Spiritualismus und dem Medium völlig unbekannt.

Der führende Geist bei diesen Zusammenkünften war der geistige Führer des Mediums, Red Cloud (Rote Wolke), hinter dessen indianischer Persönlichkeit ein hochentwickeltes Wesen steckt von großer Weisheit, Menschlichkeit und einem wunderbaren Sinn für Humor. Wer ihn kennt, liebt ihn. Jedes hochentwickelte Medium hat einen geistigen Führer, auch Kontrollgeist genannt, dessen Aufgabe es ist, das Medium vor unerwünschten Einflüssen zu schützen und den ‚Toten' zu helfen, ihre beweiskräftigen Aussagen zu machen.

Gewöhnlich waren 20-25 Personen bei Estelle Roberts Sitzungen mit Direkter Stimme anwesend. Einige waren reguläre Mitglieder des Kreises, die übrigen waren Besucher. Ich war eines Tages anwesend, als Mrs. Madge Donohoe Red Cloud fragte, ob er erlaube, daß sie zur nächsten Sitzung ‚einen Freund' mitbrächte. Weitere Angaben machte sie nicht. Der geistige Führer stimmte zu, und so brachte Mrs. Donohoe einen Fremden in den Kreis. Weder dem Medium noch jemandem unter den Sitzungsteilnehmern wurde er vorgestellt. Später erfuhren wir, daß er kein Spiritualist und dies seine erste Sitzung war.

Nachdem mehrere Stimmen aus der geistigen Welt Freunde und Verwandte angesprochen hatten und einige hervorragende Beweise gegeben worden waren, bewegte sich die leuchtende Trompete auf Mrs. Donohoes Begleiter zu. Wir hörten, wie die Stimme eines Jungen zu ihm sagte: „Papa, ich möchte, daß Du weißt, ich habe *nicht* Selbstmord begangen. Der Untersuchungsrichter sagte, ich hätte es getan, und die

Geschworenen ebenso. Aber es ist nicht wahr, Papa! Du versuchtest zu erreichen, daß sie damit aufhören, aber sie haben Dich zum Schweigen gebracht. Der Fremde antwortete: „Ja, das stimmt, aber wie ist es denn passiert?"

„Du wußtest nicht, daß ich ein Gewehr hatte, oder? Aber Mami wußte es." „Ja", antwortete der Mann. „Danach erst habe ich davon erfahren. Aber sag mir doch, wie es geschehen ist."

Ganz kläglich antwortete die Stimme: „Nun, ich war ja nur ein Junge wie andere Jungen auch, Papa, und ich wollte ein Straßenräuber sein. Ich nahm mein Gewehr und ging auf die Umgehungsstraße. Dann versuchte ich einen Vogel zu schießen, stolperte und erschoß mich selbst. So ist es passiert. Du glaubst mir doch, Papa, ja?"

„Ja, lieber Teddy, ich glaube dir", antwortete der Vater. Offensichtlich hatte er einige Mühe, seine starke Bewegtheit zu zügeln.

„Weine nicht, Papa", sagte sein Sohn, „mit mir ist ja jetzt alles in Ordnung."

Nach der Sitzung sprach mein Mann mit dem Vater, der noch immer von den Geschehnissen des Abends tief betroffen war. „Sagen Sie", fragte mein Mann, „sind Sie sicher, daß es Ihr Sohn war?"

„Ja", kam die Antwort, „es war die Stimme meines Jungen. Vor vier Monaten hieß es, er habe Selbstmord begangen, aber meine Frau und ich fanden es sehr schwer, das von unserem Sohn zu glauben."

Mein Mann wollte diese Geschichte in einem Buch festhalten, an dem er gerade arbeitete, und rief Mrs. Donohoe deshalb ein paar Tage danach an, um den Namen ihres Bekannten zu erfahren. „Den kann ich Ihnen nicht geben", antwortete sie. „Er hat sich gescheut, seiner Frau etwas von der Séance zu sagen. Sie ist Anhängerin der Christian Science und steht dem Spiritualismus ablehnend gegenüber."

Es ist nicht immer leicht, Vorurteile zu überwinden!

Bei einer anderen Sitzung mit Direkter Stimme hörte ich, wie ein ‚toter' Junge zu seiner Pflegemutter sagte: „Bald ist Weihnachten.":

„Ja, mein Liebling", sagte die Sitzungsteilnehmerin. „Heute in einer Woche. Was hast du vor?"

„Zu dir zu kommen", war die sofortige Antwort; dann folgte ein langes, vertrauliches Gespräch zwischen Kind und Pflegemutter.

An diesem Abend brachten viele Kinder ihren irdischen Verwandten Weihnachtsgrüße. „Papa, Papa", kam die aufgeregte Stimme eines kleinen Jungen. „Papa, ich bin Peter... Peterchen!" Dann sprach er seine Mutter an: „Mami, ich bin ja so glücklich. Gib John und Wendy einen Kuß von mir!"

„Das tue ich, aber was ist mit Mickey?" fragte sie.

„Mein Bruder Mickey", war die Antwort, „gib ihm auch einen Kuß!"

Peter sagte seinen Eltern, sein Großvater hätte ihn hergebracht und helfe ihm zu sprechen. Das Kind nannte noch ein weiteres Familienmitglied, das ihm voriges Jahr, als er noch auf der Erde war, beim Schmücken des Weihnachtsbaumes geholfen hatte.

„Was ist mit meinem Schaukelpferd im Zimmer oben?" war die nächste Frage des Jungen an seinen Vater. „Es steht da noch", antwortete sein Vater „Ich setze mich manchmal darauf." „Lustiger Papa", sagte Peter sehr amüsiert.

Dann sagten die Eltern ihrem ‚toten' Kind, sie würden zu Hause für ihn etwas an den Weihnachtsbaum hängen. Peter war entzückt. Wir hörten, wie Geräusche von Küssen aus der Trompete kamen. „Papa, ich hab' ja jetzt keine Schmerzen mehr", sagte er von sich aus. „Sei nicht traurig wegen Peter. Ich komm ja immer mit Großpapa."

„Wenn ich abends still dasitze, kommst du zu mir, nicht wahr?" fragte sein Vater. Die Antwort kam mit einer ganz hohen klagenden Kinderstimme: „Ja, immer Papa! Hier gibt es einen netten Doktor; er sagte, ich bin an Meningitis gestorben. Aber ich bin ja gar nicht gestorben"

Das Geistkind erzählte seinen Eltern, wie er manchmal mit seiner irdischen Schwester Wendy spielt, der er liebe Grüße schickte. Grüßen ließ er auch zwei andere Kinder, Nettie und Johnnie. Am Weihnachtstag würde er bei ihnen allen sein, sagte er. „Wenn ich kann, werde ich Lärm machen", meinte er zu seinen Eltern.

Dann sprach er von einem neuen Haustier im Familienkreis. „Als ich da war, habt ihr das noch nicht gehabt. Jetzt habt ihr also jemand, der meinen Platz einnimmt." „Niemand nimmt deinen Platz ein, Peterchen", antwortete sein Vater. „Ich hab' nichts dagegen", sagte Peter.

Etwa 20 verschiedene Stimmen sprachen an dem Abend, und fast alle äußerten von sich aus, sie würden am Weihnachtstag in ihrem irdischen Zuhause sein.

Bei einer anderen Sitzung mit Direkter Stimme hörten wir eine rührende Kinderstimme sagen: „Vati, ich bin Mickey. Mickey spricht mit dir." Dieses ‚tote' Kind kam an jenem Abend zurück, um seinen Vater zu trösten, weil „Mutti doch so krank ist."

„Hast du Mutti gesehen?" fragte sein Vater. „Ja", antwortete das Kind. „Großmutti hat mich mitgenommen."

Der Vater fragte das Kind, wie es nach dessen Meinung um

die Gesundheit der Mutter stehe. „Es geht ihr jetzt besser", antwortete Mickey, „aber sie macht sich Sorgen."

„Worüber denn?" fragte sein Vater. Da kam die traurige Antwort: „Weil ich doch gestorben bin. Einer, zwei, drei von uns sind ja jetzt alle hier. Arme Mutti!" Es war ganz rührend, den Jungen sagen zu hören: „Vati, sag doch Mutti, daß Mikkey sie immer lieb hat. Ich wünschte mir, sie wäre nicht immer so traurig, Vati."

„Wann wird es wieder eine Sitzung geben, Liebling?" fragte sein Vater, da er nicht recht wußte, wann sein Hauskreis wieder beginnen würde.

„Noch nicht so schnell", antwortete das Kind, „weil Mutti erst wieder ganz gesund werden muß. Mutti hatte noch einen kleinen Mickey, aber der ist ‚gestorben'. Sei aber nicht unglücklich. Wir sind ja alle beieinander. Ich liebe euch allezeit."

„Selig sind, die da Leid tragen, denn sie sollen getröstet werden", sagte Jesus von Nazareth. Und in jenen Höheren Gefilden hat ein kleines Kind zweitausend Jahre später diese Botschaft wahrgemacht, indem es einem Vaterherzen Trost brachte.

„Mami, Mami, ich such Mami", sagte eine Kinderstimme in einer Sitzung mit Direkter Stimme, die von Mrs. D. Hadden im Edinburgher College für Mediale Studien abgehalten wurde. Mrs. Christina Lockhart erkannte die Stimme als die ihrer Tochter Cathie, die nach einer Blinddarmoperation im sechsten Lebensjahr hinübergegangen war. „Cathie war unser einziges Kind", schreibt Mrs. Lockhart an mich in einem bewegenden Brief. „Sie war der Sonnenschein unseres Lebens. Nur wer ein Kind geliebt hat, wie wir sie liebten, kann begreifen, was ihr Tod für uns bedeutete. Ihr Hinscheiden hinterließ eine Leere, die man erlebt haben muß, um sie zu begreifen."

Ihr Denken voll bohrender Fragen hatte Cathies Eltern schon vor Jahren daran gehindert, die Lehrsätze des orthodoxen Glaubens, in dem sie erzogen waren, akzeptieren zu können. In der Zeit, als ihr Kind ‚starb‘, wurden sie in ihrer Einstellung zu einem zukünftigen Leben tatsächlich mehr und mehr Agnostiker. „Trotz unserer Gebete und der Erforschung unserer Herzen konnten wir nicht zu dem simplen Glauben aus der Zeit zurückkehren, als wir noch Mitglieder der Kirche waren", sagt Mr. Lockhart. „Viele Male nach Cathies Übergang diskutierten wir das Für und Wider eines Lebens nach dem Tode, und nachdem ein Rundfunkgerät ins Haus gekommen war, fingen wir an, ernsthafter darüber nachzudenken, daß es trotz allem, was die Materialisten sagen, einen Daseinszustand jenseits unseres Wissens gibt."

Mit dieser Einstellung besuchten die Eltern 17 Jahre nach Cathies Hinscheiden eine Werbeveranstaltung der Spiritualisten. Sie saßen in einer Zuhörerschaft von 2000 Personen und erhielten damals ihre erste auf Hellsehen beruhende Beschreibung ihres ‚toten‘ Kindes. Die Zusammenkunft fand in Edinburgh in der Usher Hall statt; dort nannte das Medium ihnen beide Vornamen ihrer Tochter. „Ihr Kind ist jung hinübergegangen", fügte die Hellseherin hinzu, „aber sie wächst jetzt heran." Später war Cathie in der Lage, in einer privaten Sitzung mit demselben Medium ihrer Mutter weitere Botschaften zu geben.

Aber erst mehrere Monate danach widerfuhr Mrs. Lockhart das Glück, bei Mrs. Haddens Sitzung mit Direkter Stimme die eigene Stimme ihres Kindes zu vernehmen. „Ich wußte, das ist Cathie", schreibt sie. „Sie sagte ‚Mami‘ immer mit einem Tonfall, der ganz ihre persönliche Eigenart war, mich anzusprechen."

In jenem verdunkelten Séanceraum bewegte sich die Trompete, die nicht in Mrs. Lockharts Nähe war, als ihre Tochter anfing zu sprechen, auf die Mutter zu und schwebte vor ihr, als das Kind aufgeregt sagte: „Mami, ich bin's, ich bin's, Cathie!" Dann stand für diese Mutter die Zeit still. „Und wenn ich tausend Jahre alt würde", schreibt sie, „nie wieder werde ich eine solche Erregung spüren, wie sie damals mein ganzes Wesen erfüllte. Mir schien, als gebe es in jenem Raum nur Cathie und mich – als ich damals zu ihr sagte, „Liebling, ich wußte, du würdest kommen."

In der Luft schwebend, berührte die Trompete Mrs. Lockhart mit zarten, sanften Bewegungen, bevor Cathies Stimme wieder ertönte. „Mamilein, geh nicht fort, geh bitte nicht fort!" flehte sie. Mrs. Lockhart schreibt: „Als sie das sagte, war mir, als ob die Jahre versunken wären und ich im Krankenhaus nach der Operation an ihrem Bett sitze. Als der Chirurg kam, um sie zu untersuchen, hielt sie meine Hand fest und sagte ganz aufgeregt dieselben Worte, die ich jetzt aus der Trompete hörte." Das war das letzte Mal, daß Cathie zu ihrer Mutter auf Erden etwas sagte.

Mit der Wiederholung der Worte ihres sterbenden Kindes schienen für Mrs. Lockhart die Fäden wieder verknüpft zu werden, die der Tod vor 18 Jahren zerrissen hatte. „Ich werde nie wieder von dir fortgehen", versicherte sie ihrer wiedergefundenen Tochter. „Papa ist nicht gekommen", sagte das Kind mit Enttäuschung in der Stimme; dann sagte sie ihr „Auf Wiedersehen", versprach allerdings, sie würde sich wieder melden.

Bei der nächsten Sitzung mit Direkter Stimme, die Mrs.

Lockhart besuchte, war Cathies Stimme kräftiger und klarer, und Cathie war weniger emotional. Sie sprach von einer Freundin, einem Geistkind names Lucy, das gerade vor ihr gesprochen hatte. „Lucy hat wunderschöne Locken", meinte Cathie, „aber sie sind nicht wie meine, sie sind dunkel", In ihrem Erdenleben waren Cathies Haare blond. Lucy, eine großartige Gesprächspartnerin, erzählte Mrs. Lockhart, Cathie hätte ihr das Singen beigebracht. Auf der Erde hatte Cathie eine schöne Stimme gehabt. Manchmal sang die kleine Familie zusammen das Lied „Drink To Me Only With Thine Eyes", wozu Cathie die Begleitung auf der Zither spielte, was ihre Mutter ihr beigebracht hatte. Es war bedeutsam, daß unmittelbar nachdem sie das erste Mal zu ihrer Mutter gesprochen hatte, dies Lied im Séanceraum ertönte.

Im Laufe der Zeit wurde Cathie eine versierte Gesprächspartnerin und vermochte anderen ‚toten' Freunden und Verwandten zu helfen, Beweise ihrer Identität zu liefern. Einmal sprach bei einer Sitzung mit Edith Potts, einem bekannten nordenglischen Medium, der geistige Führer davon, daß ein Kind anwesend sei, das bei der Geburt ‚gestorben' sei. Mrs. Lockhart erkannte das Kind erst, als Cathie einen weiteren Anhaltspunkt lieferte, indem sie den Familiennamen „Murray" nannte. Da erinnerte sich die Mutter, daß die Frau des Neffen ihres Mannes in Südafrika vor einigen Monaten ein Kind zur Welt gebracht hatte, das nicht gelebt hatte. Zu dieser Sitzung, sagte Cathie, habe sie das Baby mitgebracht, damit ihre Mutter das den Eltern sagen könnte, die derzeit in England Urlaub machten.

Cathie sagte, der Name des Kindes sei David und er habe blonde Haare. Diese Tatsachen waren Mrs. Lockhart damals nicht bekannt. Aber als die Verwandten ihres Mannes zu

Besuch kamen, fragte sie sie, wie sie ihr Kind hatten nennen wollen, wenn es gelebt hätte. „David", war die Antwort. „Und was für Haare hatte es?" „Es war blond", antworteten sie.

Seit Cathies Eltern vor neun Jahren anfingen, den Spiritualismus zu erforschen, hat sie fortlaufend Beweis auf Beweis ihrer Existenz geliefert. Sie ist in der Lage, ihre Kenntnis des täglichen Lebens ihrer Eltern zu demonstrieren, indem sie sich zu Vorfällen zu Hause und im Betrieb äußert. Bei Materialisations-Séancen bauen die ‚Toten' eine Reproduktion ihrer irdischen Körper zum Zweck des Wiedererkennens auf. Sie machen sich dadurch sichtbar, daß sie eine weiße rauchartige Substanz verwenden, die man Ektoplasma nennt; sie strömt bei einer Sitzung aus dem Körper des Mediums aus. Diese Substanz ist teils physisch, teils ätherisch. Sie hat Gewicht; viele Wissenschaftler haben sich mit ihr beschäftigt.

Entgegen landläufiger Ansicht sehen diese Materialisationen nicht aus wie die Gespensterformen, die in Weihnachtsgeschichten vorkommen. Sie sind so ‚konkret' wie Erdenmenschen. Wenn es sich um eine vollständige Materialisation handelt, wird das gesamte Organsystem des irdischen Körpers zeitweilig nachgestaltet, einschließlich Herzschlag und Puls, die von berühmten Wissenschaftlern aufgezeichnet worden sind.

Bei den meisten Materialisations-Séancen sitzt das Medium hinter einem Vorhang oder einem Stück Stoff, das quer über eine Zimmerecke gespannt wird. Dieses sogenannte ‚Kabinett' verhindert Störungen durch die medialen Schwingungen der anderen Menschen im Raum. Wenn die Geistformen genügend ‚aufgebaut' sind, zeigen sie sich gewöhnlich außerhalb des Kabinetts, während das Medium hinter dem Vorhang bleibt. Ich war jedoch oft dabei, wenn ein vollmaterialisiertes Geistwesen den Vorhang beiseite gezogen hat und das Medium — gewöhnlich in Tieftrance — gleichzeitig mit dem ‚toten' Individuum sichtbar wurde.

In Amerika war ich dabei, als die Geistführerin des Mediums Ethel Post aus dem Kabinett heraustrat und bei klarem rotem Licht etwa neun Meter in den Séanceraum hineinging. Dieses junge indianische Geistwesen forderte meinen Mann auf, mit ihr zum Kabinett zurückzugehen, um sich davon zu überzeugen, daß das Medium noch dasaß. Er tat das auch, während das Geistwesen für uns alle sichtbar vor dem Vorhang blieb.

Das bekannte Materialisationsmedium Helen Duncan ist von ‚PSI-Forschern' und Gegnern des Spiritualismus vielleicht konsequenter schikaniert worden als jedes andere Medium unserer Zeit. Sie wurde von ihren Feinden beschuldigt, sie schlucke meterweise Mull und gebe ihn dann in Gestalt ‚Verstorbener' wieder von sich. Daß diese Geistwesen mit zahllosen Menschen gesprochen haben und von ihnen wiedererkannt wurden, ist für die, die sie verdammt haben, offenbar nicht von Bedeutung.

Bei einigen von Helen Duncans Sitzungen habe ich die großartigsten medialen Phänomene bei rotem Licht gesehen: Sitzungsteilnehmer haben ihre ‚toten' Verwandten, die ihnen vollständige Beweise für ihr Weiterleben erbrachten, umarmt und geküßt. Ich habe die Hand der materialisierten Gestalt meines Bruders gedrückt, der im Ersten Weltkrieg hinüberging. Seine Hand fühlte sich warm und lebendig an. Er nannte seinen Namen und gab andere Informationen, die dem Medium beim besten Willen nicht bekannt sein konnten.

Er klärte außerdem in bezug auf sein Sterben noch ein Geheimnis auf.

Manche ‚toten' Kinder zeigen sich in dem Alter, mit dem sie hinübergegangen sind, andere in dem Alter, das sie seitdem in der geistigen Welt erreicht haben.

Für Mrs. E.M. Reynolds aus Südwales haben sich bei Sitzungen von Helen Duncan drei ihrer vier ‚toten' Kinder materialisiert. Zwei zeigten sich in dem Alter, das sie vor ihrem Hinscheiden erreicht hatten. Wie die Mutter mir sagte, erkannte sie sie leicht. Ein weiterer Sohn, David, der im Alter von neun Monaten ‚starb', materialisierte sich fünf Jahre später als ein sechsjähriges Kind. Er berichtete seiner Mutter, er sei einige Tage vorher zu Hause gewesen, als sie beim Tee zu seinem Vater sagte: „Ich würde so gerne wissen, was unser kleiner David jetzt macht." Das Geistkind erinnerte sie daran, daß sie mit ihrer Hand die Größe angedeutet hatte, die er auf Erden erreicht hätte. Mrs. Reynolds sagte zu ihrem kleinen Sohn, sie erinnere sich sehr gut an das Gespräch. „Na, ich bin ‚so groß', Mami", sagte das Kind und wiederholte die Worte, die sie gebraucht hatte, und hielt die Hand genauso hoch über dem Boden wie sie, als sie von ihm sprach. David sang auch einen Vers und den Refrain eines Liedes für seine Mutter. „Die Stimme war die lieblichste, die man je gehört hat", sagt Mrs. Reynolds, „und doch glich sie den Stimmen meiner anderen Kinder in dem Alter. Wenn man bedenkt, daß ich die Mutter in einer großen Familie bin, dann habe ich wohl wirklich gute Gelegenheit gehabt, das Timbre ihrer Stimmen kennenzulernen."

Dieses in so zartem Alter in die Geisteswelt gelangte Kind erzählte seiner Mutter, wie man ihm in der Jenseitswelt Gehen und Sprechen beigebracht habe. „Als ich alt genug war", sagte er, „zeigte man mir Bilder von dir und Papa und von all meinen Geschwistern, damit ich euch alle kennenlerne. Nach einer gewissen Zeit brachte man mich dann zu euch."

Mrs. Reynolds sagt, einem Mann, der recht skeptisch zu der Séance gekommen war, sei erlaubt worden, die Gestalt des materialisierten Kindes abzutasten, damit er sich von der Echtheit des Phänomens überzeugen konnte. „Er stellte nachdrücklich fest, er sei überzeugt, daß es sich um die Gestalt eines Kindes handelt", schreibt sie. „Ich weiß, er würde sich für dieses Faktum verbürgen, und ich erkläre feierlich, daß das, was ich geschrieben habe, die reine Wahrheit ist."

Der Charakter ist der einzige Beurteilungsmaßstab für den Status eines Individuums nach seinem ‚Tode'. In der Jenseitswelt befaßt man sich nicht mir irdischer Ranghöhe oder Macht. Beweise für das Überleben des Todes sind für Menschen einfachen Standes in dieser Welt ebenso zu haben wie für Menschen in hoher Stellung. Ich kenne Persönlichkeiten aus königlichem Hause, denen großartige Beweise für das Weiterleben gewährt wurden. Ich kenne andere. Ich möchte hier die Geschichte eines Straßenkehrers, Mr. F. Spencer, erwähnen, dessen Tochter dank Helen Duncans Medialität zu ihm zurückkehrte. Dieses Mädchen, mit 14 Jahren hinübergegangen, materialisierte sich, gab ihren Namen an und berichtete ihrem Vater genaue Einzelheiten ihrer letzten Krankheit.

„Vera trat aus dem Kabinett zu mir heraus", schreibt Mr. Spencer. „Ich hielt ihre Hand und sah ihr schönes Gesicht. An diesen Abend werde ich zeitlebens denken." Das ‚tote' Mädchen sprach von seiner Mutter, nannte alle ihre Schwestern und ließ sie alle herzlich grüßen. Etwas später bat

Albert, der Kontrollgeist des Mediums, Mr. Spencer, er möge das Geistwesen, das jetzt im Begriff sei, sich für ihn zu materialisieren, ermutigen, da dieses Mädchen seinen irdischen Körper erst vor wenigen Stunden verlassen hatte. Dann erschien vor dem Mann eine Gestalt und sagte mit schwacher Stimme: „Ich bin Lily." Mr. Spencer bat sie um ihren Nachnamen. Sie nannte ihn und fügte hinzu: „Ich bin Ihnen hierher gefolgt; Vera hat mir dabei geholfen."

Lily war ein Nachbarskind. Sie war an diesem Morgen hinübergegangen. Der Kontrollgeist sagte Mr. Spencer, das Mädchen sei bekümmert, weil seine Eltern nicht verstünden, daß sie sie ja nicht wirklich verlassen habe. Er bat den Mann, mit den Nachbarn Verbindung aufzunehmen und ihnen zu berichten, was an dem Abend geschehen sei. Mr. Spencer sagte, er würde sein Bestes tun, die Eltern des Mädchen seien aber glühende Katholiken und glaubten nicht an Spiritualismus.

Am nächsten Abend sprach Mr. Spencer bei den Nachbarn vor. „Wollen Sie Lily besuchen?" fragte der Vater. Er war irgendwie betroffen, als Mr. Spencer antwortete: „Ich habe sie gestern abend gesehen." Und als er sein Erlebnis bei der Séance berichten wollte, antwortete der Vater des Mädchens: „Ich glaube nicht an solche Sachen." Gerade in dem Augenblick kam die Mutter ins Zimmer, und Mr. Spencer wiederholte seine Geschichte. „Gott sei Dank!" erwiderte die Mutter. „Lily hat ja schon hier gelitten, und ich hab mir schon solche Sorgen gemacht, sie würde, immer noch leidend, im Fegefeuer bleiben. Jetzt weiß ich, daß das nicht so ist, und ich bin getröstet."

Auf Mr. Spencers Bitte hin habe ich Lilys Nachnamen nicht genannt.

Florence Marryat, die bekannte viktorianische Schriftstellerin, die zur Wahrheit des Spiritualismus schon hielt, als er noch nicht populär war, beschreibt in ihrem Buch „There Is No Death" („Es gibt keinen Tod") eine öffentliche Séance, an der sie in New York teilnahm, als sie beruflich dort war. Für das Medium, M.A. Williams, und alle Teilnehmer war sie eine Unbekannte. Ihr ‚totes' Kind Florence materialisierte sich und überzeugte seine Mutter, daß sie dasselbe Mädchen war, das ihr in England unwiderleglichen Beweis ihrer Identität gegeben hatte. Von ihrem Platz in der ersten Reihe war Florence Marryat Zeuge weiterer Wiedervereinigungen von irdischen Eltern und ihren ‚toten' Kindern. Kaum eine oder zwei Minuten nach Beginn der Séance hörte sie, wie eine Geiststimme nach „Vater" fragte, während drei Geistgestalten in der Öffnung des Kabinetts dieses Mediums erschienen. Ein alter Herr stand von seinem Sitz auf und ging zu diesen drei jungen Mädchen, die ihn umarmten und mit ihm sprachen. „Ich vergaß beinah, wo ich eigentlich war", schreibt die Schriftstellerin. „Sie sahen so vollkommen menschlich aus, so fröhlich und mädchenhaft, irgendwo zwischen siebzehn und zwanzig, und sie redeten alle zur gleichen Zeit, so wie das Mädchen auf der Erde machen würden... Der alte Herr ging zu seinem Platz zurück und wischte sich Tränen aus den Augen. ‚Sind das Ihre Töchter?' fragte ein Sitzungsteilnehmer. ‚Ja, meine drei Mädchen', antwortete er. ‚Ich verlor sie alle, bevor sie zehn wurden, aber Sie sehen ja, ich hab sie jetzt hier wiederbekommen.'"

Nachdem die für das Gespräch vorgesehene Zeit vorüber war, dematerialisierte sich jede Geistgestalt in Anwesenheit der Sitzungsteilnehmer: Die Geistgestalten versanken geradewegs durch den Teppich, als ob das das Selbstverständlichste von der Welt wäre.

Kapitel V

Ruth Anne kommt zurück

"Weil mein Mann und ich Beweise erhalten haben, sind wir überzeugt, daß unsere Kleine lebt und liebt und glücklich ist in jenem Leben jenseits des Todes." Das schrieb mir Mrs. R. Newton aus Newton-le-Willows in Lancashire, als ich sie nach ihrer ‚toten' Tochter fragte. Ruth Anne ging mit sechseinhalb Jahren hinüber, nachdem sie an Meningitis erkrankt war. „Hauptsächlich durch die großartige Tieftrance-Medialität von Lilian Bailey kamen die erstaunlichen Beweise, daß Leben und Liebe weitergehen, zu uns", schreibt Mrs. Newton.

Bei privaten Sitzungen beschreibt das Medium die ‚Toten', die sie hellsehend oder hellhörend wahrnimmt. Bei Séancen für geistige Phänomene spricht der Geistführer bzw. Kontrollgeist oft durch das Medium, dessen Bewußtsein zeitweilig ausgeschaltet ist. Nur hochentwickelte Geistwesen dürfen als Geistführer wirken, denn auf auf einer solchen Stellung liegt eine große Verantwortung. Manche Medien haben außerdem einen oder mehrere Kontrollgeister, die danach ausgewählt werden, wie sie mit dem Geistführer zusammenarbeiten können, besonders wenn es um physische Phänomene geht. Kontrollgeister sind nicht unbedingt so hochentwickelt wie Geistführer, aber in vielen Fällen wirkt ein Geistführer auch als Kontrollgeist.

Die erste Sitzung der Eltern mit Lilian Bailey wurde von der spiritualistischen Organisation Britten Memorial in Manchester organisiert.

„Wir waren dem Medium noch nie begegnet, und man hatte ihr weder unseren Namen gesagt, noch den Grund unseres Kommens", sagt Mrs. Newton, „aber ihr Geistführer sagte uns sofort, daß unsere Kleine anwesend sei. Er nannte ihren vollen Namen, Ruth Anne Newton, gab Alter und Geburtstag an sowie das Datum ihres Hinscheidens und viele Einzelheiten ihrer Krankheit. Das war alles völlig richtig. Es folgten genaue Beschreibungen kürzlicher Ereignisse, Dinge, die wir zusammen gemacht hatten, und Orte, die wir besucht hatten, als Ruth Anne noch bei uns war. Uns wurde gesagt, ihre beiden Großväter seien bei ihr. Der Name meines Vaters, Josiah, wurde genannt, dazu eine ausgezeichnete Beschreibung von ihm und seinem Zuhause in der Kindheit, ferner die Namen seiner Geschwister und Einzelheiten seiner letzten Krankheit. Auch der Name von Ruth Annes anderem Großvater wurde genannt, dazu allerhand aus der Familiengeschichte."

Mrs. Newton schreibt von weiteren Sitzungen mit Lilian Bailey und stellt fest: „Es ist einfach unmöglich, die Atmosphäre tiefer Liebe und Freude und die Realität dieser Zusammenkünfte wiederzugeben. Poppet, Lilian Baileys kindliche Geistführerin – sie ist selbst das reine Entzücken – hat bei jeder Sitzung zu uns gesprochen. Abgesehen von den hervorragenden Beweisen, die sie uns gegeben hat, hat sie auch eine bezaubernd naive Art, sich auszudrücken."

Als für die Eltern Ruth Annes Todestag herankam, sagte ihnen ein anderer von den großartigen Geistführern von Lilian Bailey, W. H. Wootten, ein im Ersten Weltkrieg gefallener Offizier: „Ihr Liebling ist heute da. Sie macht große Fortschritte. Ich wollte, Sie könnten sie so sehen wie ich: mit glänzenden Augen, voll Intelligenz und Schönheit, erfüllt von

Glück, wie Sie es kaum begreifen können. Von ihr geht ein geistiger Glorienschein aus. Sie schaut mich an voll Erstaunen, wovon ich eigentlich rede. Verstehen Sie bitte, daß sie frei ist, keinerlei Begrenzungen hat. Sie nimmt teil an Ihrem Leben, kommt oft in Ihr Zuhause, und Sie haben dann, ohne es zu wissen, einen Engel bei sich. Daß Sie wissen, sie lebt, macht ihren eigenen Himmel noch wunderbarer. Ruth Annes Welt wäre glanzlos, wenn Sie das nicht wüßten."

Dann fragte er: „Haben Sie kürzlich etwas mit einigen Kleidern von ihr gemacht?" „Ja", gaben Ruth Annes Eltern zu. „Legen Sie die Kleider weg, wenn Sie sich gar nicht davon trennen können, und denken Sie an ihr neues Leben", sagte der Geistführer. „Seien Sie an diesem Todestag nicht traurig – feiern Sie mit ihr."

Einige Monate nach dieser Sitzung waren Captain Newton und seine Frau bei Hester Dowden, dem bekannten Medium, das durch automatisches Schreiben Informationen aus der geistigen Welt mit unglaublicher Geschwindigkeit aufnimmt. Die Eltern hatten das Medium vorher nicht getroffen, und sie wußte nichts von ihnen. Bald nachdem sie einen Bleistift in die Hand genommen hatte, wurde der folgende Text mit sehr großer Geschwindigkeit geschrieben: „Ich bin Ruth. Mutter, Papa, es fiel mir schwer, so lange zu warten. Ich hab' mich ja so danach gesehnt, rufen zu können: ‚Ich bin da, ich bin da!' Papa, liebste Mutter, sagt was zu mir!" Dieser Begrüßung folgten viele vollgeschriebene Seiten, deren Begeisterung, wie Mrs. Newton sagt, so ganz charakteristisch für das Temperament ihres ‚toten' Kindes war.:

Bei der nächsten Sitzung mit Lilian Bailey sagte Wootten zu ihnen, sie hätten kürzlich ein anderes Medium aufgesucht, bei dem ihre Tochter ihren Namen als Ruth angegeben hätte.

Er sagte, das Kind habe diese Tatsache bestätigen wollen und sei entzückt, daß sie das habe tun können. „Es bedeutet ihr so viel", erläuterte er, „Sie überzeugen zu können, daß sie noch lebt." Er sagte den Eltern, Ruth Anne habe beschrieben, wie zu Beginn der anderen Sitzung eine Tafel mit Großbuchstaben verwendet worden sei. Danach habe das Medium Papier und Bleistift benutzt. Dies war eine korrekte Darstellung des Verfahrens bei der Sitzung mit Hester Dowden.

Dann sagte Wootten, Ruth Anne nenne jetzt den Namen des Londoner Mediums, das ihre Eltern aufgesucht hatten – „Mrs. Hester Dowden, deren Geistführer Johannes sehr freundlich gewesen war." Die Eltern hatten weder Lilian Bailey, noch sonst jemandem etwas von ihrem Besuch bei diesem Medium gesagt.

Mrs. Newton führt dann Einzelheiten von zwei ausgezeichneten Sitzungen mit Rose Livingstone an. Für dieses Medium waren sie und ihr Mann, als sie sich trafen, vollkommen Fremde; die Sitzung war für sie von der London Spiritualist Alliance arrangiert worden. „Mrs. Livingstone beschrieb unsere kleine Tochter", schreibt Mrs. Newton, „gab ihr Alter und den Geburtstag an und ihren Namen Ruth Anne. Sie sagte, unsere Tochter sei an dem Nachmittag etwa um 3 Uhr neben einem Taufstein bei uns gewesen. Wir waren um diese Zeit in der St. Paul's-Kathedrale. Ruth Anne sagte, ihre beiden Großväter seien bei ihr – der eine, den sie auf Erden gekannt und geliebt habe, und der andere, Papas Vater, dem sie in der geistigen Welt begegnet war. Viele Male wurden Familiendetails und -ereignisse richtig dargestellt, und es gab ein glückliches, liebevolles Gespräch, ganz typisch für Ruth Anne."

Eine kleine Begebenheit beeindruckte die Eltern tief. Das

Medium sagte, das Kind wolle wissen, ob sie sich noch an Ruths kleines Teeservice erinnerten. „Ja, natürlich", antworteten sie. „Aber erinnert ihr euch auch noch daran im Zusammenhang mit meiner Krankheit?" war Ruth Annes nächste Frage. Obwohl sie hartnäckig dabeiblieb, konnten die Eltern eine Zeitlang das Teeservice mit ihrer Krankheit nicht in Verbindung bringen – bis es Mrs. Newton plötzlich einfiel, daß sie die kleine Teekanne benutzt hatte, um ihr sterbendes Kind zu füttern.

Einige Tage nachdem Mrs. Newtons Hund eingeschläfert worden war, hatte sie wieder eine Sitzung mit Rose Livingstone. Fast sofort wurde wieder Ruth Anne beschrieben. „Sie hat einen Hund im Arm", sagte das Medium, „und sie ist deswegen ganz aufgeregt. Sie sagt: ‚Mutter, du hast ihn eingeschläfert, jetzt geht es ihm aber sehr gut. Er kann sich deinetwegen gar nicht grämen, weil wir solchen Wirbel mit ihm machen.'"

Infolge unserer gemeinsamen Abstammung sind auch die Tiere durch denselben Lebensfunken vitalisiert wie die Menschen. In ihrer langen Verbundenheit mit dem Menschen haben Haustiere ähnliche, nie vergehende Gewohnheiten und Eigenschaften erworben, die nach dem physischen Tod weiterhin zum Ausdruck kommen. Es gibt eine gewaltige Zahl von Beweisen, daß unsere geringeren Brüder den Tod überleben. Dieses Thema behandle ich in meinem Buch „When Your Animal Dies" („Wenn dein Tier stirbt").

In ihrem Brief an mich sagt Ruth Annes Mutter, glücklich in dem Wissen, daß ihr Kind sie nicht wirklich verlassen hat: „Ich weiß, Sie haben erkannt, daß sie die Freude unseres Lebens war und ist, kostbarer und liebenswerter, als Worte sagen können."

Schon das erste Mal, als Mrs. Winifred E. Clarke aus Stockport eine Sitzung mit einem Medium hatte, erkannte sie die Stimme und die Eigenheiten ihres kleinen Sohnes Philip. Vier Monate nach dem ‚Tod' des Kindes beschlossen sie und ihr Mann, den Spiritualismus zu erforschen. Die Organisation Britten Memorial arrangierte für sie eine Séance mit Lilian Bailey, von der die Eltern noch nie etwas gehört hatten.

Forschend und kritisch eingestellt, wie sie waren, wollten sie nicht, daß das Medium ihre Verwandtschaft kenne. Ihre Sitzungen waren für denselben Nachmittag vorgesehen, aber zu verschiedenen Zeiten. Entsprechend den Gepflogenheiten der meisten zuverlässigen spiritualistischen Organisationen erhielt Lilian Bailey weder ihre Namen, noch irgendwelche andere Informationen. Entgegen den Ansichten der Skeptiker bevorzugen angesehene Medien diese Vorkehrungen, um die Anonymität neuer Sitzungsteilnehmer zu wahren.

Mrs. Clarke hatte den ersten Termin. Wootten hatte erst einige Minuten von Lilian Bailey Besitz ergriffen, als er schon einen kleinen Jungen beschrieb, der etwa achtjährig aussah. Mrs. Clarke sagt mir, daß Philip neun war, als er ‚starb', aber klein für sein Alter war. Unmittelbar nach seiner Beschreibung sagte der Geistführer: „Er ist ihr eigener kleiner Sohn, der vor kurzem in unsere Welt hinübergekommen ist." Dann hörte die überglückliche Mutter durch den Mund des in Tieftrance befindlichen Mediums die Stimme von Philip Clarke. Solange die mediale Kraft stark genug war, klang die Stimme des ‚toten' Kindes genauso wie auf der Erde.

„Aber", sagt seine Mutter, „der überraschendste und beweiskräftigste Teil seines Erscheinens war seine charakteristische Sprechweise, seine Bewegungen und überhaupt seine ganze Persönlichkeit. Wenn eine Mutter — kritisch wie ich war — Stimme und Verhalten ihres eigenen Kindes ganz zweifelsfrei erkennt, dann kann es keinen Irrtum über die Eindeutigkeit der Beweise geben."

Nach der Sitzung ging Mrs. Clarke in ein anderes Zimmer. Sie wußte, daß ihr Mann später zu seinem Termin kommen würde, aber sie traf ihn nicht. Er sagte ihr später, daß der Geistführer, als Lilian Bailey in Trance gegangen war, ihn begrüßte und recht überrascht feststellte, daß der kleine Junge, der sich der vorigen Sitzungsteilnehmerin gezeigt hatte, immer noch da war. Er sagte, das Kind amüsiere sich offenbar sehr und lache. Dann machte Wootten eine Pause und sagte: „Ach, Sie sind ja sein Vater! Er nennt Sie Vati." Mr. Clarke gab zu, daß das stimme. Dann kam Philip zum zweitenmal an dem Nachmittag bei dem Medium durch und sprach zu seinem Vater. Weder Mr. Clarke noch seine Frau nannten nach ihren einzelnen Sitzungen dem Medium ihren Namen.

Einige Tage danach erhielt die Sekretärin von Britten Memorial einen Brief von Lilian Bailey, den sie in ihrem Haus in Crewe geschrieben hatte. Darin hieß es, am Abend des Vortages habe ein kleiner Junge, der sich Philip Clarke nannte, zu den Mitgliedern ihres eigenen Hauskreises für Direkte Stimme gesprochen. Auf die Frage nach weiteren Informationen über sie selbst konnte er ihnen nur sagen, daß er in der vorigen Woche zu seinen Eltern habe sprechen können. Dann ließ seine Kraft nach, und Poppet griff die Geschichte auf. Sie sagte, sie habe den kleinen Jungen mitgebracht, weil er seiner Mutti und seinem Vati Grüße schicken wollte. Poppet wünschte, daß diese Information an die Britten Memorial weitergegeben würde, damit die Eltern des Jungen sie bekommen.

Lilian Baileys Brief mit Philips Grüßen zeigte die Sekretärin der Britten Memorial den Eltern, die natürlich begeistert waren, von ihrem kleinen Sohn neue und unerwartete Grüße zu erhalten. Seitdem haben sie weitere Sitzungen mit Lilian Bailey abgehalten, durch deren Medialität Philip sich immer wieder gezeigt hat.

Ein Kind, das auf Erden nur ein paar Stunden lebte, gab seinem Vater, Mr. Hugh Stanhope aus Llandudno, einem Freund von mir, den Beweis seines Weiterlebens nach dem Tode. 15 Jahre wartete Mr. Stanhope darauf, eine Nachricht aus der geistigen Welt zu erhalten, die er als hundertprozentig beweiskräftig ansehen könne. Mr. Stanhope hat zwar den Spiritualismus seit Jahren akzeptiert, aber „sein argwöhnischer Geist", wie er das nennt, hat stets „gußeisernen Beweis" verlangt, der nicht durch irgendeine andere Hypothese erklärt werden könne. Diesen langersehnten Beweis lieferte Lilian Bailey, als sie auf einer Werbeveranstaltung der Spiritualisten in Colwyn Bay Hellsehen demonstrierte.

„Ich war in meinem Leben Lilian Bailey nie begegnet", sagt Mr. Stanhope, „und sie konnte auf irgendeine normale Weise die Namen und Tatsachen, die sie mir gab, gewiß nicht kennen." Er ging zu der Veranstaltung, ohne eine geistige Botschaft zu erwarten. Das Medium hatte eine Zeitlang Hellsehen in Tieftrance demonstriert, bevor sie den Namen „Stanhope" nannte, woraufhin eine sehr gute Beschreibung seiner ‚toten' Eltern einschließlich Namen folgte. Als nächstes beschrieb sie ein Geistwesen, einen jungen Mann, der nur ein paar Stunden auf der Erde gelebt hatte. Das Geistwesen nannte seinen Namen: John Stanhope. Vor vielen Jahren brachte Mrs. Stanhope dieses Baby zur Welt, aber es ‚starb' nach wenigen Stunden unter traurigen und kummervollen Umständen, die im Leben der Eltern einen tiefen Eindruck hinterließen.

Tragisches ereignete sich im Leben von Mr. und Mrs. Norman C. Sinclair aus Sunderland, als ihre dreizehnjährige Tochter Norma von einem Lastwagen angefahren wurde und Verletzungen erlitt, die sich als tödlich erwiesen. Mr. Sinclair besaß ein kleines Segelboot, in dem die Familie gewöhnlich glückliche Wochenenden verbrachte. Der tödliche Unfall passierte, als Norma auf dem Wege zu ihren Eltern auf dem Segelboot war; das Boot lag im Fluß bei Boroughbridge vor Anker. Großer Kummer erfüllte jetzt die Herzen der Eltern.

„Dahin waren unsere Träume von einer gemütlichen, glücklichen Zukunft", schreibt Mr. Sinclair, „dahin waren Freude und Lachen und statt dessen — was? Gram und Herzeleid, Tränen und schwärzeste Verzweiflung. Mein Denken war erfüllt von grausigen, abscheulichen, schrecklichen Gedanken — zu schlimm, sie zu sagen. Wir lebten in einem Zustand geistiger Dunkelheit und meinten, die Welt sei ein gräßlicher Ort, in unserem Herzen voll und ganz davon überzeugt, daß das alles nur Unsinn ist, es gebe einen liebenden himmlischen Vater. Aber dann sahen wir eines Tages, als wir durch Sunderland fuhren, ein Plakat: „Psychic News: Leben nach dem Tode bewiesen". Mrs. Sinclair ging in das Geschäft und kaufte ein Exemplar dieser Zeitschrift, und beide fuhren schnell nach Hause, um darin zu lesen. Durch die Zeitschrift kamen sie in Kontakt mit der spiritualistischen Bewegung. In Büchern über mediale Phänomene lasen sie dann von den Beweisen für das Überleben des Todes, die anderen Menschen gegeben worden waren. So begann ihre eigene Suche nach Beweisen.

Mr. Sinclair, war, als er eine private Sitzung mit dem berühmten Medium Helen Hughes vereinbarte, für sie ein Fremder — außer seinem Namen wußte sie nichts von ihm. Bei der ersten Séance beschrieb sie ein großes Mädchen, das neben ihm stand. Zu seinem Erstaunen sagte sie dann: „Außerdem hat das Mädchen sie jetzt umarmt, womit sie liebevoll Anspruch auf Sie erhebt. Sie sagt mir, Sie sind ihr Papa." Mr. Sinclair sagt, Norma war groß für ihr Alter. Sie hatte ihn nie mit ‚Vater' angesprochen, immer mit ‚Papa'.

Als Mrs. Hughes fortfuhr: „Sie hat ihren Bruder bei sich", verließ den Vater der Mut. Norma war doch sein einziges Kind. „Das ist völlig ausgeschlossen", antwortete er, „ich hab nie einen Sohn gehabt." Aber das Medium blieb dabei. „Mein Geistführer sagt mir", stellte sie mit Nachdruck fest, „daß es tatsächlich Ihr Sohn ist. Auf der Erde hat er nicht gelebt, da Ihre Frau vor Jahren eine Fehlgeburt hatte. In der geistigen Welt bekam Ihr Sohn den Namen John — nach Ihrem Onkel John, der ebenfalls in der geistigen Welt ist." Bis zu diesem Augenblick hatte er völlig vergessen, daß seine Frau vor 15 Jahren eine Fehlgeburt hatte. Die Feststellung über den Onkel traf ebenfalls zu.:

Diese Sitzung war der Vorläufer von vielen weiteren Sitzungen mit Helen Hughes. Aber obwohl Mr. Sinclair wiederholt den Geistführer des Mediums bat, ihm Normas vollen Namen zu nennen, wurde ihm das immer abgeschlagen. Es hieß, seine Tochter würde den Beweis zur rechten Zeit liefern.

Ein Jahr ging ins Land, bis er den so sehr gewünschten Beweis erhielt. Dann kam in einer Sitzung bei Helen Hughes einer ihrer Kontrollgeister durch, ein Kind, das lachend sagte: „Papa Sinclair, jetzt werden Sie eine Überraschung erleben." Das Kind bat um Papier und Bleistift. Mr. Sinclair gab ihm einen Bleistift, hatte unglücklicherweise aber nur die Rückseite eines Briefumschlages zum Beschreiben. „Du liebe Zeit", sagte das Kind und begann zu schreiben, „das ist zu wenig!" Er lachte wieder und meinte: „Mr. Sinclair, Ihr Papa ist da und sagt, ich soll auf die Wand schreiben, da ist ja genug Platz." Die Sitzung wurde in völliger Dunkelheit abgehalten. Als am Schluß das Licht angeschaltet wurde, prüfte Mr. Sinclair die Rückseite des Briefumschlages. Da standen die Worte: ‚Norma Doreen', und auf der Wand las er „Norma Doreen Couly". Die Vornamen seiner Tochter waren Norma Doreen Coulson. Er hält das Wort ‚Couly' für sehr beweiskräftig, denn er hat für seine Tochter oft diesen Kosenamen verwendet — eine Tatsache, die niemand kannte außer seiner Frau. Auffallend an dem Geschriebenen war, daß die Wörter zwar im Dunkeln hingeschrieben waren, aber trotzdem kein Buchstabe in den anderen hineingeschrieben war, weder auf dem Umschlag, noch an der Wand.

„Der Spiritualismus hat meiner Frau und mir ein neues Leben geschenkt", versichert Mr. Sinclar. „Die düsteren, schrecklichen Gedanken sind weg. Wir sehnen uns zwar noch nach unserem Liebling, aber es ist wunderbar tröstlich zu wissen, daß es keinen Tod gibt und wir eines Tages wieder alle zusammenkommen werden, eine kleine glückliche Familie."

In der Zeitschrift ‚Psychic News' berichtet Mr. Herbert Hampson aus Barnsley in Yorkshire, wie eine Mutter dadurch veranlaßt wurde, die Suche nach jenseitigen Dingen aufzunehmen, daß bei der Beerdigung ihres jungen Sohnes der Begräbnisgottesdienst von dem Pfarrer auf so kalte, routinemäßige Art abgehalten wurde. Ihre Erforschung des Spiritualismus überzeugte sie, daß ihr Sohn weiterlebt, und gab ihr den Trost, der in der orthodoxen Kirche ihres früheren Glaubens nicht zu haben war.

Der junge Mann, Sydney, ein Verwandter von Mr. Hampson, war von seinen Eltern auf eine Schule in Kent geschickt worden. Dort erkrankte er plötzlich und starb ein paar Tage darauf. Einem Brief der Schulbehörde, der die Mutter von der Krankheit unterrichtete, folgte ein Telegramm, er sei ‚verstorben'. Unglücklicherweise erhielt die Mutter das Telegramm vor dem Brief. Der Schock traf sie schwer. Die Leiche ihres Sohnes wurde zur Beerdigung nach Hause gebracht. Mr. Hampson nahm an der Beerdigung teil. Da Sydney und seine Eltern aktive und treue Anhänger der Dorfkirche waren, hielt der Pfarrer den Begräbnisgottesdienst ab.

„Im Licht meiner spiritualistischen Kenntnisse", schreibt Mr. Hampson, „war diese Feier am Grabe eine Beleidigung für normale menschliche Intelligenz. Der Pfarrer las die am Grab üblichen Worte vor, machte sein Buch zu, gab den Eltern die Hand und ging gemächlich fort; die Eltern blieben in ihrem tiefen Kummer zurück, unfähig sich vom Grab loszureißen." Mr. Hampson, der der einzige Spiritualist unter den Leidtragenden war, sprach zu den beiden Eltern von seinem Wissen über das Fortleben nach dem Tode. Nicht lange danach sprach die Mutter den Wunsch aus, mehr über Spiritualismus zu erfahren, denn von ihrer eigenen Kirche hatte sie in der Zeit ihrer größten Not weder Hilfe noch Trost erfahren.

Mit Hilfe der Gesellschaft für PSI-Forschung in Leeds arrangierte Mr. Hampson eine Sitzung mit Helen Hughes. Er machte den Termin auf seinen Namen aus und gab keinerlei Informationen über Sydneys Mutter und Großmutter, die zu der Sitzung mitkamen. Es dauerte nicht lange, bis der ‚tote' Junge bei dem Medium durchkam. Seine Identität bewies er durch Eigenheiten seiner Sprechweise und seine Kenntnis häuslicher Angelegenheiten. Sydney bat seine Mutter, wegen seines Hinscheidens nicht zu trauern und „nimm nicht meine Mütze vom Haken im Flur und fang an zu weinen." Er teilte den Sitzungsteilnehmern die Ursache seiner tödlichen Krankheit mit; seine Eltern hatten diese schon vermutet.

„Ihr habt noch ein bißchen Geld von mir", fuhr er fort. „Hebt es nicht auf. Kauft euch was damit." Der ‚tote' Schuljunge sagte seiner Mutter, seine Ersparnisse betrügen 2 Schillinge, 7 Pennies. Zu Hause fand sie diesen Betrag. Mit der Hand des in Tieftrance befindlichen Mediums schrieb Sydney dann seinen Namen auf ein Stück Papier.

Mr. P. H. Holdsworth war zwar ein Agnostiker, beschloß aber, als sein siebenjähriger Junge starb, den Spiritualismus zu erforschen. Das Resultat war eine geradezu dramatische Wiedervereinigung. Der Vater hat das in der Zeitschrift ‚Psychic News' anschaulich beschrieben. Zwei Monate nach dem Trauerfall besuchte er als erstes eine von Dorothy Henderson abgehaltene Séance für Direkte Stimme und Materialisation. Er ging dorthin, weil ihm ein oder zwei Tage vorher so war, als habe sein Junge ihn gerufen.

Seine eigene Gemütsverfassung erläuterte er so: „Ich war ein Agnostiker, jedoch bereit, die Unmöglichkeit des Weiterlebens nach dem Tode zu diskutieren."

Er saß da und sang mit den anderen mit ohne die geringste Vorstellung, was er da erwarten konnte. In gewisser Weise war er ziemlich froh, daß die Dunkelheit die Verlegenheit verhüllte, die er empfand, da er ja doch an etwas teilnahm, das er für sehr töricht hielt. Bald darauf wurde, nachdem die Trompete sich auf eine Weise umherbewegt hatte, die er sich überhaupt nicht erklären konnte, eine leuchtende Tafel vor ihn hingehalten. „Ich sah deutlich das ernste, ansprechende Gesicht des Jungen, den ich verloren hatte", schreibt er. „Wenn man mich fragt, ob ich ihn sofort erkannte, sage ich nein; ich war ganz durcheinander."

In den nächsten Tagen „überzeugte mich nüchterne Überlegung, daß es tatsächlich mein Sohn war, den ich gesehen hatte. Unter anderem könnte ich erwähnen, daß sein Mund und sein Kinn meinem sehr ähnlich waren und daß ich, als ich am nächsten Tag einen Blick in den Spiegel warf, sehr überrascht war über die Ähnlichkeit meiner Gesichtszüge mit denen der Materialisation."

Hier gibt es also, dachte er sich, wirklich Grund zum Nachdenken. Er hatte sich voll und ganz vergewissert, daß das Medium nicht mehr von ihm wußte als seinen Namen, und so wollte er die Sache untersuchen. In der nächsten Woche begleitete ihn seine Frau zu der Sitzung. Der Junge materialisierte sich wieder, hob einen Veilchenstrauß vom Fußboden auf und ließ ihn seiner Frau in den Schoß fallen, während er die Leuchttafel brachte. Mr. Holdsworth schreibt: „Meine Frau erkannte ihn sofort, und auch ich − diesmal besser vorbereitet − konnte mich davon überzeugen, daß es keinen Zweifel geben konnte − er war es. Noch immer sah er sehr ernst aus, aber wir haben ihn seitdem mehrere Male gesehen, und jedesmal hat er fröhlicher ausgesehen. Jetzt lächelt er glücklich, wenn er sich zeigt. Bei jener Sitzung sprach er zum erstenmal zu uns. Er brachte nicht viel zuwege, aber wir hatten die Freude zu hören, daß er mich mit einem Kosenamen nannte, den er für mich benutzte, als er noch auf der Erde war. Seitdem ist kaum eine Woche vergangen, ohne daß wir mit ihm in Kontakt waren. Natürlich waren die Bedingungen nicht immer gleich gut, aber an manchen Abenden hat er so klar gesprochen, daß jeder im Raum genau hören konnte, was er ohne die geringste Schwierigkeit sagte. Sein Hauptanliegen war, uns davon zu überzeugen, daß es ihm gut ging, und seine Mutter zu trösten."

Bei einer Sitzung sagte der ‚tote' Junge: „Mami, mir geht es gut. Du darfst nicht weinen; wenn du weinst, macht mich das traurig." – Er gab seinen Eltern einen ganz außerordentlichen Beweis. Sein Vater hatte das automatische Schreiben probiert. Das einzige Ergebnis freilich war, daß seine Hand heftig zitterte. Das wußte er allerdings nur selbst, denn er hatte die Versuche in einem Zimmer oben allein gemacht und niemandem etwas gesagt, nicht einmal seiner Frau.

Stellen Sie sich nun seine Überraschung vor, als der kleine Junge sagte: „Papa, ich muß dir was sagen; du zitterst zu sehr." „Ja?" antwortete der Vater erstaunt. „Ja", fuhr der Junge fort, „wenn du schreibst, zitterst du zu sehr."

Dies veranlaßte Mr. Holdsworth zu einem weiteren Experiment – nicht mit automatischem Schreiben, sondern mit ‚direktem Schreiben'. Sein Junge war in der Lage gewesen, einen Veilchenstrauß und sogar einen Zinnsoldaten vom Fußboden zu nehmen und ihnen zu geben. Warum sollte er nicht fähig sein zu schreiben, vorausgesetzt, sein Vater gäbe ihm Schreibzeug? Als Mr. Holdsworth das nächste Mal zu dem Séancezirkel ging, nahm er einen Schreibblock und einen an beiden Enden gespitzten Bleistift mit. Bevor die

Sitzung begann, legte er das vor seine Füße. Während der Sitzung bat er jedoch in keinem Augenblick darum, daß etwas hingeschrieben wird, weil er meinte, wenn der Junge das nicht tun könnte, worum er bat, würde das das Geistkind unglücklich machen.

„Als ich das drittemal dies Experiment ausführte, hatte ich mehr Erfolg, als ich je zu hoffen gewagt hatte", schreibt der Vater. „Als das Licht angeschaltet wurde, waren 11 Namen auf dem Schreibblock aufgeschrieben. Verständlicherweise begeisterte es mich am meisten, den Namen meines Jungen darunter zu finden. Am allerwichtigsten war es, daß es nach meiner festen Überzeugung seine Handschrift war. Falls jemand in dieser Sache mit mir streiten und sagen würde, daß ein siebenjähriger Junge in seiner Handschrift keine besondere Individualität aufweise, würde ich gern darauf hinweisen, daß ich zu Hause einen Namenszug von ihm habe, den er kurz vor seinem Hinscheiden geschrieben hat. Als Bankangestellter habe ich eine gewisse Erfahrung darin, gefälschte Unterschriften von echten unterscheiden zu können, so daß meine Ansicht in dieser Sache schon einiges Gewicht hat."

Bald danach hatten er und seine Frau ein außerordentliches Erlebnis. Um es zu verstehen, sagt der Vater, muß man wissen, daß sie vor 11 Jahren ein Baby hatten, das nur einen Monat lebte und das wie der Junge, mit dem sie bereits in Kontakt getreten waren, John genannt worden war.

„Elf Jahre ist ja nun eine lange Zeit", schreibt er, „und ich will ja nicht sagen, daß ich dies Baby vergessen hatte, aber ganz sicher war es nur selten in meinen Gedanken; von ihm zu hören war infolgedessen das letzte, was ich erwartete.

Deshalb war ich, als eine Materialisation auf uns zukam mit Händen, die größer waren als die eines Siebenjährigen, und lockigen Haaren statt, wie ich wußte, glatten, völlig durcheinander und wußte nicht, was ich denken sollte. Ziemlich ungern gestand ich meiner Frau nach der Sitzung zu, daß es vielleicht unser älterer Junge gewesen sein könnte, aber, ehrlich gesagt, hielt ich das für völlig unwahrscheinlich."

· Bei der nächsten Sitzung wurde ich beruhigt. Der jüngere Sohn kam durch und sprach sehr deutlich. „Mami", sagte er, „John ist hier, und Big Man sagt, wir sollten ihn John-John nennen, damit wir nicht verwechselt werden." Big Man (Großer Mann) war für den kleinen Jungen der Name des Kontrollgeistes von Mrs. Henderson.

„Danach", sagt der Vater, „materialisierte sich der jüngere Sohn und legte seine Hand auf die Leuchttafel, so daß wir sehen konnten, daß sie die richtige Größe hatte; er hielt die Tafel auch so gegen seinen Kopf, daß wir sein Haar erkennen konnten — es war wie früher glatt und zerzaust."

„Seitdem hat er seinen älteren Bruder mehrere Male erwähnt. Sie spielen miteinander und benutzen beide seine Spielsachen. John-John hat bis jetzt nicht gesprochen, aber ich hoffe, er tut es noch. Er materialisiert sich aber fast jede Woche, und das sehr kräftig. Bei der letzten Sitzung umarmte er meine Frau und zog sie an sich. Was mich betrifft, so habe ich die Ereignisse in Mrs. Hendersons Séancezirkel so wahrheitsgemäß wie möglich dargelegt. Wenn andere Eltern angesichts desselben Verlustes, den meine Frau und ich hinnehmen mußten, aus meinen schlichten Ausführungen etwas Hilfe gewinnen können, dann habe ich erreicht, was ich mir vorgenommen habe. Ich selbst habe im Spiritualismus einen neuen Glauben gefunden. Selbst wenn ich wollte, kann ich die Tatsachen, die mir präsentiert worden sind, nicht bestreiten. Ich bin das ganze Thema mit einem, wie ich meine, offenen Herzen angegangen. Wenn ich in irgendeiner Hinsicht voreingenommen war, dann gegen den Spiritualismus."

Im Folgenden geht es um einen Fall, bei dem die Beweise für das Weiterleben in Tatsachen bestanden, die das Medium nicht wußte, die dann aber durch Nachforschung bestätigt wurden. Die Sache ereignete sich im Hauszirkel von Mr. Fred Rees, einem Londoner.

Nach einer Sitzung, bei der eine Frau, die dem Kreis so gut wie unbekannt war, mit ihrem ‚toten' Sohn und ihrem Ehemann gesprochen hatte, kündigte bei der nächsten Sitzung der Kontrollgeist an, daß die Tochter dieser Frau anwesend sei. Die Tochter war sehr enttäuscht, daß ihre Mutter in dem Zirkel nicht anwesend war. Das war alles sehr überraschend, da die Mitglieder des Zirkels nicht wußten, daß die Mutter eine Tochter in der Jenseitswelt hatte. Sie erklärten, daß die Mutter kein Mitglied des Zirkels sei und nur vorige Woche auf ihre Bitte hin dabei war, um von ihrem Bruder eine Nachricht zu erhalten. Der Kontrollgeist sagte dann, das Mädchen sei um so enttäuschter, als sie gehofft hatte, ihrer Mutter ein Geschenk bringen zu können. Dem Mädchen sagte man, sie möge nicht bekümmert sein; wenn ihnen das Geschenk anvertraut würde, würden sie es der Mutter zukommen lassen. Diese Zusicherung befriedigte das Mädchen offenbar, denn nach geraumer Zeit wurde eine wunderschöne kleine Rose in den Zirkel gebracht mit der Bitte, wir sollten sagen, sie käme von Honor, „mit herzlichen Grüßen an Mutti". Um Irrtümern vorzubeugen, buchstabierte der Kontrollgeist den Namen sorgfältig.

Dann fiel es Mr. Rees ein, um eine Beschreibung des Mädchens zu bitten. Es hieß, sie zeige sich als kleines Mädchen von 12 Jahren; ihr Haar trage sie in zwei langen Zöpfen. Am nächsten Tag ging seine Frau zu der in Kew lebenden Mutter und fragte sie, ob sie eine Tochter in der Jenseitswelt habe. „Ja – wieso?" war die Antwort. „Hieß sie Honor?" fragte Mrs. Rees. „Ja, wirklich", war die Antwort, „aber woher in aller Welt wissen Sie das?" „Und trug sie ihr Haar in langen Zöpfen?" war die nächste Frage. „Ja, natürlich!" Dann nahm die Mutter die Besucherin ins Wohnzimmer mit und zeigte ihr ein Bild des Mädchens, auf dem die langen Zöpfe direkt auffielen.

Voll Entzücken nahm die Mutter das Geschenk entgegen, aber jetzt ist sie keine Fremde mehr in diesem spiritualistischen Zirkel, sondern ein begeistertes Mitglied.

Kapitel VI

Telepathie ist ausgeschlossen

Bobby Newlove, ein zehnjähriges Kind, das plötzlich an Diphtherie ‚starb', bewies sein Überleben des Todes dem Reverend C. Dryton Thomas, einem Methodistenpfarrer und Spiritualisten, obwohl der Pfarrer und der Junge sich auf Erden nie begegnet waren. Der Pflegevater des Jungen, Mr. Herbert Hatch aus Nelson, Lancashire, schrieb dem Pfarrer, nachdem er ein Buch von ihm über Spiritualismus gelesen hatte, aus Anlaß des Hinscheidens von Bobbie: „Der Verlust ist so schrecklich, daß wir meinen, wir müssen Sie fragen, ob wir auf irgendeine Weise ähnlichen Trost erlangen können, wie er in Ihrem Buch berichtet wird...Ich gestehe, daß infolge meiner Erziehung mein Glaube an derlei Dinge sehr schwankend ist."

Mr. Dryton Thomas beschloß zu versuchen, mit dem ‚toten' Jungen in Verbindung zu treten in der Hoffnung, daß Bobbie in der Lage sein würde, Beweise zu liefern, die seine Verwandten von seinem Weiterleben überzeugen würden. Wenn er bei einer Séance Beweise über sich selbst liefern würde, die dem Sitzungsteilnehmer, einem Fremden, überhaupt nicht bekannt wären, dann würde das jede Idee in den Gedanken seines Pflegevaters widerlegen, Telepathie könnte die Grundlage der Kommunikation sein. Diese Hypothese wird ja manchmal von Skeptikern vorgetragen, um die in Séancen erhaltenen Beweise zu erklären. Aus irgendeinem Grund scheinen diese Leute nicht zu erkennen, daß geistige Kommunikation, wenn Telepathie zwischen Menschen auf

Erden möglich ist, auch zwischen körperlosen Wesen und körperlichen Wesen möglich ist.

In seinem Brief verzichtete Mr. Hatch darauf, mehr als die knappsten Angaben über den ‚toten' Jungen zu machen. Der Pfarrer erhielt jedoch solch überraschende Beweise für Bobbies Überleben, daß er seine Erlebnisse in einem Buch „An Amazing Experiment" (Ein erstaunliches Experiment) niederlegte. Er berichtet, daß er als erstes um Führung betete und dann seine eigenen ‚toten' Verwandten um Hilfe bat, den Jungen ausfindig zu machen und zu der nächsten Sitzung mit Gladys Osborne Leonard zu bringen. Seine Bemühungen, trauernde Herzen zu trösten, waren von Erfolg gekrönt. In einer Reihe von Sitzungen mit diesem berühmten Medium kam Bobbie zurück und lieferte zahllose beweiskräftige Einzelheiten, die seine Identität festlegten. Der Junge erinnerte sich an einige seiner Lieblingsspaziergänge und Lieblingswanderungen. Er nannte Straßen und Bereiche in der Nachbarschaft; dabei gab er Tatsachen an, die dem Medium oder dem Sitzungsteilnehmer gänzlich unbekannt waren. Bei einer Sitzung beschrieb Bobbie genau eine ungewöhnliche Aufnahme von ihm, und zwar in einem Phantasiekostüm, das er auf einem Sportfest kurz vor seinem Hinscheiden trug.

Den überzeugendsten Beweis lieferte er, als er Einzelheiten darüber angab, wie er sich die Infektion holte, die zu seinem ‚Tod' führte. Er hatte sich einer ‚Geheimgesellschaft' von Kindern angeschlossen. Die Taten dieser ‚Gang' führten ihn zu einem Teich mit verseuchtem Wasser, wo er mehrere Wochen lang spielte. Durch diesen Zeitvertreib wurde seine Gesundheit unterminiert. Die ganze Geschichte war Bobbies Familie, als Mr. Dryton Thomas sie ihnen zum erstenmal berichtete, gänzlich unbekannt. Die bei den Sitzungen mitgeteilten Einzelheiten mußten Stück für Stück entwirrt werden, wozu auch eine Korrespondenz mit dem Gesundheitsamt von Brierfield gehörte. Alle von dem ‚toten' Jungen gelieferten Beweise konnten bestätigt werden.

Die erfolgreichen Ergebnisse dieses einen Falles müssen für intelligentes und unvoreingenommenes Denken die Wahrheit des Weiterlebens nach dem Tode beweisen. Die mitgeteilten Tatsachen waren ja dem Pfarrer, dem Medium oder der Familie des Jungen nicht bekannt.:

Die Hypothese, daß alle Kommunikationen mit der geistigen Welt durch Telepathie zu erklären seien, wird völlig widerlegt durch die Geschichte, die Margery Lawrence, die erfolgreiche Romanschriftstellerin, berichtet. In den ‚Psychic News' beschreibt sie, wie sie eine skeptische Freundin zu einer Sitzung mit einem bekannten Medium begleitete. Bei dieser Sitzung gab es zahlreiche interessante Gespräche mit mehreren Wesenheiten, die ihrer Freundin Leila viel über sie selbst sagten, ihre Familiengeschichte und andere Dinge. „Aber Leila", schreibt die Autorin, „behielt ein ziemlich überlegenes Lächeln bei; sie hatte mir schon vorher gesagt, sie glaube, alles, was man ihr sage, würde durch die Fähigkeit des Mediums, ihre Gedanken zu lesen, notwendigerweise ihren eigenen Gedanken entnommen werden."

Als das Medium Leila sagte, sie habe in der Jenseitswelt einen Bruder, der etwa vier Jahre vor ihr geboren sei und nur wenige Monate auf Erden lebte, konnte sie diese Behauptung nicht akzeptieren. Margery Lawrence schreibt: „Erschreckt und gekränkt erklärte Leila, das könne unmöglich richtig sein; sie wisse definitiv, daß ihre Mutter (eine

Amerikanerin – Leilas Vater war Engländer) es ihr gesagt hätte, wenn sie noch einem anderen Kind das Leben geschenkt hätte...Etwa eine Woche später rief sie mich allerdings in einer sehr gedämpften Gemütsverfassung an. Die Geschichte hatte ihr so zugesetzt, daß sie ihre einzige überlebende Verwandte, eine sehr alte amerikanische Großtante, danach befragt hatte. Nun erfuhr sie, daß ihre Mutter (die einige Zeit vorher ‚verstorben' war) zweimal verheiratet gewesen war, das erstemal, sehr jung, mit einem amerikanischen Abenteurer, der sie sehr grob behandelte und dann im Gefängnis sein Leben beendete. Scham und innere Not brachten die junge Witwe zu dem Entschluß, bei ihrer zweiten Ehe mit einem Engländer jede Erinnerung an ihre erste Ehe zu ‚begraben'. Darin wurde sie von ihrer eigenen Familie loyal unterstützt, ebenso von ihrem zweiten Mann; und als sie bei ihrer zweiten Heirat Amerika für immer verließ, wurde ihr das Vergessen der Vergangenheit verhältnismäßig leicht gemacht. Der interessanteste und wertvollste Hinweis in diesem Zusammenhang ist freilich, daß sie ihrem ersten Mann einen Sohn geboren hatte, der nur wenige Monate am Leben blieb.

Margery Lawrence wirft die Frage auf: „Wo ist hier Telepathie im Spiel? Leila wußte nicht das Geringste von der ersten Ehe ihrer Mutter, und man kann in den Gedanken eines Menschen doch nur lesen, was schon darin ist.

Dieselbe Autorin berichtet ein weiteres mediales Beispiel, das ebenfalls die Theorie widerlegt, Telepathie erkläre die Kommunikationen bei Séancen. Sie war bei einer Sitzung dabei, wo ein ‚totes' Mädchen erklärte, sie sei vor acht Jahren als Fünfzehnjährige hinübergegangen infolge der Auswirkungen von Überanstrengung des Herzens, nachdem sie für eine bekannte Mädchenschule beim Lacrosse mitgespielt habe. Den Sitzungsteilnehmern war die Gesprächspartnerin aus der geistigen Welt nicht bekannt. Margery Lawrence schreibt: „Sie nannte uns ihren Namen und den der Schule sowie der Direktorin. Da ihr Tod erst kurze Zeit zurücklag, versuchte ich mein Glück – vielleicht war dieselbe Frau noch Leiterin – und schrieb ihr einen vorsichtig gehaltenen Brief, durch den ich versuchte, die Behauptung des Mädchens zu überprüfen. Wie ich mehr oder weniger vorausgeahnt hatte, erhielt ich eine kühle Antwort mit der Mitteilung, da ich keine Verwandte des fraglichen Mädchens sei, habe mir die Direktorin über die Art ihres Todes nichts zu sagen. Glücklicherweise traf ich aber bald darauf eine Freundin, die dort gewohnt hatte und die Familie kannte, und sie überprüfte die Geschichte für mich und stellte fest, daß alles durchaus richtig war. Auch hier konnte irgendeine Information unmöglich aus den Gedanken eines Menschen in der Sitzung abgezapft worden sein. Das Kind, ihre Schule und die Direktorin waren uns allen ja völlig fremd."

„Ich möchte mit Norah sprechen, ich bin Nic", sagte eine Geiststimme bei einer Séance mit Direkter Stimme, abgehalten von Mrs. A.E. Perriman. Mrs. Edith Wynne Mitchell aus Shrewsbury war an diesem Abend anwesend mit ihrer Tochter Norah; diese antwortete, sie kenne niemanden mit dem Namen ‚Nic', der in die andere Welt gegangen sei. „Aber ja doch, mein Kind", insistierte die Stimme. „Ich bin Nicol, der Bruder deiner Mutter, Wynne Jones."

Mrs. Mitchell schreibt: „Jones war mein Mädchenname; ich war seit mehr als 30 Jahren verheiratet. Ich werde nie Wynne genannt, sondern immer mit meinem ersten Namen Edith gerufen." Sie hatte Nicol auf Erden nicht gekannt, denn er war fünf Jahre vor ihrer Geburt ‚gestorben'. Das Geistwesen sagte, er sei an dem Abend zurückgekommen, um die „Hypothese des unbewußten Denkens" zu widerlegen. Nach Nicols Stimme folgte die eines Mädchens, die Mrs. Mitchell so ansprach: „Ich bin deine Schwester Grace. Wir sind hier eine große Familie." Mrs. Mitchell sagt: „Diese Schwester ‚verstarb' mit zwei Jahren, vierzehn Tage nach meinem Bruder Nicol. Sie war Rosa Grace getauft worden, wurde aber nie Grace genannt, immer nur Rosa." Diese beiden Verwandten, die ‚starben', bevor sie geboren wurde, bewiesen dadurch, daß sie ihren Mädchennamen nannten und zwei Vornamen benutzten, die in der Familie nie verwendet wurden, daß Telepathie und das Anzapfen des Unterbewußten mediale Phänomene nicht erklären können. Die ‚Toten' sind wirklich die, die sagen, sie seien die ‚Toten'. Das ist schließlich eine viel einfachere Erklärung.

Bertha Hirst, ein Medium, das trauernden Eltern viel Trost gebracht hat, lieferte Mrs. S. Bray aus Thornton Heath, Surrey, schlagenden Beweis, daß ihr junger Sohn den Tod überlebte. „Ihr Sohn ist hier anwesend", sagte der Geistführer des Mediums. „Er hat einen zweiten Jungen, Jack, 14 Jahre alt, mitgebracht. Er lebte in derselben Straße wie Ihr Sohn im Haus gegenüber. Versuchen Sie bitte der Mutter zu sagen, daß Jack lebt und es ihm gut geht. Bitten Sie sie, nicht länger zu trauern."

Mrs. Bray gab der Zeitschrift ‚Psychic News' weitere Einzelheiten aus dieser Sitzung. „Ihr Sohn sagt, er wurde im Rollstuhl herumgefahren", erfuhr sie von dem Geistwesen. „Nach seinem Hinscheiden haben Sie den Rollstuhl einem Krankenhaus geschenkt. Ihr Sohn ist infolge Herzproblemen in die andere Welt gegangen." Jetzt gehe es dem Jungen aber gut. Seine Mutter solle dem Vater sagen, sie würden ihn, wenn sie hinhörten, die Treppe hinauflaufen hören. Als nächstes unterbrach der Geistführer die Informationen des Jungen an seine Mutter und sagte: „Sie besitzen ein Buch von ihm mit dem Titel „The Boy's Book of Adventure" (Das Abenteuerbuch für Jungen)." Mrs. Bray widersprach dieser Feststellung. „Nein", sagte sie, „ich hab fast alle seine Bücher weggegeben." Der Geistführer fuhr fort: „Ihr Junge insistiert, daß im Kleiderschrank auf dem zweiten Brett ein großes rotes Buch über Abenteuer und Schiffe liegt. Wenn Sie es finden, schlagen Sie Seite 182 auf; dort finden Sie eine Information, die sich in gewisser Weise auf ihn bezieht."

Zu ihrer großen Verwunderung fand Mrs. Bray zu Hause ein dickes rotes Buch mit dem Titel „The Boy's Book of Adventure". Es lag im Wäscheschrank, wie das Geistwesen gesagt hatte. Als sie das Buch auf Seite 182 öffnete, las sie: „Stundenlag lag er besinnungslos da, wie tot, aber gegen Abend wurde das Feld abgesucht und er lebend aufgefunden. Man nahm ihn mit und brachte ihn in ein Dorf, seine Wunden wurden verbunden, und nach einiger Zeit konnte er sich wieder seinem Regiment anschließen und noch mehr Abenteuer unternehmen."

Mrs. Bray sagt: „Ich hatte vergessen, daß mein Sohn dies Buch besaß, und ganz gewiß hatte ich nicht darin gelesen. Der durch dieses Buch gegebene Beweis macht jeden Gedanken an Telepathie unmöglich." Ihr Sohn war nämlich in einem Feld ‚tot' aufgefunden worden, so wie es in dem Abschnitt des Buches dargestellt war.

Kapitel VII

Weitere Beweise aus dem Jenseits

Der ‚Tod' seiner beiden Kinder, und zwar am selben Tag, war der Schicksalsschlag, der Mr. W.E. Harrison aus Balham, Südwestlondon, veranlaßte, die Wahrheit über den Spiritualismus herauszufinden. Vor dem Hinscheiden dieser Kinder hatte Mr. Harrison kein wirkliches Interesse für mediale Dinge. Vier seiner Kollegen im Betrieb versuchten, ohne voneinander zu wissen, ihn für dieses Thema zu interessieren. Er verspürte aber keine Neigung, sich um Beweise wirklich zu bemühen. „Dann", schreibt Mr. Harrison, „kam, wie das so oft geschieht, die Tragödie in mein Leben hinein; bis dahin war es ereignislos verlaufen." Seine Tochter, ein gesundes Mädchen, wurde plötzlich krank und bekam Lungenentzündung. Einige Tage danach erkrankte auch ihr Bruder. Trotz aller Bemühungen, sie zu retten, sind beide am gleichen Tag hinübergegangen – der eine im Krankenhaus, die andere zu Hause. „Man braucht nur wenig Vorstellungskraft, um die Trostlosigkeit in unserem Zuhause zu erkennen", schreibt Mr. Harrison. „Alles, was meine Frau und ich erhofft, wofür wir geplant und gelebt hatten, war mit einem einzigen tragischen Schicksalsschlag dahin. Irgendwie haben wir diese schreckliche Zeit durchlebt…

Dann entstand der wahre Drang: Was war mit diesen jungen Menschenkindern geschehen? Wo waren sie jetzt? Ich erinnerte mich an die Freunde, die noch vor ein paar Wochen mich gedrängt hatten, die Dinge zu ergründen. Wir nahmen Verbindung auf mit der Marylebone Spiritualist Association und begannen mit der Wahrheitssuche, die seitdem so viel Hilfe, Glück und Trost in unser Leben gebracht hat. Ich entschloß mich, gründlich zu forschen und alles, was geschah, aufzuzeichnen. Diese Aufzeichnungen besitze ich jetzt noch."

Während jener Zeit kritischer Forschungen hatten Mr. und Mrs. Harrison Sitzungen mit der Mehrzahl bekannter Medien und waren Zeuge der meisten Arten medialer Phänomene. Zwei Monate nach dem Hinscheiden der Kinder erhielten die Eltern nach und nach außerordentliche Beweise, daß sie nach dem Tode weiterlebten.

Mr. Harrison hat mir aufgrund seiner über einige Jahre gewissenhaft geführten Aufzeichnungen von all seinen Séancen Einzelheiten der Beweise zur Verfügung gestellt, die er und seine Frau erhielten: „Bei ihnen handelt es sich um die befriedigendsten, weil ich weiß, es gibt nicht die geringste Möglichkeit, daß die Tatsachen irgend jemandem bekannt waren außer uns und denen, die sie aus der geistigen Welt mitteilten." Mr. Harrison war bei jeder ersten Sitzung mit einem Medium ein Fremder. Viele Beweise kamen in Guppensitzungen, wobei die Termine mit der entsprechenden spiritualistischen Organisation erst ein oder zwei Tage vorher vereinbart worden waren. Medien halten oft Gruppensitzungen ab, wenn keine Einzelsitzungen gewünscht werden; zu solchen Sitzungen kommen sechs bis zwölf Personen, die sich nicht unbedingt oder überhaupt kennen müssen.

„Sie haben zwei Kinder in der geistigen Welt", sagte Helen Spiers zu Mr. Harrison, als er und seine Frau zum ersten Mal eine Sitzung bei ihr hatten. „Eines ging hinüber infolge Meningitis, das andere infolge Lungenentzündung. Sie sind jetzt beide anwesend. Der kleine Junge ist etwa drei Jahre alt, das Mädchen sagt, sie sei fünf." Alle diese Angaben waren richtig mit Ausnahme des Alters des Jungen; das war übertrieben. „Sie zeigen mir einen alten Teddybär", fuhr das Medium fort, „und eine Puppe. Das kleine Mädchen spielt mit etwas. Sie schlägt mit den Händen drauf und sagt ‚Tüt, tüt'. Es sieht wie ein Auto aus. Ich glaube, sie spielt mit der Hupe." Die Kinder besaßen einen alten, ziemlich kaputten Teddybär. Mr. Harrison verstand auch die Beschreibung der Hupe. Auf der Erde hatte das kleine Mädchen oft die Eltern im Auto begleitet, und nach Kinderart hatte sie gern die Hupe betätigt.

Das Medium sprach weiter über das Mädchen und sagte: „Sie sagt, sie heißt Maisie – nein – Mavis, Mavis Joan." Helen Spiers erklärte: „Sie hat eine Lilie in der Hand. Das Kind sagt, das sei nicht ihr Name, sondern ein Symbol ihres Namens." Der Vater des ‚toten' Kindes verstand diesen Vergleich. Lilley ist ein Familienname; Mavis Joan sind ihre beiden Vornamen.

Helen Spiers wandte sich an die Mutter der ‚toten' Kinder und sagte: „Die Kinder kommen jetzt zu Ihnen. Das kleine Mädchen sagt, Sie tragen ihre Perlenkette. Sie sagt, Sie sind ihre Mami." In dieser Gruppensitzung saßen die beiden Eheleute nicht nebeneinander, und es gab keinen Grund, warum das Medium, für das sie ja Fremde waren, sie miteinander hätte in Verbindung bringen sollen. Mrs. Harrison trug zu der Zeit tatsächlich die Perlenkette ihrer kleinen Tochter.

Drei Monate später nahmen sie an einer weiteren Gruppensitzung desselben Mediums teil, bei der sie einige der schon gegebenen Beweise wiederholte, sie aber anders dar-

legte. „Die Kinder sind sehr kurz nacheinander hinübergegangen", sagte sie zu den Eltern. „Offenbar brauchten sie einander so sehr, daß sie voneinander getrennt nicht glücklich sein konnten. Das kleine Mädchen hat eine Trompete in der Hand. Eines Tages, sagt sie, wird sie damit sprechen."
Sein Versprechen hat das Kind gehalten. Bei vielen Gelegenheiten auf späteren Sitzungen mit Direkter Stimme hat sie mit ihren Eltern durch die Trompete geredet.

Unter Beibehaltung ihrer Haltung kritischen Forschens hatten Mr. und Mrs. Harrison − sie gaben einen falschen Namen an − eine Sitzung mit Leslie Flint, einem Medium für Direkte Stimme. Der Kontrollgeist des Mediums freilich redete Mr. Harrison mit seinem richtigen Namen an und sagte: „Sie haben eine Tochter in der geistigen Welt. Ein Foto von ihr haben Sie in Ihrer Tasche. Jetzt ist sie sechs Jahre alt. Sie ist anwesend." Im nächsten Augenblick rief eine Kinderstimme: „Mami, Papi!" und wiederholte diese Worte zwei-, dreimal in ihrer Aufregung, dann fuhr sie fort: „Ich bin hier und hab' meinen Teddy und ein Kätzchen auch dabei." Sie sprach von ihrem blauen Kleid und sagte ihren Eltern, sie besuche sie jeden Abend. „Mir gefallen die Fotos auf eurem Nachttisch", fuhr sie fort. „Ich hab Baby dabei, den kleinen Bruder, und Tante Jinny ist auch hier." Alle bei dieser Sitzung genannten Einzelheiten waren zutreffend, sagt Mr. Harrison.

Etwa sechs Monate danach gingen die Eltern zu einer Gruppensitzung des bekannten Mediums Nan Mackenzie. Schon bald sagte diese zu Mr. Harrison: „Ein kleines blondes Mädchen ist zu Ihrem Stuhl gekrabbelt. Sie klettert auf Ihr Knie und lacht fröhlich. Sie ist ein bezauberndes Kind, unverdorben und voll lustiger Streiche. Als sie hinüberging, war sie etwa fünf. Sie umarmt Sie und versucht, auf Ihre Schultern zu klettern — eine beliebte Stellung." Mr. Harrison sagt, das sei tatsächlich eine Gewohnheit seiner kleinen Tochter gewesen.

Dann sagte das Medium, das Kind suche seine Mutter. „Sie deutet auf Sie", sprach Nan Mackenzie die nicht bei ihrem Mann sitzende Mrs. Harrison an. „Sie ist jetzt zu Ihnen hinübergegangen und küßt Sie. Sie sagt, Sie haben ein Kleid und zwei andere Sachen in einer Schublade, die ihr gehören." Die Mutter bestätigte diese Feststellungen. Dann teilte das Medium der Mutter mit, das Kind sage: „Mir gefällt die Vase mit den Narzissen, die du heute für mich hingestellt hast" — eine beweiskräftige Feststellung.

„Ihre Tochter ist oft in Ihrer Umgebung", fuhr das Medium fort, „und nimmt regen Anteil an allem, was Sie tun. Sie sagt, ihr Papi wird eines Tages ein Prediger sein." Dazu meint Mr. Harrison: „Der Hinweis auf ‚Prediger' hat sich bewahrheitet. Seit jener Zeit habe ich oft in Spiritualistischen Kirchen gesprochen — etwas, das ich damals für höchst unwahrscheinlich hielt."

Nach einigen Monaten hatte Mr. Harrison eine Sitzung mit einem anderen bekannten Medium, Agnes Abbott. Sie beschrieb Mavis, nannte ihr Alter und weitere richtige Details. „Sie läßt Tante Vera grüßen", sagte das Medium. „Sie hat einen kleinen Jungen bei sich, einen Bruder, der viel jünger ist." Das ‚tote' Mädchen sprach von anderen Verwandten und von Leuten in der Umgebung der Eltern.

Auf einer späteren Sitzung mit Jack Webber, einem Materialisationsmedium, beschrieb dessen Geistführer alle Einzelheiten von Mavis Hinübergang — bis zu dem letzten Schluck Wasser, den sie bekam, und die Wirkung, die das für das sterbende Kind hatte. Kein anderes Medium hatte diese speziellen Einzelheiten jemals erwähnt.

In einem späteren Teil dieses Buches gehe ich auf die Gründe ein, warum in der Weihnachtszeit besondere Séancen für Geistkinder abgehalten werden, für die die Sitzungsteilnehmer einen Baum schmücken. Für die kleinen Besucher aus der geistigen Welt werden Spielsachen bereitgestellt, die danach Jungen und Mädchen auf der Erde gegeben werden. Diese Weihnachtsfeiern bringen große Freude dadurch, daß sie die ‚toten' Kinder in der Weihnachtszeit, die sie so lieben, mit ihren irdischen Freunden und Verwandten zusammenbringen.

Mr. und Mrs. Harrison nahmen an einer Weihnachts-Séance teil, die Mrs. A.E. Perriman abhielt. Zuvor hatten sie Geschenke für den Weihnachtsbaum geschickt – einen Hasen mit großen Ohren, eine große Puppe und ein Spielzeug aus weicher Wolle. Das Paket mit den Spielsachen enthielt weder Namen noch Mitteilungen. Bei dieser Sitzung mit Direkter Stimme gaben 38 Geistkinder, darunter zwei polnische und ein chinesisches, ihren vollen Vor- und Nachnamen an. Mr. Harrison schreibt: „Das Kind, das als siebtes sprach, sagte: ‚Ich bin Mavis Harrison, zusammen mit Kenny. Meine Mami ist hier und mein Papi.'" Die Eltern begrüßten ihre ‚toten' Kinder, und Mavis fuhr fort: „Ich möchte die Puppe, die du für mich gebracht hast." Es gab ein Geraschel, und die Sitzungsteilnehmer in dem verdunkelten Raum hörten, wie einige Spielsachen vom Baum herunterfielen. Dann war Mavis Stimme zu hören: „Wo ist die Puppe? Oh, ich hab' sie! Danke, vielen Dank! Die ist aber schön!" Dann ertönte eine andere Kinderstimme, weniger kraftvoll: „Ich will Häschen mit großen Ohren." Dann wieder Mavis: „Er hat es jetzt.

Gute Nacht, Mami! Gute Nacht, Papi! Oma hat uns hergebracht. Gute Nacht."

Im folgenden Juli gingen die Eltern zu einer öffentlichen Spiritualistischen Zusammenkunft, bei der ein Medium namens Harry Dyer der Mutter eine ausgezeichnete Beschreibung von Mavis gab und das Alter nannte, als sie die Erde verließ. „Jetzt sehe ich einen kleinen Jungen, der infolge Meningitis hinüberging", sagte das Medium. „Das Mädchen deutet auf ihn und sagt Ben – nein, Ken. Sie sagt, er sei ihr Bruder."

Dann fragte das Medium: „Sind Sie voriges Jahr zu einer Weihnachts-Séance gegangen? Diese Kinder sagen, sie waren dort und haben mit Ihnen gesprochen." Als nächstes beschrieb er einen bunten Ball, der Ken gehört; er liege zu Hause in einer Küchenschublade. Den Eltern sagte er außerdem, ihre Tochter wolle versuchen, sich bei ihnen zu Hause sichtbar zu machen.

Alle bei dieser Zusammenkunft mitgeteilten Einzelheiten wurden von den Eltern als zutreffend bestätigt. Harry Dyer hatte erst vor kurzem begonnen, öffentlich Hellsehen zu demonstrieren; er war ihnen völlig unbekannt. Die Prophezeiung ihrer Tochter erfüllte sich einige Wochen danach, als Mrs. Harrison eines Morgens sehr früh aufwachte. Sie sah Mavis deutlich an ihrem Bett stehen. „Dieses konkrete Bild hat sich seitdem nicht wiederholt", stellt ihr Ehemann fest.

Am fünften Todestag der Tochter nahm die Mutter an einer Gruppensitzung von Margaret Bevan teil, einer medialen Malerin. Dies Medium hat von Mavis ein charakteristisches Porträt gemalt. Mr. Harrison schreibt: „Das Bild wurde in dreieinhalb Minuten gemalt und stellt sie ausgezeichnet dar.

Es ist im Profil gehalten und somit völlig anders als alle Bilder, die wir von ihr haben. Ganz gewiß schätzen wir dies am meisten."

Mehrere Medien haben Nachrichten gebracht, daß in der geistigen Welt die Kinder von ihrer Großmutter umsorgt werden. Unter ihrer Obhut besuchen sie auch die Erde. Die Eltern hören laufend etwas über den Fortschritt, den ihre Kinder in der Jenseitswelt machen. Mr. Harrison: „Letzthin hat Mavis uns über mehrere Medien wissen lassen, daß sie jetzt erwachsen ist und hilft, andere Kinder zu ‚bemuttern', die unter Kriegsverhältnissen in ihre Welt gekommen sind."

Angesichts der schlagenden Beweise, die Mr. W. E. Harrison erhalten hat, ist es nicht verwunderlich, daß er leidenschaftlich für den Spiritualismus wirbt. „Daß meine Kinder erwiesenermaßen den Tod überlebt haben", versichert er, „hat in mir den Drang geweckt, für den Rest meines Lebens auf jede nur erdenkliche Weise die Wahrheit des Spiritualismus zu verkünden."

Als ein ‚totes' Kind von einem Medium Besitz ergriff und seiner Mutter ein Geburtstagsgeschenk um den Hals legte, da war das der Höhepunkt einer Reihe ganz außerordentlicher geistiger Botschaften, die durch drei bekannte Medien gekommen waren – Edith Clements, Helen Spiers und Estelle Roberts. Und dies ist die Geschichte, wie sie in ‚Psychic News' erschien:

Mr. J. Stanford, ein Geschäftsmann in der Londoner City, war bei einer Sitzung mit Edith Clements, als seine ‚tote' Tochter ihn bat, er möge in ihrem Auftrag zum Geburtstag ihrer Mutter eine blaue Perlenkette kaufen. Er versprach es.

Einige Zeit danach zeichnete er intuitiv einen Entwurf, den er in Brillanten und Saphiren anfertigen ließ – die vorherrschende Farbe war, wie die Tochter es gewollt hatte, blau.

Dann hatte Mr. Stanford eine Sitzung mit Helen Spiers und sagte zu seiner ‚toten' Tochter, er hätte gern, daß sie ihrer Mutter das Geschenk selbst überreichte. Er würde mit seiner Frau an deren Geburtstag zu einer Séance gehen, und er bat seine Tochter, von dem Medium dann Besitz zu ergreifen – ganz gleich, wer das dann sei –, das Geschenk aus seiner Tasche zu nehmen und seiner Frau zu überreichen. Weiter geschah nichts, bis Stanford zu einem Gottesdienst in der Londoner Aeolian Hall ging, wo Estelle Roberts Hellsehen demonstrierte. Das Medium gab ihm geistige Botschaften von seiner Tochter und fing an, solch treffende Hinweise auf das Geschenk zu geben, daß Mr. Stanford schon befürchtete, das Geheimnis würde bereits vor dem Geburtstag seiner Frau verraten.

Es gab weitere Kommentare, als er und seine Frau zu einer weiteren Séance mit Edith Clements gingen. Hier neckten seine Tochter und die Geistführerin des Mediums Sunshine ihn dadurch, daß sie ihn glauben ließen, sie wollten seine Überraschung zunichte machen und alles sagen. „Wir haben auch ein Geheimnis", hieß es.

Am Abend vor dem Geburtstag gingen der Mann und seine Frau zu einer medialen Veranstaltung von Helen Spiers. Mrs. Stanford erhielt von ihren beiden Töchtern Geburtstagsgrüße „für morgen" – die eine Tochter, die die bisherigen Botschaften durchgegeben hatte, hat noch eine kleine Schwester, die ‚starb', bevor sie sprechen gelernt hatte. Dann sprach die ältere Tochter mit dem Vater über seine Pläne für den morgigen Tag und sagte, er habe vor, das Geschenk in seine linke Tasche zu tun, was richtig war.

Er fragte, ob sie das Geschenk beschreiben könne, und sie sagte, es sei „eine metallene Brosche, die man um den Hals anlegt, und sie hat Brillanten und Saphire." Sie versprach, am nächsten Tag da zu sein, wenn die Stanfords ihre Sitzung mit Edith Clements haben würden. An diesem wichtigen Tag, Mrs. Stanfords Geburtstag, ergriff Sunshine von Edith Clements Besitz und stellte sich vor Mr. Stanford und seine Frau hin. Dann fuhr sie mit der Hand in seine Tasche und holte das Kuvert mit dem Geschenk heraus. „Sie wird es nehmen", sagte die Geistführerin.

Während sie zuschauten, streckte sich der Körper des Mediums und richtete sich auf. Eine andere Stimme sprach sie nun als „Mutti und Vati" an, nahm zwei Rosen vom Kleid des Mediums und gab jedem eine. Sie küßte sie beide, nahm dann das Kuvert und versuchte, es zu öffnen. „Ich hab vergessen, wie man's aufmacht", sagte sie, weshalb Mr. Stanford die Halskette aus dem Kuvert herausnahm und sie ihr gab. Er wollte ihr helfen, sie ihrer Mutter um den Hals zu legen, aber das wollte das Geistwesen unbedingt selbst tun. Dann war sie mit einem „Gott segne euch, Mutti und Vati!" fort. Nun war Mr. Stanford dran, sehr überrascht zu sein, als nämlich Sunshine wieder in das Medium eintrat und sagte, die jüngste Tochter sei es gewesen, die ihr, der Geistführerin, geholfen habe.

„Da erst erkannten wir", sagte Mr. Stanford, „daß es unser Baby gewesen war, das alles gemacht hatte und zum ersten Mal in seinem und unserem Leben zu uns direkt gesprochen hatte; als sie in die andere Welt ging, war sie ja doch erst zehneinhalb Monate alt. Es war der größte

Schock und zugleich der größte Moment in unserem Leben, als wir das entdeckten. Das also war das Geheimnis, das man für mich hatte – und was für ein Geheimnis!"

Kapitel VIII

Zeichen und Wunder

Körperliche Mißbildungen werden zwar in einem Geistkörper nicht reproduziert, aber in einer Materialisations-Séance können sie vorübergehend übernommen werden, um so Beweis für die Identität der ‚toten' Person zu liefern. Das irdische Leben von Florence Marryats Tochter war auf zehn Tage beschränkt gewesen. Als das Kind starb, hatte die Mutter keinerlei spiritualistische Erfahrung. Sie hätte nie vorausahnen können, daß zehn Jahre später ihr Kind dadurch schlagende Beweise für ihr Weiterleben nach dem Tode bringen würde, daß sie die merkwürdige Mißbildung reproduzierte, mit der sie geboren war. Wie hartnäckig das Geistkind sich abmühte, bis es ihm gelang, seine Identität über jeden Schatten eines Zweifels darzutun, das berichtet Florence Marryat überzeugend in ihrem Meisterwerk des Spiritualismus „There Is No Death".

Das Kindchen, das in einer Zeit schwerer körperlicher und geistiger Leiden der Mutter geboren wurde, betrat diese Welt mit einer merkwürdigen und seltenen Mißbildung. Auf der linken Oberlippe gab es eine Stelle, als wenn dort ein halbkreisförmiges Stück Fleisch durch eine Ausstechform herausgeschnitten wäre, so daß ein Teil des Zahnfleischs freilag. Außerdem war die Speiseröhre in den Hals hineingerutscht, und für die kurze Zeit seines Erdenlebens mußte das Kind künstlich ernährt werden. Der Kiefer war so entstellt, daß ihre Backenzähne, wäre ihr Erdenleben weitergegangen, vorne gelegen hätten. Dieser Fehler wurde als so außergewöhnlich angesehen, daß der behandelnde Arzt mehrere andere Ärzte bat, das Kind zu untersuchen. Sie waren sich alle einig, daß ein solcher Fall ihnen bisher noch nie begegnet war. Florence Marryat weist darauf hin, daß dies ein wichtiger Punkt in ihrer Geschichte sei. Die Ärzte kamen zu dem Schluß, daß die Mißbildung des Kindes durch die Probleme, die die Mutter vor der Geburt durchgemacht hatte, verursacht worden war. Der Fall wurde in der Zeitschrift ‚Lancet' ausführlich dargelegt. Die Kleine lebte lang genug, um auf den Namen Florence getauft zu werden, und ging dann still hinüber. „In unserer Welt des Elends", berichtet Florence Marryat, „wird der Verlust eines kleinen Kindes bald überdeckt von aktuelleren Problemen. Trotzdem habe ich mein kleines Baby nie ganz vergessen, vielleicht weil sie zu der Zeit glücklicherweise das ‚einzige tote Lamm' in meiner kleinen Herde war."

Zehn Jahre nach der Geburt des Kindes hatte Florence Marryat ihr erstes Erlebnis in einer Materialisations-Séance. Sie ging, ohne ihren Namen bekanntzugeben, in das Haus eines Mediums, einer Mrs. Holmes. Dort erhielt sie Hinweise von einem ‚toten' Freund. Sie konnte allerdings ein Kind nicht erkennen, das sich vor ihr materialisierte, wobei sein Mund und sein Kinn durch Ertoplasma verdeckt war. Es deutete an, daß Florence Marryat es sei, die es zur Erde zöge. Das Geistkind war bitter enttäuscht, als die Frau es mit niemandem, den sie kannte, in Verbindung bringen konnte. „Zu der Zeit wußte ich so wenig über das Leben jenseits des Grabes", sagt die Autorin, „daß mir nie der Gedanke kam, das Kind, das mich im Alter von zehn Tagen verlassen hatte, könnte seit unserer Trennung gewachsen sein, bis es das Alter von zehn Jahren erreicht hatte." Allerdings beeindruckte sie die Séance so sehr, daß sie zwei Tage danach wieder im Haus des Mediums erschien. Wieder manifestierte sich in Gegenwart von etwa 30 Sitzungsteilnehmern dasselbe Mädchen, ohne von Florence Marryat erkannt zu werden. „Haben Sie denn nie eine Verwandte ihres Alters verloren?" fragte das Medium in dem Bemühen, dem Geistkind zu helfen, seine Identität zu erklären. „Nein", antwortete die Frau mit Nachdruck. Daraufhin verschwand das kleine Geistwesen traurig.

Einige Wochen danach wurde Florence Marryat zu einer Séance mit Florence Cook eingeladen. In ihrer Beschreibung des Séanceraums schreibt die Autorin: „Die zwei Wohnzimmer waren durch einen Samtvorhang geteilt, hinter dem Miss Cook in einem Sessel saß; die Vorhanghälften waren bis zur halben Höhe mit Nadeln zusammengesteckt, so daß sie eine große V-förmige Öffnung ergaben."

Da Florence Marryat für das Medium eine gänzlich Fremde war, war sie erstaunt, als sie hörte, daß der Kontrollgeist die Anweisung gab, sie solle sich an den Vorhang stellen und die unteren Teile zusammenhalten, damit die Nadeln nicht nachgeben. Von dieser Position aus konnte sie natürlich jedes Wort hören, das zwischen dem Medium und seinem Kontrollgeist gewechselt wurde. Das erste Gesicht, das sich materialisierte, war das eines Mannes, den sie nicht kannte. Dann erfolgte ein erschreckter Ausruf des Mediums: „Geh fort! Ich mag dich nicht! Rühr mich nicht an, du erschreckst mich!" Die Stimme des Geistführers kam dazwischen: „Sei doch nicht albern! Sei doch nicht lieblos – man tut dir ja nichts!"

Unmittelbar danach erschien in der Öffnung des Vorhangs das Mädchengesicht, das sie zweimal im Séanceraum von

Mrs. Holmes gesehen hatte. Wie zuvor war der untere Teil des Gesichts mit Ektoplasma verhüllt, aber die lächelnden Augen waren direkt auf Florence Marryat gerichtet, die da stand und die Vorhangteile zusammenhielt. Weil das Geistmädchen die untere Gesichtshälfte immer verhüllt hatte, hatte Florence Marryat sie ‚meine kleine Nonne' getauft. In der Darlegung ihrer Gefühle bei dieser Séance schreibt sie: „Mich überraschte das offensichtliche Mißfallen, das Miss Cook gegenüber dem Geistwesen an den Tag gelegt hatte." Als die Séance vorüber und das Medium in seinen normalen Zustand zurückgekehrt war, sprach sie ihm gegenüber von der ‚kleinen Nonne' und wollte den Grund für dessen offensichtliches Entsetzen wissen. „Ich kann es Ihnen kaum sagen", antwortete Miss Cook. „Ich weiß von ihr ja nichts. Sie ist mir völlig fremd, aber ihr Gesicht ist wohl nicht voll entwickelt. Irgend etwas mit ihrem Mund stimmt nicht. Sie jagt mir einen Schrecken ein." Diese ganz nebenbei gemachte Bemerkung ließ die Autorin nachdenken. Zu Hause angekommen, schrieb sie Florence Cook und bat darum, sie möge ihre Geistführer nach der Identität des kleinen Geistwesens befragen. In ihrer Antwort schrieb Florence Cook: „Ich habe Katie King gefragt", – ihr berühmter Kontrollgeist, mit dem Sir William Cookes so erfolgreich experimentierte – „aber sie hat mir nichts Weiteres über das Geistwesen, das neulich abends durchkam, sagen können, als daß es sich um ein junges Mädchen handelt, das eng mit Ihnen verbunden ist."

Zu der Zeit war Florence Marryat von der Identität des jungen Geistwesens überhaupt nicht überzeugt, obwohl John Powles, ein ‚toter' Freund, ihr ständig versicherte, daß die ‚kleine Nonne' ihre Tochter Florence sei. Sie bemühte sich sehr, mit dem Kind zu Hause Verbindung aufzunehmen, aber ohne jeden Erfolg. In einer geistigen Mitteilung sagte John Powles zu ihr: „Daß dein Kind nicht die Kraft hat, mit dir in Verbindung zu treten, liegt nicht daran, daß sie zu rein ist, sondern daran, daß sie zu schwach ist. Eines Tages wird sie mit dir sprechen. Sie ist ja nicht im Himmel." Weil Florence Marryat zu der Zeit so wenig über das Leben nach dem Tode wußte, verwirrte und bekümmerte sie diese letzte Behauptung. „Ich konnte einfach nicht glauben, daß ein unschuldiges kleines Kind nicht in den Gefilden der Seligen sei", schreibt sie, „ich konnte aber auch nicht begreifen, welches Motiv meinen Freund veranlaßt haben könnte, mich irrezuführen. Ich mußte erst noch lernen, daß... ein Geistwesen möglicherweise eine Schulung durchmachen muß, selbst wenn es nie eine Todsünde begangen hat. Ein weiterer Beweis aber, daß mein totes Kind nie wirklich gestorben war, sollte mich bei einer Gelegenheit erreichen, wo ich das am wenigsten erwartet hatte."

Dies begab sich im Haus von Dr. Keningale Cook und seiner Frau – sie waren mit dem Medium gleichen Namens nicht verwandt; Florence Marryat hatte diese Leute nie zuvor besucht. Von ihrem Privatleben wußten die Cooks nichts, denn sie sprach nie von ihrem ‚toten' Kind, selbst engsten Freunden gegenüber. Die Erinnerung an den ‚Tod' des Kindes und an die Ereignisse, die jenen Lebensabschnitt erfüllten, war keine glückliche. Selbst ihre eigenen Kinder wußten nichts von der Mißbildung bei ihrem ‚toten' Schwesterchen.

Während des Gesprächs mit ihren Gastgebern stellte die Autorin fest, daß Mrs. Keningale Cook ein hochrangiges Tieftrancemedium war. Die drei beschlossen daraufhin, eine Sitzung abzuhalten. Nachdem mehrere Gesprächspartner aus der geistigen Welt mit Dr. Cook gesprochen hatten, stand das Medium plötzlich von seinem Stuhl auf, fiel neben Florence Marryat auf die Knie und umarmte sie voll innerer Bewegung. „Ich war voller Erwartung zu hören, wer das wohl sein könnte", schreibt die Autorin, „als die Manifestation ebenso plötzlich aufhörte, das Medium auf seinen Platz zurückging, und die Stimme eines der Geistführer sagte, das Geistwesen sei unfähig zu sprechen wegen allzu starker Gemütserregung, würde aber später es noch einmal versuchen. Den anderen Mitteilungen zuhörend, hatte ich die Dinge fast vergessen, als ich bei dem Wort ‚Mutter!' auffuhr, das mehr geseufzt, als gesprochen wurde. Ich wollte gerade aufgeregt antworten, da hob das Medium die Hand und gebot so Schweigen." Dann kamen durch den Mund des Trieftrancemediums die folgenden Worte: „Mutter, ich bin Florence. Ich muß ganz ruhig sein. Ich möchte spüren, daß ich noch immer eine Mutter habe. Ich bin ja so allein. Warum eigentlich sollte ich das sein? Ich kann nicht gut reden. Ich möchte so sein wie eine von euch. Ich möchte spüren, daß ich eine Mutter habe und Schwestern. Jetzt bin ich so weit weg von euch allen." Die Mutter antwortete: „Aber ich denke doch immer an dich, mein liebes totes Baby."

„Das ist es ja gerade — dein Baby", war die Antwort. „Aber ich bin doch jetzt kein Baby mehr. Ich werde dir näherkommen. Man sagt mir, das wird so sein. Ich weiß nicht, ob ich kommen kann, wenn du allein bist. Alles ist so dunkel. Ich weiß, du bist da, aber so undeutlich. Ich bin ganz allein aufgewachsen. Ich bin ja nicht wirklich unglücklich, aber ich möchte dir näherkommen. Ich weiß, du denkst an mich, aber du denkst an mich als ein Baby. Du kennst mich nicht so, wie ich bin."

„Haben die Probleme, die ich vor deiner Geburt hatte, deinen Geist in Mitleidenschaft gezogen, Florence?" fragte die Mutter. „Nur so, wie ein Ding Ursache eines anderen ist", kam die Erwiderung. „Ich war bei dir, Mutter, während all diesen Schwierigkeiten. Ich würde dir näher sein als irgendein anderes deiner Kinder, wenn ich nur nah an dich herankommen könnte."

„Ich kann es kaum ertragen, dich so traurig reden zu hören, Liebes", antwortete ihre Mutter. „Ich habe immer geglaubt, du zumindest wärst glücklich im Himmel."

„Ich bin aber nicht im Himmel! Aber der Tag wird kommen, Mutter — ich kann lachen, wenn ich es sage —, wo wir zusammen in den Himmel eingehen und blaue Blumen pflücken werden. Man ist hier so gut zu mir, aber wenn die Augen das Tageslicht nicht ertragen können, kann man die Butterblumen und Gänseblümchen nicht sehen."

Florence Marryat, die erst hinterher erfuhr, daß blaue Blumen in der geistigen Sprache Symbol für Glücklichsein sind, fragte das ‚tote' Kind, ob es meine, es könne mit Hilfe ihrer Hand schreiben. Aber die Tochter glaubte nicht, daß sie bei dieser Art der Kommunikation sehr erfolgreich sein würde. Sie sagte ihrer Mutter: „Ich scheine aus zweierlei zu bestehen — einem unwissenden Kind und einer herangewachsenen Frau." Und dann meinte sie: „Warum kann ich anderswo kaum reden? Ich hab es mir gewünscht und probiert. Ich bin dem sehr nahgekommen, aber jetzt scheint es so leicht zu sein zu sprechen. Dies Medium scheint so anders zu sein."

„Ich wünschte, du könntest zu mir kommen, wenn ich allein bin, Florence", sagte ihre Mutter. „Du wirst mich erleben", war die Antwort. „Ich will kommen, liebe Mutter.

Ich werde stets hierher kommen können. Bestimmt komme ich zu dir, aber nicht auf dieselbe Weise."

Das Kind sprach mit einer so klagenden, melancholischen Stimme, daß es gebeten wurde, die Mutter doch nicht zu betrüben. Ihre Antwort war sehr bemerkenswert: „Ich bin, wie ich bin. Wenn man hierher in unsere Welt kommt, wenn man feststellt, daß Traurigkeit existiert, wird man sie nicht dadurch ändern können, daß man sich in materielle Vergnügungen stürzt. Durch unsere Traurigkeit gestaltet sich die Welt, in der wir hier leben. Nicht die Taten sind es, die uns ins Unrecht setzen, sondern der Zustand, in dem wir geboren werden. Mutter, du sagst, ich sei ohne Sünde gestorben. Das ist bedeutungslos. Ich wurde *in einem gewissen Zustand* geboren! Hätte ich gelebt, dann hätte ich dir mehr Schmerzen verursacht, als du dir vorstellen kannst. Es ist besser, daß ich hier bin. Ich war nicht geeignet, den Kampf mit der Welt zu bestehen, und so hat man mich von ihr hinweggenommen. Mutter, du darfst dich dadurch nicht traurig machen lassen. Auf keinen Fall."

„Was kann ich tun, um dich mir näherzubringen?" fragte ihre Mutter.:

„Ich weiß nicht, was mich näherbringt, aber es hilft mir ja schon, daß ich einfach mit dir spreche ...Mutter, erscheint es dir seltsam, daß du dein ‚Baby' Dinge sagen hörst, als ob es sie kennte? Jetzt gehe ich. Auf Wiedersehen!"

Die nächste Stimme, die durch das Tieftrancemedium sprach, war ein Geistführer, den Florence Marryat bat, eine Beschreibung ihrer ‚toten', Tochter zu geben, so wie sie damals erschien. „In ihrem Gesicht zeigt sich Niedergeschlagenheit", war die Antwort. „Wir haben versucht, sie aufzuheitern, sie ist aber sehr traurig. Es geht um den *Zustand*, *in dem sie geboren wurde.* Jede körperliche Mißbildung ist ein Kennzeichen für einen bestimmten Zustand. Ein schwacher Körper ist nicht notwendigerweise das Zeichen für einen schwachen Geist... Man kann nicht beurteilen, in welcher Weise der menschliche Geist mißgebildet ist, weil der Körper mißgebildet ist. Daraus daß ein Krebsgeschwür im Körper ist, folgt nicht, daß ein solches Geschwür im menschlichen Geist ist. Vielleicht aber ist der Geist zu überschwenglich und braucht ein solches Geschwür, um ihn zu zügeln."

Florence Marryat erklärt: „Ich habe dieses Gespräch Wort für Wort von den Steno-Notizen, die während der Äußerungen gemacht wurden, abgeschrieben. Wenn man sich erinnert, daß weder Mrs. Keningale Cook, noch ihr Mann wußten, daß ich ein Kind verloren hatte, daß sie nie bei mir zu Hause gewesen waren und mit keinem meiner Freunde eine Verbindung hatten, dann müssen selbst die größten Skeptiker zumindest anerkennen, daß es ein ganz außerordentliches Geschehnis war, daß ich aus dem Mund eines mir völlig fremden Menschen eine derartige Mitteilung erhielt."

Ihre ‚tote' Tochter machte durch dieses Medium nur noch einmal eine Mitteilung. An einem Nachmittag ging Florence Marryat zu einer Beratung mit ihrem Rechtsanwalt in einer ganz privaten und höchst unangenehmen Angelegenheit. Er gab ihr dazu Ratschläge. Am nächsten Tag, als sie gerade frühstückte, platzte Mrs. Cook ohne viel Umstände in ihr Zimmer. Sie entschuldigte sich für ihr unkonventionelles Verhalten und sagte, sie habe gestern abend von Florence eine Information erhalten, und das Kind bat sie sehr, sie unverzüglich weiterzugeben. Die Information besagte: „Sagen Sie meiner Mutter, daß ich heute nachmittag mit ihr zusammen bei dem Rechtsanwalt war und daß sie keinesfalls den ihr erteilten Ratschlägen folgen soll, da daraus nur Schaden und nichts Gutes entstehen wird." Mrs. Cook fügte hinzu: Ich weiß natürlich nicht, worauf Florence hinauswill, aber ich dachte, es sei das beste, Sie das sofort wissen zu lassen."

Damals hatte Florence Marryat mehr Vertrauen zu ihrem irdischen Berater als zu dem aus der geistigen Welt. Sie hielt sich an die Ratschläge ihres Rechtsanwalts und hat es zeitlebens bereut!

Das Gespräch mit dem Geistkind hatte auf die Mutter eine starke Wirkung. „Ich wußte", schreibt sie, „daß meine hemmungslose Traurigkeit die Ursache für das unzeitige Sterben ihres Körpers war, aber es war mir nie der Gedanke gekommen, daß ihr Geist die Auswirkungen davon in die Welt des Unsichtbaren mitnehmen würde. Für mich war es eine Warnung, wie es das für alle Mütter sein sollte, die ernste Pflicht der Mutterschaft nicht auf sich zu nehmen, ohne bereit zu sein, die eigenen Gefühle um der Kinder willen hintanzustellen."

Florence Marryat versicherte man jedoch, daß die Kommunikation zwischen ihr und ihrer Tochter die Depression des ‚toten' Kindes beheben würde. Daher benutzte sie jede Gelegenheit, sie zu sehen und mit ihr zu sprechen. Sie nahm an verschiedenen Séancen teil, und ihr Geistkind manifestierte sich stets, je nach der medialen Begabung des Mediums auf verschiedene Weise. Florence Marryat sagt: „Bei manchen Medien berührte sie mich nur und dann immer mit einer Kinderhand, damit ich sie als ihre erkennen könnte, oder sie legte ihren Mund auf meine, damit ich die Narbe auf ihren Lippen spürte; bei anderen sprach sie oder schrieb oder zeigte ihr Gesicht." Tatsächlich ging die Mutter nie zu einer Séance, bei der ihre Tochter ihre Anwesenheit nicht kundgetan hätte.

„Mir erscheint es jetzt seltsam", schreibt die Autorin, „wenn ich zurückschaue und mich dann daran erinnere, wie melancholisch sie früher war, als sie zum erstenmal zu mir zurückkam; sobald sie nämlich eine fortlaufende Kommunikation zwischen uns hergestellt hatte, entwickelte sie sich zu dem fröhlichsten Geistwesen, das ich je erlebt habe. Ihre Kindheit ist zwar jetzt vorbei, und sie ist würdevoller, gedankenvoller und fraulicher, aber sie erscheint doch immer fröhlich und glücklich."

Florence Marryat hatte eine Reihe von Sitzungen mit Arthur Colman, einem Materialisationsmedium, bei dem die Sitzungen im Dunkeln abgehalten wurden, während er auf seinem Platz fest angeschnallt war. Bei diesen Sitzungen lief das Kind im Zimmer herum und mischte sich unter die Sitzungsteilnehmer. Sie trieb ihre Kinderscherze mit ihnen, gerade so, wie sie es wohl auf Erden getan hätte, wäre sie dort geblieben — ein glückliches, gehätscheltes Kind. „Ich habe es erlebt", schreibt die Mutter, „daß sie im Dunkeln kam, sich auf meinen Schoß setzte und mein Gesicht und meine Hände küßte und mich die Mißbildung in ihrem Mund fühlen ließ."

An einem hellen Sommerabend — es war Florence Marryats Geburtstag — besuchte Arthur Colman sie unerwartet, während sie einige Freunde zu Gast hatte. Man kam überein, eine Sitzung abzuhalten. Es war unmöglich, das Zimmer wirksam abzudunkeln, da die Fenster nur Jalousien hatten.

Diese wurden freilich heruntergelassen, und man saß im Halbdunkel. Der erste Geistbesucher war Florence

Marryats Kind. Es sagte, es habe ein Geburtstagsgeschenk mitgebracht und legte etwas der Mutter auf die Hand. Durch Berühren konnte die Mutter feststellen, daß es eine Perlenschnur war, und so schloß sie, daß geistige Kraft benutzt worden war, um eine Perlenschnur vom Kaminsims ihres Wohnzimmers zu holen und ihr als Geburtstagsgeste auf die Hand zu legen.

Dieser Eindruck wurde jedoch bald darauf von Aimée, der geistigen Helferin des Mediums, berichtigt. Sie sagte nämlich: „Du irrst dich. Florence hat dir eine Perlenschnur geschenkt, die du noch nie gesehen hast. Es lag ihr so sehr viel daran, dir zum Geburtstag ein Geschenk zu überreichen, und so gab ich ihr die Perlen, die mir in den Sarg gelegt worden waren." Aimée bat die Mutter, vorläufig das Medium das Geschenk nicht sehen zu lassen. Erst einige Monate danach erhielt Florence Marryat die Erlaubnis, Arthur Colman die Perlenschnur zu zeigen. Er erkannte sie sofort als die, die er Aimée auf die Hände gelegt hatte, als sie in ihrem Sarg lag.

Florence Marryat schreibt: „Aber der absolute Höhepunkt sollte erst kommen, der über alle Zweifel hinaus die Identität des Geistwesens, das mit mir kommunizierte, mit dem Körper, den ich zur Welt gebracht hatte, beweisen sollte." Dies Ereignis trat bei einer Séance ein, die in erster Linie für Mr. William Harrison, damals Herausgeber der Zeitschrift ‚Spiritualist', arrangiert worden war. Ihm hatte eine ‚tote' Freundin gesagt, sie würde ihr Bestes tun, sich zu materialisieren, wenn er eine Sitzung mit Florence Cook abhalten wollte. Das Zimmer, ein recht kleines, war ohne Teppich und hatte keine Möbel außer den drei Stühlen für die Sitzungsteilnehmer. Ein schwarzes Umhangtuch war quer über eine Zimmerecke angenagelt, etwa 1,20 m oberhalb des Fußbodens. Das war das Kabinett des Mediums.

Florence Cook, die die Autorin als „eine kleine, schlanke Gestalt mit dunklen Augen und Haaren" beschreibt, trug ein hellgraues Kleid, besetzt mit roten Bändern. Das Medium saß hinter dem schwarzen Umhangtuch auf dem Fußboden so, daß die untere Körperhälfte für die Sitzungsteilnehmer sichtbar blieb. Das Licht wurde abgedunkelt, und die drei Teilnehmer nahmen ihre Plätze auf den Stühlen ein.

Vor der Sitzung sagte Florence Cook zu der Autorin, sie sei während der letzten Tieftrancen sehr unruhig gewesen und hätte sich angewöhnt, ihren Platz im Kabinett zu verlassen und zu den Sitzungsteilnehmern hinauszugehen. Diese Tatsache bedrücke sie. Sie bat Florence Marryat, sie möge sie zum Kabinett zurückführen, falls sie es während der Tieftrance verlassen sollte. Einige Minuten danach hörte man das Medium mit ihren Kontrollgeistern sprechen, dann wurde das schwarze Tuch von einer materialisierten Hand hochgehoben, und eine weibliche Gestalt stand vor den Teilnehmern. In dem schwachen Licht war es unmöglich, die Gesichtszüge in der Entfernung, in der die Gestalt stand, zu erkennen. „Wer kann das sein?" fragte Florence Marryat Mr. Harrison. „Mutter, erkennst du mich nicht?" sagte die Geisttochter leise. Die überraschte Mutter, die nicht erwartet hatte, daß Florence sich bei dieser Gelegenheit zeigen würde, erhob sich und sagte: „Mein Liebling, ich hatte überhaupt nicht gedacht, daß ich dich hier treffen würde." Das Mädchen antwortete: „Geh zu deinem Stuhl zurück, ich komme zu dir." Daraufhin durchquerte die vollmaterialisierte Gestalt das Zimmer und setzte sich ihrer Mutter auf den Schoß.

„Florence, mein Liebling, bis du es wirklich?" fragte die

Mutter, während sie das Geistkind in ihren Armen hielt. „Schalte das Licht voll an und schau auf meinen Mund", antwortete das Mädchen. Als das Licht angeschaltet war, schreibt Florence Marryat, „sahen alle deutlich jene merkwürdige Mißbildung an der Lippe, mit der sie geboren war — eine Mißbildung, die, wie man sich erinnern wird, nach der Überzeugung der erfahrensten Mediziner so selten war, daß sie ihnen noch nie zur Kenntnis gelangt war. Sie öffnete auch ihren Mund, damit ich sehen konnte, daß sie keine Speiseröhre hatte... Ich will meine Erzählung nicht unterbrechen, um irgendwelche Bemerkungen zu diesem unwiderleglichen Beweis der Identität zu machen. Ich weiß, ich war sprachlos und zu Tränen gerührt. In diesem Augenblick erklärte Miss Cook, die hinter dem schwarzen Tuch ziemlich viel gestöhnt und sich herumbewegt hatte, ganz plötzlich: ‚Ich kann das nicht mehr aushalten!' und trat ins Zimmer. Da stand sie nun in ihrem grauen Kleid mit roten Bändern, während Florence in ihrer weißen Gewandung auf meinem Schoß saß." Aber nur für einen Augenblick, denn sobald das Medium ganz zu sehen war, sprang das Geistwesen auf und stürzte hinter den Vorhang. Florence Marryat führte dann, wie sie gebeten worden war, das in Tieftrance befindliche Medium zurück ins Kabinett. Kaum hatte sie das getan, als das Geistkind wieder erschien. Sie packte ihre Mutter und sagte: „Laß sie das nicht noch mal tun. Sie jagt mir einen Schrecken ein!" Das Mädchen zitterte tatsächlich.

„Nanu, Florence", sagte die Mutter, „soll das etwa heißen, daß du vor deinem eigenen Medium erschrickst? In unserer Welt sind wir armen Sterblichen es doch, die vor Geistern Angst haben." Ihre Tochter sagte leise: „Ich habe Angst, sie schickt mich fort, Mutter." Das Medium blieb jedoch still und störte sie nicht mehr. Florence blieb noch eine Zeitlang. „Sie legte ihre Arme um meinen Hals und ihren Kopf auf meine Brust und küßte mich Dutzende von Malen", schreibt Florence Marryat.

„Sie ergriff meine Hand und sagte, sie sei sicher, ich würde ihre Hand erkennen, weil sie so sehr der meinigen gliche." Das Mädchen erklärte mir, warum man es ihr gestattet habe, sich mit ihrer irdischen Mißbildung zu zeigen. „Manchmal zweifelst du, Mutter", sagte sie, „und meinst, deine Augen und Ohren hätten dich irregeführt. Aber jetzt darfst du nie wieder zweifeln. Stell dir nicht vor, ich sei so in der geistigen Welt. Die Mißbildung habe ich schon sehr lange nicht mehr. Ich habe sie aber heute abend mir zugelegt, um dir Gewißheit zu geben. Mach dir keine Sorgen, Mutter. Denk dran, ich bin immer in deiner Nähe. Niemand kann mich dir wegnehmen. Deine irdischen Kinder wachsen heran und gehen vielleicht in die Welt hinaus und verlassen dich, aber dein Geistkind wirst du immer in deiner Nähe haben."

Florence blieb bei dieser Sitzung etwa 20 Minuten. „Ihre unzweifelhafte Anwesenheit war eine solch phantastische Tatsache für mich", stellt die Mutter fest, „daß ich nur denken konnte, sie war wirklich da, ich hielt tatsächlich in meinen Armen das winzige Kindchen, das ich mit eigenen Händen in den Sarg gelegt hatte; sie war nicht toter als ich selbst, war vielmehr zu einer Frau herangewachsen. So saß ich da, hielt sie mit meinen Armen fest, und mein Herz schlug neben ihrem, bis dann die Kraft nachließ und Florence gezwungen war, mir einen letzten Kuß zu geben und mich zu verlassen."

Zur Beschreibung des Aussehens ihrer Geisttochter sagt die Autorin, ihr Kopf war unbedeckt, und sie hatte eine ungeheure Fülle von Haaren, die ihr über die Schultern fielen. Ihre Arme waren bloß, ebenso die Füße. Ihr Kleid hatte keine besondere Form oder Stil, sondern schien aus vielen Metern dicken, weichen Musselins zu bestehen, der ihre Gestalt umhüllte und bis über die Knie reichte. Die materialisierte Gestalt wog, als sie auf ihren Knien saß, mehr als 60 kg und hatte wohlgeformte Glieder. Florence Marryat beobachtete, daß das Geistmädchen in Gestalt und Aussehen ihrer ältesten lebenden Tochter glich. Diese Séance fand statt, als ihr Kind seit etwa 17 Jahren ‚tot' war. Nach dieser Séance erschien Florence bei ihrer Mutter nie mehr mit der Mißbildung am Mund.

Einmal materialisierte sich das Mädchen vor Florence Marryat in einer öffentlichen Séance 4800 km von England entfernt. Dort war ihre Mutter dem Medium und den übrigen Sitzungsteilnehmern gänzlich unbekannt. Florence Marryat war nach Amerika gefahren, um sich einer beruflichen Verpflichtung zu entledigen. In New York beschloß sie dann, die Qualität medialer Veranstaltungen in Amerika selbst zu untersuchen. Von einer Liste von Medien in einer Zeitungsannonce wählte sie eine öffentliche Materialisations-Séance, die an dem Abend stattfinden sollte. Das Medium war Mrs. M. A. Williams. Florence Marryat schreibt über die Séance:

„Ich setzte mich auf einen Platz in der ersten Reihe genau gegenüber dem Kabinett des Mediums. Es müssen etwa 35-40 Leute anwesend gewesen sein, als Mrs. Williams den Raum betrat, denen, die sie kannte, zunickte und im Kabinett verschwand."

Mehrere Geistgestalten materialisierten sich. Wenn ihre Stimmen so schwach waren, daß die Teilnehmer sie nicht hören konnten, oder wenn die Geistgestalten nicht genügend ‚aufgebaut' waren, um sichtbar zu sein, gab ein Veranstaltungsleiter, der neben dem Kabinett stand, die Informationen weiter. Er sprach Florence Marryat an: „Ich bin mir nicht sicher, wer Sie sind." „Und Sie werden sich so schnell noch nicht sicher sein", dachte die Besucherin, da sie zum Zwecke des Beweises ihre Anonymität bewahren wollte. Er sagte des weiteren, ihre Anwesenheit werde von einem sich im Kabinett materialisierenden Wesen verlangt. Sie ging auf das Kabinett zu, traf aber auf eine ihr unbekannte Gestalt. Diese war offenbar gekommen, um den Weg für eine andere zu bahnen, denn nachdem dieses Wesen sie begrüßt und sie sich wieder hingesetzt hatte, wurde sie wieder von dem Leiter angesprochen: „Hier ist ein Geistwesen, das sagt, es sei für eine Dame namens Florence gekommen, die soeben den Ozean überquert habe. Trifft diese Beschreibung auf Sie zu?"

Die Autorin wollte gerade „Ja" sagen, als der Vorhang sich wieder teilte und ihre Tochter den Raum durchquerte und ihr in die Arme sank. „Mutter!" rief sie aus. „Ich sagte ja, ich würde mit dir mitkommen und mich um dich kümmern, oder nicht?"

„Ich schaute sie an", schreibt die Autorin. „Sie war genau dieselbe in ihrem Aussehen wie bei ihren Besuchen in England – dasselbe üppige braune Haar, Gesichtszüge und Gestalt, wie ich sie bei so verschiedenen Medien wie Florence Cook, Arthur Colman, Charles Williams und William Eglinton erlebt hatte. Dieselbe Gestalt stand jetzt vor mir in New York, Tausende von Kilometern jenseits des Meeres, und das durch die Kraft eines Menschen, der nicht einmal wußte, wer ich war. Florence schien so begeistert zu sein wie ich, küßte mich immer wieder und sprach von all dem, was ich bei der Überfahrt auf dem Schiff erlebt hatte. Sie war offensichtlich mit allen meinen Erlebnissen wohl vertraut."

Bald darauf sagte das Geistkind zu seiner Mutter: „Da ist noch ein Freund von dir anwesend. Ich hol ihn mal." Wie die anderen Geistgestalten dematerialisierte sie sich vor den Augen ihrer Mutter, indem sie nach unten versank. Aber einen Augenblick später erschien sie schon wieder durch die Öffnung des Kabinettvorhangs. „Hier ist dein Freund, Mutter", sagte sie. Neben ihr stand die materialisierte Gestalt von William Eglintons Kontrollgeist Joey, den Florence Marryat zuletzt in England gesehen hatte. „Hier waren zwei geistige Wesen, in eigener Gestalt in New York", schreibt die Autorin, „die ihre besondere Beziehung zu mir kundtaten in einem Land voller Fremder, die noch nicht einmal herausgefunden hatten, wer ich war. Ich war tief betroffen."

Ist es nicht natürlich, daß diese Mutter gerührt war von der Hingabe ihrer Geisttochter, die sich darin zeigte, daß sie sie über das Meer begleitete, um sie in einem fremden Land zu begrüßen?

„Ganze Seiten könnte ich füllen", sagt Florence Marryat von ihrer Tochter, „mit Berichten über ihr liebes, zärtliches Verhalten und ihre liebevollen und manchmal ernsten Botschaften. Für mich war es wunderbar festzustellen, wie ihre Art und Weise der Kommunikation sich im Laufe der Jahre gewandelt hat."

Das einfache Kind wußte nicht recht, wie es sich ausdrükken sollte, als sie ihrer Mutter zum erstenmal erschien. Im Laufe der Zeit jedoch erblühte sie zu einer Frau, die viele einfühlsame Ratschläge zu geben wußte. Am Schluß ihrer Geschichte schreibt Florence Marryat: „Heute abend erst – es ist Heiligabend –, während ich dies schreibe, kommt sie zu mir und sagt: ‚Mutter, du darfst traurigen Gedanken nicht nachgeben. Das Vergangene ist doch vergangen. Laß es in den Segnungen begraben sein, die dir geblieben sind.' Und zu den größten dieser Segnungen zähle ich meine Überzeugung, daß mein Geistkind existiert."

Kapitel IX

Beweise durch Totgeborene

Von vielen hochentwickelten Wesen im Jenseits erfahren wir, daß im Augenblick der Empfängnis das einzelne Geistwesen sich mit dem physischen Organismus identifiziert, durch den es im Erdenleben konkrete Gestalt annimmt. Der Ätherkörper entwickelt sich im Einklang mit der jetzt individualisierten heranwachsenden physischen Gestalt. Der Vorgang synchronisierter Entwicklung setzt sich in der vorgeburtlichen Periode fort und ebenso nach einer normalen Geburt. Der Lebensfunke kann, wenn er einmal entzündet ist, nie wieder ausgelöscht werden. Nur wenige Menschen erkennen die ungeheuren Konsequenzen dieser Tatsache. Nicht nur Kinder, deren physische Lebensspanne nur wenige Stunden, Tage, Monate oder Jahre mißt, überleben den ‚Tod', sondern auch diejenigen, die nie irdische Luft geatmet haben. Physische Geburt ist ja nicht der Anfang des Lebens, sondern eine natürliche Fortführung des Vorgangs, der schon Monate vorher begonnen hatte.

Die vorgeburtliche Auflösung der irdischen Gestalt, ganz gleich in welcher Phase der nicht-vollständigen Entwicklung sie eintritt, beeinträchtigt oder hemmt keineswegs das weitere Wachstum des individualisierten Geistkörpers, der bei der Empfängnis mit seinem irdischen ‚Gefäß' verknüpft wurde. Wenn also der Vorgang normaler Geburt verhindert wird, sei es durch Unfall oder absichtlich, wächst der ätherische Körper dennoch im Jenseits weiter und entwickelt sich dort, wie er es getan hätte, wäre sein irdisches Gegenstück nicht vernichtet worden. Der noch unfertige Geist, der durch die Vernichtung des Körpers in die jenseitige Welt geworfen wurde, wird dort von besonders ausgebildeten Geistwesen gehegt und gepflegt – weitgehend so, wie eine Frühgeburt auf der Erde eine besondere Behandlung erfährt, bis normales Wachstum erreicht ist.

Das Erdenleben ist ja nichts anderes als die Schule, die die Seele für das umfassendere und erfülltere Sein in der geistigen Welt vorbereitet. Wenn die normale Lebensspanne erfüllt ist, gibt das reife Individuum, durch Erfahrungen herangereift, das physische ‚Gefäß' auf, das in dem neuen Seinszustand unnötig geworden ist. Aber wir, die wir so wenig von Gottes Zielen verstehen, können den Göttlichen Geist nicht begreifen, der beschließt, eine unfertige, irdische ‚Blume' in die fruchtbarere Erde des geistigen Gartens zu versetzen. Spiritualisten wissen, daß beim Übergang von Kindern alle Kräfte im Jenseits darauf gerichtet sind, ihnen zu helfen, sich an die neue Lebensweise zu gewöhnen. Wenn alle menschlichen Bemühungen fehlgeschlagen sind, ein junges Leben zu retten, können wir aus diesem Wissen Trost erfahren. Das Leben gehört dem Großen Geist, der allein fähig ist, den Lebensfunken zu schaffen, der unserem Sein Leben schenkt. Wir, die wir diese Kraft nicht schaffen können, besitzen nicht die Autorität, die Form, in der sie sich manifestiert, zu vernichten. Wenn wir aus eigenem Antrieb ein irdisches Leben verkürzen, tun wir dem im Menschen inkarnierten Geistwesen ein schweres Unrecht an, dadurch daß wir es völlig unvorbereitet ins Jenseits jagen.

Da der Geistkörper mit seinem irdischen ‚Gefäß' lang vor der Geburt verknüpft wird, ergibt sich daraus, daß die Vernichtung des physischen Körpers, wie wenig entwickelt er auch sein mag, nur zu rechtfertigen ist, wenn der Grund dafür völlig uneigennützig ist. Eine absichtliche Schwangerschaftsunterbrechung ist, wenn sie aus unwürdigen Motiven heraus geschieht, so etwas wie Mord.

Auf unserer derzeitigen Kulturstufe mögen wir es aus diesem oder jenem Grund rechtfertigen, menschliches Leben zu beenden. Wir wissen aber, daß eine solche Methode der Vernichtung, wenn wir in Übereinstimmung mit den Lehren Jesu lebten, vermieden werden würde. Die menschliche Evolution hat noch nicht zu dem Erfolg geführt, die alttestamentarische Lehre „Zahn um Zahn" zu ersetzen durch die liebevollere Bitte des Nazareners „Liebet einander!". Noch immer töten wir. Unsere Motive dafür mögen in Übereinstimmung sein mit unserem ethischen und unserem nationalen, wenn nicht sogar mit unserem spirituellen Gewissen. Legalisierter Mord ist immer noch Mord. Wenn die Menschheit einmal genügend entwickelt ist, wird es keine Kriege mehr geben, und auf wahrhaft kulturvolle Weise wird man nationale und internationale Streitfragen regeln und so Massenvernichtung ausschalten. Langsam, sehr langsam nähern wir uns dem Ziel größerer Menschlichkeit. In vielen Ländern ist die Todesstrafe heute gänzlich abgeschafft, oder man ist auf dem Wege dorthin. Spiritualisten als Körperschaft sind entschiedene Gegner des Systems der Todesstrafe. Sie sind sich bewußt, daß der Akt, einen Mörder mit Hilfe eines weiteren Mordes in die jenseitige Welt zu bringen – auch wenn es rechtlich einwandfrei ist –, nicht das Ende des Verbrechers bedeutet.

Ein hingerichteter Mörder, der bestrebt ist, seinen ‚Tod' zu rächen, kann durch die Gewalt seiner eigenen Begierde, sich an der Menschheit zu rächen, erdgebunden werden. Er kann einen willensschwachen, unausgeglichenen Menschen, der noch auf der Erde ist, besessen machen mit dem Drang, ein ähnliches Verbrechen zu begehen wie das, für das er selbst die höchste Strafe hinnehmen mußte. Solche Fälle von Besessenheit gehören durchaus zum Wissen von Spiritualisten. Authentische Literatur ist über dieses Thema vorhanden und ebenso über die Art und Weise, wie Menschen, die die geistigen Gesetze verstehen, erdgebundenen Geistern und besessenen Menschen helfen. Wir leben nun einmal in einer unvollkommenen Welt. Solange keine bessere erreicht wird durch unsere eigenen Bemühungen, ist es oft notwendig, eine Zeitlang einen Mittelweg zu gehen, wenn wir uns mit hier existierenden Übeln befassen. In unseren Träumen von Utopia müssen wir zwangsläufig unserer erlebten Wirklichkeit immer ein wenig voraus sein.

Aber die Vision von einer höher entwickelten und einer kulturell wahrhaft hochstehenden Gemeinschaft darf man nicht trübe werden lassen, nur weil sie nicht sogleich voll verwirklicht werden kann. Durch die praktische Anwendung des Wissens, daß der Mensch den Tod überlebt, werden wir eines Tages lernen, in Übereinstimmung mit den natürlichen Gesetzen zu leben, die − das wissen wir − wahr und unwandelbar sind. Wir werden dann davon Abstand nehmen, die einem Individuum zugeteilte Lebensspanne zu verkürzen, ganz gleich, ob dessen physisches ‚Gefäß' noch Embryoform hat oder ob es sich um einen fertig entwickelten Erwachsenen handelt, dessen Leben auf der Erde bereits viele Jahre umfaßt.

Unfertige Geistwesen, die hinübergehen, ohne daß sie irdische Luft geatmet haben, stellen für diejenigen im Jenseits, die mit ihrer Pflege beauftragt sind, besondere Probleme dar.

Solche Probleme ergeben sich nicht im Fall von Kindern, die nach der Geburt gelebt haben, und wäre es auch nur für einige Augenblicke. Diese Kinder haben für kurze Zeit die Welt der Materie, zu der sie gehören, bewohnt. Sie haben die besondere Beziehung zu ihrem Erbe hergestellt.

Die Geister der Totgeborenen und der unvollständig ausgebildeten Babys dagegen gehen hinüber, ohne ihre erste Verknüpfung mit der Welt, in der die Empfängnis stattgefunden hat, herzustellen. Sie sind aber doch Kinder der Erde, deren Geist durch materielle Umstände individualisiert wurde. Sie gehören zur Welt der Materie, der Vorgang der Geburt wurde jedoch verhindert durch die frühe Auflösung ihres Körpers.

In dem Buch „The Nurseries Of Heaven" von H. A. Dallas und dem Reverend G. Vale Owen gibt es einen Abschnitt aus den automatischen Schriften des letzteren, den dieser von einem geistigen Gesprächspartner zum Thema totgeborener Kinder erhalten hat. Dem Mann der Kirche wurde gesagt: „Diese Kinder kommen bei uns schlafend an, und du mußt dir klarmachen, daß ihr erstes Erwachen der Vorgang ist, der der Geburt auf Erden entspricht. Irdische Luft haben sie nie geatmet, das Licht nie gesehen und irgendwelche Töne oder Geräusche der Erde nie gehört. Kurz gesagt, keiner ihrer körperlichen Sinne wurde in der Weise benutzt, für die sie bei ihrer natürlichen Entstehung ausgebildet wurden. Die Sinnesorgane sind daher nahezu, aber nicht ganz in ihrer Struktur vollkommen. Darüber hinaus ist ihr Gehirn nie aufgefordert worden, die Informationen der Sinne zu deuten. Und so fehlen dem Kind der Erde die irdischen Eigenschaften empirisch, während es sie potentiell besitzt..."

„Das Problem, das diejenigen zu lösen haben, die diese Kinder betreuen, ist daher kein geringes. Es ist nämlich notwendig, daß einerseits die Organe so behandelt werden, daß ein natürlicher Vorgang in dem Kind stattfindet, und andererseits, daß das Gehirn seine Lektion lernt. Wenn das Kind auch nur ein paar Minuten alt geworden ist, dann ist diese Verbindung zwischen Gehirn und Sinnesorganen hergestellt worden und kann bei der weiteren Ausbildung derjenigen Fähigkeiten benutzt werden, die, um angewendet zu werden, auf die Sinnesorgane angewiesen sind. Ein totgeborenes Kind dagegen bringt diese Verbindung nicht mit; sie muß bei uns erst hergestellt werden. Wenn das erst mal geschehen ist, ist der Fortschritt nur noch eine Sache der normalen Entwicklung entsprechend derjenigen normal geborener Kinder."

„Zu diesem Zweck werden nun mehrere Mittel benutzt. Da gibt es die Beziehung zwischen dem Kind und seinen Eltern, und besonders die zwischen ihm und der Mutter. Es wird mit ihr in der Weise in Kontakt gebracht, daß es etwas erlebt, was der Geburt soweit wie möglich äquivalent ist. Durch diesen Vorgang wird es dazu gebracht, seine Trennung von ihr körperlich zu empfinden und ebenso seine Individualisierung als eine einzelne und vollständige Wesenheit. Erreicht wird das nicht dadurch, daß man einen Körper aus Fleisch und Blut nimmt, sondern dadurch, daß es mit seinem spirituellen Körper in engste Verbindung gebracht wird mit dem spirituellen Körper seiner Mutter. Damit wird kein so vollkommener anfänglicher Kontakt zwischen Gehirn und organischen Fähigkeiten bewirkt wie bei der natürlichen Geburt, aber es wird doch definitiv die Beziehung irdischer Mutterschaft hergestellt. Von da ab bleibt das Kind in

Kontakt mit seiner Mutter, damit es, wenn es zur Reife eines Erwachsenen heranwächst, wie andere sein kann, soweit sich das bewerkstelligen läßt. Dennoch gibt es immer einen kleinen Unterschied zwischen solchen Kindern und den anderen, die auf der Erde geboren wurden. Es fehlen ihnen einige der härteren Eigenschaften; andererseits sind sie in ihrer Persönlichkeit und Einstellung spiritueller. Aber in dem Maße, wie auf Erden geborene Kinder in ihrer spirituellen Entwicklung fortschreiten und totgeborene Kinder ihr Wissen um die Erde durch den Kontakt mit ihrer Mutter und später mit anderen Verwandten erweitern, verringert sich der Unterschied sehr, bis sie sich miteinander auf nahezu gleicher Basis liebevoller Freundschaft verbinden können und so einander helfen, daß der eine dem anderen gibt, was ihm fehlt."

Beweise, daß totgeborene Kinder individuell überlebt haben, sind Eltern wieder und wieder gegeben worden, die nicht im geringsten vermutet hatten, daß die Kinder weiterleben. Besonders wertvoll ist solcher Beweis für skeptisch Eingestellte, die das Gespenst telepathischer Übertragung nicht loswerden können. Manchmal müssen Einzelheiten hinsichtlich der irdischen Verbindungen, die von denen genannt werden, die nie irdische Luft geatmet haben, erst durch die Séanceteilnehmer bestätigt werden.

Es kommt auch vor, daß Eltern, die die Geburt eines totgeborenen Kindes praktisch vergessen haben, an dies Geschehnis von dem Geistkind erinnert werden, das mit unwiderleglichen Beweisen seines Weiterlebens zurückgekehrt ist. Die Erinnerung an eine Frühgeburt oder an ein totgeborenes Kind kann im Laufe der Jahre leicht völlig überschattet werden, besonders wenn seitdem eine Reihe weiterer Kinder herangewachsen sind. Dann mag der ‚Tod' eines geliebten

Familienmitgliedes die Eltern veranlassen, nach Informationen über das Weiterleben dieses Kindes zu forschen. Wenn sie dann eine Sitzung mit einem Medium haben, kann es sein, daß sie zu ihrem Erstaunen feststellen, daß sich nicht nur das kürzlich verstorbene Kind zeigt, sondern sie erhalten weitere Beweise für das Weiterleben eines totgeborenen Kindes, das sie vergessen hatten, das aber sie nicht vergessen hat.

Als Mr. F. S. Comer eine Sitzung mit dem bekannten Medium Horace Leaf hatte, beschrieb dessen Geistführer ein schönes 15 Jahre altes Mädchen. Sie war mit irdischem Leben so gut wie gar nicht in Berührung gekommen und war die Tochter von Mr. Comers Schwester Ethel. Er sagte, er kenne kein Kind, das zu seiner Schwester gehöre und dieser Beschreibung entspreche. Der Geistführer versicherte ihm jedoch, daß er, wenn er Nachforschungen anstellte, die Richtigkeit der Feststellungen herausfinden würde. Folglich schrieb Mr. Comer an seine Schwester Ethel, die ihm antwortete: „Du warst damals so jung, daß du das nicht mitgekriegt hast, aber mein erstes Kind war tatsächlich ein totgeborenes Mädchen. Sie wäre, hätte sie gelebt, dieses Jahr 15 geworden."

Etwas Ähnliches erlebte das Medium Fred Jordan Gill. Als er seine ersten Forschungen über den Spiritualismus anstellte, bevor sich seine eigenen medialen Fähigkeiten entfalteten, ging er zu einer Séance mit Direkter Stimme. Damals hatte Mr. Gill erhebliche Zweifel in bezug auf die Echtheit der speziellen Phänomene bei diesem Medium. In dieser unsicheren Gemütsverfassung wurde er von einem Geistwesen angesprochen, das sich George nannte und erklärte: „Ich bin dein Vater, und ich habe deinen Bruder bei mir." Der Mann antwortete: „Das ist grotesk. Wenn du mein Vater bist, dann weißt du nur allzugut, daß ich ein Einzelkind bin." Jetzt war er überzeugt, daß seine Zweifel an dem Medium berechtigt waren und daß die Séance ein Betrug war. Die Geisterstimme beharrte aber darauf, daß seine Ehefrau von einem Sechseinhalbmonatskind entbunden worden war, das nicht gelebt hatte. Er nannte Jahr und Monat, wo das geschah. Immer noch nicht überzeugt, ging Mr. Gill nach der Séance nach Hause und fragte seine Mutter, ob es jemals so ein Geschehnis gegeben habe. Nicht nur bestätigte seine Mutter alles, was bei der Séance gesagt worden war, sondern sie sagte ihrem Sohn auch, daß sie ihm die Kenntnis von dieser Frühgeburt absichtlich vorenthalten habe. Außer ihrem Mann hatte tatsächlich niemand etwas von diesem Ereignis erfahren.

In den Berichten der Society for Psychical Research (Britische Gesellschaft für parapsychologische Forschung) findet sich der Bericht von Mr. J. Rogers Rich über eine Sitzung mit dem berühmten viktorianischen Medium Mrs. Piper. Der Kontrollgeist des Mediums sagte, bei dem Mann und in dessen Umgebung sei ständig ein Geistkind. Es sei mit ihm verbunden und habe einen recht großen Einfluß auf ihn. „Es handelt sich um eine Blutsverwandte, eine Schwester", versicherte der Kontrollgeist. Das bestritt der Mann und sagte in seiner Antwort, er habe nie eine Schwester gehabt und nie von einer gehört. Die Antwort darauf war: „Ich weiß, daß man dir das nie gesagt hat. Es war damals eine Frühgeburt, das Kind war tot. Es kam einige Jahre vor dir auf die Welt. Frag nur deine Tanten zum Beweis."

Er befragte ein Mitglied seiner Familie: Die Richtigkeit der Information wurde bestätigt. Er schreibt: „Als ich zur Welt kam, war die Angelegenheit vergessen, und es hatte nie eine

Veranlassung bestanden, mich über die Dinge zu informieren, was beweist, daß ich nicht die geringste Ahnung davon hatte und daß diese geistige Mitteilung nicht durch Gedankenübertragung oder Ähnliches erklärt werden könnte."

In einem Brief an mich schreibt Mrs. Edith Wynne Mitchell aus Shrewsbury: „Meinen Enkel, der auf Erden nicht gelebt hat, sah und zeichnete der mediale Maler, Frank Leah, der höchst beweiskräftige Einzelheiten dazu festhielt. Die Zeichnung ähnelt stark seinem irdischen Bruder, dem er bei seinen Studien hilft." Mrs. Mitchell und ihre verheiratete Tochter Norah gingen eines Tages zu der Spiritualistischen Gemeinschaft, die damals ihren Sitz in der Londoner Grotrian Hall hatte, und fragten, ob sie eine Sitzung mit Frank Leah an dem Tag oder am folgenden haben könnten. Die Sekretärin sagte, das sei nicht möglich, da das nicht seine Arbeitstage seien. Mrs. Mitchell und ihre Tochter waren sehr enttäuscht und baten die Sekretärin, sie möge doch Frank Leah anrufen, ob er seine üblichen Termine ändern und ihnen eine Sitzung geben könnte.

Noch während sie redeten, kam Frank Leah herein, sehr zur Überraschung der Sekretärin. „Was bringt Sie denn heute her?" fragte sie. Er antwortete, ihm sei medial gesagt worden, er werde in der Grotrian Hall benötigt. Sogleich ging er auf Mrs. Mitchells Tochter zu, nahm sie ein wenig beiseite und sagte ihr, bei ihr sei ein Junge aus der geistigen Welt. Sie meinte, sie kenne kein solches Kind. „Es ist ihr eigenes Kind, hat aber auf der Erde nicht gelebt", antwortete Frank Leah. Diese Information war zutreffend, denn vor einigen Jahren hatte sie schon eine sehr frühe Fehlgeburt. „Sie haben auch noch einen Jungen auf Erden", fuhr das Medium fort und gab das ungefähre Alter des lebenden und des ‚toten' Jungen an.

Dann gingen sie zusammen in den Séanceraum, wo er ein Bild des Kindes zeichnete, das Erdenluft nie geatmet hatte, dessen Wachstum aber in der geistigen Welt weitergegangen war. Der Junge wäre bis dahin etwa 11 Jahre alt geworden, wenn die Fehlgeburt nicht eingetreten wäre. In diesem Alter zeigte er sich nun dem medialen Maler. Frank Leah war freilich dadurch verwirrt, daß ihm der Junge in einem Eton-Schulanzug erschien und daß ihm medial die Umgebung von Winchester College suggeriert wurde. Er fragte die Sitzungsteilnehmerin, was das Geistwesen mit diesen Symbolen andeuten wolle. Seine Mutter verstand das: Sie hatte seinerzeit beschlossen, daß, falls ein Sohn zur Welt kommen würde, er auf die Internatsschule des Winchester College gehen sollte. Der Junge sagte dem Maler auch, er trage denselben Namen wie seine Vorfahren — Michael. Als die Zeichnung fertig war, wies sie eine deutliche Ähnlichkeit mit dem lebenden Sohn der Teilnehmerin auf, der damals etwa 9 war. Natürlich hatte der Maler ihn nie gesehen. „Das war unser erstes Zusammentreffen mit Frank Leah," erklärt Mrs. Mitchell und fügt hinzu, daß weder er, noch die Sekretärin der Spiritualistischen Gemeinschaft wußten, wer sie waren oder wo sie lebten.

Bei verschiedenen Sitzungen hat Michael seinen Verwandten berichtet, daß es in der geistigen Welt wunderbare Lehranstalten gibt. Paul, sein jüngerer Bruder, gilt in der Schule als brillanter und für sein Alter sehr fortgeschrittener Schüler. Seit früher Jugend ist er hellsehend und sagt, sein Geistbruder helfe ihm bei den Lektionen. Wenn Paul auf irgendeine Schwierigkeit stößt bei der Lösung eines speziellen

Problems, spricht er, bevor er zu Bett geht, mit seinem Geistbruder darüber. Am nächsten Morgen erscheint ihm unweigerlich das Problem in seinem Denken in vereinfachter Form. Es gab eine Zeit, da fand Paul die Mathematik am schwierigsten. Nachdem er Michael gebeten hatte, ihm zu helfen, diese Schwierigkeiten zu meistern, machte er große Fortschritte und, wie Mrs. Mitchell feststellt, „schnitt in den Mathematikprüfungen als Bester ab."

Kapitel X

So ihr nicht werdet

Es gibt Kinder als Geistführer und Kontrollgeister, deren besondere Befähigungen sie in unmittelbaren Kontakt mit der materiellen Welt bringen. Sie sind die geistigen Boten, deren Liebe zur Sache sie veranlaßt, den Medien für die Leidtragenden die Beweise für das Leben nach dem Tode zu liefern. In der engen Beziehung zu den auf Erden lebenden Medien erlangen diese Geistführer ein umfassendes und mitfühlendes Verständnis für menschliches Verhalten und menschliche Reaktionen. Sie kennen die Leiden der Menschheit, ihre Kümmernisse und Enttäuschungen. All denen, die in ihren Einflußbereich gelangen, dienen diese Geistkinder uneingeschränkt.

Manchmal wird die Frage gestellt, warum die als Geistführer tätigen Kinder offensichtlich nie älter werden und all die Jahre der Verbindung mit ihren Medien hindurch weiterhin mit kindlichem Tonfall reden. Spiritualisten werden gefragt, warum diese Führer eigentlich nicht erwachsen werden, da doch immer versichert wird, daß Kinder im Jenseits tatsächlich heranwachsen. Der Grund dafür, daß im Fall dieser Geistführer und Kontrollgeister die kindliche Persönlichkeit beibehalten wird, ist ganz einfach. Kinder haben nun mal eine schlichte Einstellung zu den Dingen. Wegen ihrer Unerfahrenheit mit den Problemen und Schwierigkeiten des Lebens ist ihr Denken ungetrübt und unvoreingenommen. Das konventionelle Verhalten der Erwachsenenwelt müssen sie erst noch erwerben. Mit völligem Freimut sagen die Jungen, was sie denken. Sie akzeptieren unbesehen die Verhältnisse und den äußeren Anschein.

Wenn aus der jenseitigen Welt Beweise geliefert werden sollen, dann ist es notwendig, daß diese Botschaften so genau wie möglich weitergegeben werden. Geistkinder sind nun besonders gut geeignet, Botschaften ohne Entstellung oder Mißdeutung weiterzugeben. Sie leiden nicht an den Hemmungen oder der Schüchternheit der Erwachsenen. Ihnen machen weder Zweifel Schwierigkeiten, noch Überlegungen, ob sie die Botschaften, die zu übermitteln sie beauftragt sind, auch wirklich richtig weitergeben. Aus diesen Gründen sind Kinder, die hinübergegangen sind, besonders erfolgreich tätig, wenn es darum geht, Beweise für das Weiterleben nach dem Tode ihren Lieben zu vermitteln. Normalerweise wachsen Kinder in der geistigen Welt zwar durchaus heran, aber diejenigen, die es sich erwählt haben, freiwillig als Geistführer oder Kontrollgeister zu wirken, behalten ihre jugendliche Persönlichkeit bei, damit ihre kindlichen Eigenschaften, die für die Übermittlung von Botschaften so hilfreich sind, weiterhin verwendet werden können. Sollten sie ihren freiwilligen Dienst, die trauernden Hinterbliebenen zu trösten, aufgeben, dann würden sie zu der ihnen zustehenden Bewußtseinssphäre der geistigen Welt hingezogen werden.

Mir sind viele dieser jungen Geistführer bekannt. Sie haben unterschiedliche Persönlichkeiten, aber zwei wesentliche Eigenschaften sind ihnen allen gemein. Ich habe noch kein als Geistführer tätiges Kind kennengelernt, das nicht Liebe ausstrahlte oder das ein anderes Ziel gehabt hätte als die schmerzerfüllten Herzen zu trösten.

Eines der liebenswertesten dieser Geistkinder ist Poppet,

die sich etwa acht Monate, nachdem das Medium mit der Tieftrance begann, durch Lilian Bailey kundtat. Lilian Bailey sagt von diesen ersten Manifestationen: „Bei mir kam eine Kraft durch, die sich nur in sehr hohen Tönen und einer ganz fremden Sprache ausdrücken konnte." Da Lilian Bailey sich damals noch in einer unfertigen Phase ihrer jetzt großartig entwickelten medialen Fähigkeiten befand, konnte sie nicht begreifen, wie solch eine Persönlichkeit, die nicht einmal Englisch konnte, Leidtragenden irgendwie nützen könnte. Sie hatte keineswegs den Wunsch, diesen unbekannten Kontrollgeist zu ermuntern, sich weiterhin durch sie als Medium kundzutun. Eines Tages ging Lilian Bailey in Anwesenheit eines Mannes in Tieftrance, der ein hervorragender Sprachkönner war. Endlich konnte jemand Poppets seltsame Redeweise mit den hohen Tönen verstehen. Der Besucher sagte dem Medium später, er sei in einwandfreiem Hindustani angesprochen worden. Die Stimme sei die eines Kindes, das ihm sagte, es habe schon lange auf eine Gelegenheit gewartet, sich verständlich zu machen. Sie wolle Englisch lernen und habe ihn angefleht, er möge doch Lilian Baileys Zustimmung erlangen, daß deren kleine Tochter ihre Lehrmeisterin sei. Poppet sprach von der großen Bedeutung der zukünftigen medialen Tätigkeit des Mediums und von der Notwendigkeit, daß Lilian Bailey ihrer beider Beziehung in diesem Zusammenhang begreife.

Lilian Bailey war etwas beunruhigt, als sie hörte, ihr seltsamer ausländischer Kontrollgeist wolle von ihrer kleinen Tochter Englisch lernen. Ihre Medialität war damals noch ziemlich neu und für sie verwirrend. Sie meinte, ein engerer Kontakt mit medialen Dingen könnte ihre kleine Tochter nervös machen, solange sie das gesamte Gebiet nicht besser kenne. Aber nach weiteren Überlegungen erzählte sie ihrer Tochter ziemlich zaghaft von der Bitte des Geistwesens. Zu ihrer Überraschung war Dorothy von der Idee absolut begeistert. Sie wollte sofort mit den Lektionen anfangen. Es vergingen jedoch einige Wochen, bevor das ‚tote' Kind und das lebende miteinander sprachen.

Das geschah dann eines Morgens, als Dorothy zu ihrer Mutter ins Schlafzimmer gegangen war und sich am Fußende ihres Bettes hingekuschelt hatte. „Fast sofort", sagt Lilian Bailey, „merkte ich, daß ich in Trance fiel. Ich befürchtete, ich könnte Dorothy sehr enttäuschen und brachte es gerade noch fertig zu sagen: ‚Es ist das kleine Mädchen', und da war ich auch gänzlich in Trance." Hinterher erzählte das Kind seiner Mutter, was bei dieser improvisierten ‚Séance' vor sich gegangen war. „Die lustige kleine Stimme lachte und quietschte immer wieder. Dann lachte ich auch, und sie lachte. Dann streichelte sie mich, und ich streichelte dich, Mami; ich wußte nicht, was ich sonst hätte tun können. Ich zeigte auf mich und sagte ‚Dorothy', und die lustige Stimme wiederholte ‚Dolsfry'. Dann zeigte ich auf Gegenstände im Zimmer und nannte ihre Bezeichnungen. Die Stimme sagte dasselbe wie ich, so gut es eben ging. Ich zeigte wieder auf dich und sagte ‚meine Mami'. Die Stimme sagte: ‚auch meine Mami'. Dann wurde es still, und du kamst wieder zu dir."

Dieses erste Zusammentreffen der Kinder war der Anfang einer tiefen Freundschaft, die bis zum heutigen Tage anhält. „Dorothy ist jetzt eine junge Frau", sagt das Medium. „Aber die Stimme des kleinen Mädchens in der geistigen Welt bleibt dieselbe. Sie nennt sich selbst weiterhin ‚mein', statt ‚ich', denn so hat sie angefangen zu lernen, als Dorothy sagte:

‚mein Haus, mein Püppchen, mein Buch'. Nach einiger Zeit verstanden die beiden Kinder sich sehr gut. Natürlich wollte Dorothy den Namen ihrer Geistfreundin wissen. Er erwies sich als ein für das englische Kind unaussprechbarer Name. Diese Schwierigkeit war in ihrer Bekanntschaft ein recht großes Hemmnis, bis das ‚tote' Kind eines Tages von jemandem in seiner Welt sprach, der immer mit den Worten anfing: ‚Now, my poppet... (Nun, mein Schätzchen)', wenn er sie anredete. ‚Mir gefällt der Name', sagte sie, und so kamen die beiden überein, daß Poppet als Name einfacher zu benutzen war als der fremdländische, den Dorothy nicht aussprechen konnte. So wurde sie also Poppet, und als Poppet lebt sie in unserer Welt. Sie ist eines der liebsten Mitglieder unserer Familie geworden. Die Liebe, die zwischen ihr und Dorothy besteht, läßt sich in Worten nicht ausdrücken."

Nach ihrem ersten Zusammentreffen wurden die Gespräche zwischen den beiden Kindern immer leichter. Mit Lilian Bailey bin ich aber einer Meinung, daß Poppet die Beherrschung des Englischen nie völlig erworben hat. Ihre Grammatik bleibt in amüsanter Weise unkonventionell. Als ich das letzte Mal mit ihr sprach, fragte ich sie, ob sie über einen bestimmten Vorfall erfreut sei. „Oh, ich bin hochgefreut!" erklärte sie.

In der Anfangsperiode von Lilian Baileys Medialität wollte ihr Mann den Spiritualismus nicht akzeptieren. Er war eindeutig skeptisch hinsichtlich der medialen Begabung seiner Frau. Da er wußte, wie integer von Charakter sie war, konnte er natürlich nicht an ihrer Ehrlichkeit zweifeln, aber er glaubte, daß ein Teil ihres Unterbewußtseins ein Kind personifiziere. Selbst als Poppet sich für ihn bei einer Séance mit Helen Duncan materialisierte, konnte er noch immer nicht akzeptieren, daß sie etwas Reales war. Eines Tages, als Lilian Bailey und ihr Mann allein am Kamin ihres Hauses in Crewe saßen, ergriff das Geistkind von dem Medium Besitz. Mr. Bailey bat Poppet, ihm Beweise zu liefern, daß sie ein einzelnes, unabhängiges Individuum sei. „In ein paar Tagen bin ich in London", sagte er. „Wenn du, wie du sagst, ein von meiner Frau ganz getrenntes Wesen bist, dann laß mich bitte wissen, wenn ich nächsten Sonnabend nach Hause zurückkomme, was ich um 7 Uhr abends am Tag vorher getan habe." Poppet willigte ein, ihm diesen Beweis zu liefern, aber unter der Bedingung, daß er seiner Frau von dieser Abmachung nichts sage.

Als Mr. Bailey dies Gespräch mit Poppet führte, hatte er keine Ahnung, was er am nächsten Freitag, dem Testtag, tun würde. Statt dessen ließ er das Gespräch in seinen Gedanken ganz auf sich beruhen, damit die Frage einer telepathischen Verbindung zwischen ihm und seiner Frau gar nicht aufkommen könnte.

Am nächsten Freitag wollte es der Zufall, daß Mr. Bailey einen Mann traf, den er sehr lange nicht mehr gesehen hatte. Der Mann lud ihn zum Abendessen in sein Haus in der Nähe von Romford ein. Sie betraten zusammen das Haus. Die kleine Tochter des Gastgebers, die gerade ins Bett gebracht werden sollte, lief zur Begrüßung auf ihren Vater zu. Dann erblickte das kleine Mädchen Mr. Bailey und warf ihm die Puppe in die Arme, die sie gerade festhielt. In dem Augenblick hörte er, daß die Uhr im Flur sieben schlug. Der Glockenschlag erinnerte ihn an den Test, der mit Poppet arrangiert war, und so merkte er sich genau, was gerade vor sich gegangen war.

Am nächsten Tag fuhr er nach Haus. Seiner Frau sagte er nicht, wo er den Abend des Vortages verbracht hatte. Später, als Lilian Bailey in Trance war und Poppet durchkam, fragte er das Geistkind: „Was tat ich am Abend unseres vereinbarten Tests?" „Um sieben Uhr hattest du Barbaras Puppe im Arm", antwortete sie.

„Wer ist Barbara?" forschte er. „Das ist der Name des kleinen Mädchens, wo du zum Abendessen hingingst", sagte sie zu ihm.

Das Experiment erwies sich als ein größerer Erfolg, als er je vorauszuahnen gewagt hätte. Weder er noch seine Frau kannten den Vornamen des Kindes. Sie wurde immer nur Baby gerufen. Als Mr. Bailey ihren Vater fragte: „Welches ist denn der richtige Name für dein kleines Mädchen?", antwortete er: „Barbara". Dieser Test überzeugte Mr. Bailey davon, daß das Geistkind eine eigene, getrennte Identität besaß, und es bildete sich zwischen ihnen eine feste Freundschaft heraus. Wenn er von Zuhause weg ist, ‚spricht' er oft mit Poppet, und wenn er sie geistig um Hilfe bittet, reagiert sie immer.

Einer seiner Freunde, den seine Frau nicht kannte, wurde plötzlich schwerkrank und eilends ins nächste Krankenhaus gebracht. Auf dem Weg dorthin, weil er erkunden wollte, wie es diesem Mann gehe, bat Mr. Bailey Poppet in Gedanken, ihn zum Krankenhaus zu begleiten, um festzustellen, ob sie irgend etwas tun könnte, dem Mann zu helfen. Als Mr. Bailey nach Haus kam, ging das Medium in Trance, und Poppet sagte ihm sofort: „‚Mein' ging mit dir zum Krankenhaus. Dem Mann wird es besser gehen. Mit seinem Kopf ist es schlimm, aber es wird besser werden." Obwohl man sehr zweifelte, daß der Mann am Leben bleiben würde, erholte er sich nach

Durchführung einer Gehirnoperation vollständig. Er ist jetzt bei guter Gesundheit.

„Ich bin ja nur ein Winzling", sagt Poppet manchmal zu ihren irdischen Freunden. Aber so groß ist das Herz dieses geistigen Winzlings, daß sie in Wahrheit im Leben aller, die das Vorrecht haben, ihre Freundschaft zu besitzen, einen nachhaltigen Einfluß ausübt.

Poppets anfängliche Lebensgeschichte wurde dem Medium mitgeteilt. Auf der Erde war sie ein Krüppel und eine Ausgestoßene. Von ihren Eltern erfuhr sie keine Liebe, und nach erheblichen Mißhelligkeiten gelangte sie im Alter von vier Jahren in die jenseitige Welt. Dieses Kind, dem Zuneigung in der materiellen Welt versagt worden war, erlebte im Jenseits die Liebe, nach der sie sich sehnte. Wie sich eine Blume der Sonne öffnet, so erweiterte sich ihre spirituelle Entwicklung unter dem Einfluß der Liebe, die nun im Jenseits über sie ausgeschüttet wurde. In Dankbarkeit und Glückseligkeit regte sich in ihr stark der Wunsch, die Zuneigung, die sie erlebt hatte, dadurch auszustrahlen, daß sie denen auf Erden, die Trost und Hilfe brauchten, diente. Um diese Mission befriedigend ausführen zu können, war es wünschenswert, daß ihr nun hochentwickelter Geist die Persönlichkeit des Kindes wieder annahm, das sie gewesen war, als sie hinüberging, und dabei doch die spirituelle Kraft behielt, die sie in ihrer Entwicklung erlangt hatte. Diese große mediale Kraft ist es, die sie instand setzt, mit ihrem Medium, dem irdischen Kanal, durch den sie wirkt, so eng verbunden zu bleiben. Lilian Bailey sagt:„Die Macht der Liebe ist es, die meine kleine Poppet befähigt, den so dichten Schwingungen der Erde ganz nahe zu bleiben. Liebe war der Grundstein für ihre Rückkehr zur Erde und für ihr Werk. Vielen Kindern hat sie geholfen zu ihren Eltern zurückzukehren. Jedem zu helfen, und das auf jegliche Weise, ist die wesentliche Freude in Poppets Leben."

Wie Lilian Bailey sagt, das Auffallendste an Poppet ist ihr natürliches, kindliches Verhalten. „Sie ist ein richtiges kleines Mädchen", sagt ihr Medium, „nicht etwa eine geisterhafte Erscheinung, die in einem leichten Gewand herumschwebt. Dutzende von Malen hat sie bewiesen, daß Kinder nach ihrem physischen Tod genauso handeln wie auf der Erde. Sie werden nicht in einen höheren Seinszustand hineingeweht, der sie dann plötzlich zu engelhaften Wesen umwandelt."

Als Beispiel dafür berichtet Lilian Bailey den folgenden Vorfall. Als Dorothy 15 wurde, bekam sie eine goldene Armbanduhr. Sie liebte sie natürlich sehr, und als Poppet von dem Medium Besitz ergriff, war sie beim Anblick von Dorothys Geburtstagsgeschenk begeistert. Recht wehmütig sagte sie: ‚Mein' hat nie bekommen eine Uhr in meinem Leben; kann ‚Mein' sie haben für einen ganzen Tag, um nach ihr zu sehen, Dolse?" Die Tochter des Mediums konnte zwar nicht ganz verstehen, was der Besitz der Uhr für einen ganzen Tag für die Geistfreundin bedeuten mochte, aber sie antwortete: „Natürlich kannst du sie haben."

Eine Woche später rannte Dorothy eines Sonntags morgens die Treppe hinunter zu ihrer Mutter und rief: „Ich wollte gerade meine Uhr anziehen, da sah ich, wie sie verschwand!" Das Medium konnte den Bericht der Tochter über den Vorfall nicht ganz akzeptieren. Sie meinte, die Phantasie des Kindes ginge mit ihm durch. So ging sie hinauf und suchte überall nach der Uhr und hob alles auf, worunter sie hätte versteckt sein können. Nachdem sie jedes Kleidungsstück, das Dorothy trug, umgewendet hatte, war sie endlich überzeugt, daß die Uhr ganz gewiß verlorengegangen war. Im weiteren Verlauf des Tages dachte sie dann immer weniger an den Vorfall.

Am Abend kamen einige Freunde und schlugen vor, etwas Tischrücken zu machen. Dorothy hatte sich auf einem großen Lehnstuhl neben dem Kamin zusammengekuschelt; sie war von dem, was da vor sich ging, ziemlich gelangweilt und versuchte zu lesen. Plötzlich bewegte sich der Tisch auf sie zu und erhob sich fast bis zu ihrem Schoß. Dann wurde die folgende Nachricht von Poppet durch die Tischbewegungen übermittelt: „‚Mein' hat jetzt Uhr, sie aufgehört um zehn. Sie kommt zurück heut abend." Nach dieser Durchgabe ließ die Mutter ihre Tochter nicht mehr aus den Augen. Als es für Dorothy Zeit wurde, ins Bett zu gehen, begleitete ihre Mutter sie nach oben in ihr Zimmer. Sie öffnete die Schlafzimmertür und machte das Licht an. Im selben Augenblick überströmte sie beide für einen Moment ein stärkeres Licht. „Wir betraten das Zimmer", sagt Lilian Bailey, „und Dorothy schrie vor Begeisterung ein bißchen auf, denn auf der Steppdecke lag die Uhr. Die Zeiger waren um zehn Uhr stehengeblieben. Sie fühlte sich sehr heiß an, als wäre sie lange Zeit von einer kleinen, warmen Faust umklammert worden. Poppet hatte die Uhr einen Tag lang behalten, wie Dorothy es ihr erlaubt hatte. Ich hab aber den Eindruck, daß die Tatsache, daß die Uhr zu ticken aufgehört hatte, sie ein bißchen beunruhigte."

Der Bericht über dies Erlebnis erinnert Mrs. Bailey an einen weiteren Vorfall, der sie sehr belustigte. Es war eine ‚Heldentat', die man von einem Mädchen mit einer Vorliebe für leuchtende Farben durchaus erwarten konnte. An einem schönen Sommerabend war das Medium allein in seinem Zimmer oben. In sich spürte sie Frieden und eine harmonische Übereinstimmung mit der Natur, und so schaute sie aus dem Fenster hinaus auf die Felder. Der Anwesenheit von Poppet war sie sich bewußt, beachtete das aber nicht sehr, denn das Geistkind war ja oft bei ihr. „Poppet muß auf einen passenden Moment gewartet haben, wo sie sich näher bei mir manifestieren konnte", sagt das Medium. „Meine gedankenverlorene Ruhe muß ihr, während ich so auf die Felder hinausschaute, die Gelegenheit gegeben haben, von mir Besitz zu ergreifen. Das Nächste, woran ich mich dann erinnere, war, daß ich auf einem Stuhl saß und immer noch hinausschaute. Als ich jedoch an mir herunterschaute, war ich sehr überrascht, daß ein knallrotes breites Band über mich drapiert war. Zum letzten Mal hatte ich das Band, ordentlich zusammengefaltet, in einer Schublade gesehen. Jetzt waren auf dem Band alle nur vorstellbaren Arten von Broschen und Nadeln befestigt, die ich jemals besessen hatte. An meinen Fingern steckten alle Ringe, schöne, unschöne und Alltagsschmuck, die meine Tochter und ich jemals besessen hatten. Perlenketten waren mir um Hals und Arme geschlungen. All diese Schmuckstücke zu finden und bei mir anzubringen muß einige Zeit erfordert haben."

Lilian Bailey war so fasziniert, daß sie vor einen Spiegel trat und den Gesamteindruck studierte; er war, wie sie sagt, ‚furchtbar'. Außerdem war sie entsetzt, daß ihr Gesicht eine dicke Puderschicht hatte. Ihre Lippen waren dick rot angemalt, ihre beiden Wangen wiesen rote Tupfer auf. Sie sagt: „Ich mußte zwar lachen über mein groteskes Aussehen, aber ich war doch sehr verärgert – wenn so etwas mal unter anderen Umständen vorkommen würde... Später erklärte Poppet gegenüber Dorothy, sie hätte gedacht, Mami würde so entzückt sein, wenn sie sich so wunderschön hergerichtet sieht. ‚Mein hat gemacht das so gern!' waren ihre Worte. Hier gab es also in diesem Geistkind die Freude des kleinen Menschenmädchens daran, sich so richtig herzurichten. Hinterher tat es mir leid, daß ich über sie so verärgert gewesen war, denn ihr hatte es doch so viel Vergnügen bereitet."

Vor einigen Jahren besaß Lilian Bailey eine geliebte Katze; sie hieß Topsy. Da bei ihr einige Kätzchen zu erwarten waren, wurde sie von der ganzen Familie ganz besonders umsorgt. Eines Abends wollte sie unbedingt draußen bleiben. Alle Bemühungen, sie ins Haus hineinzubringen, fruchteten gar nicht. Man konnte nichts anderes machen, als Topsy im Garten zu lassen. In jener Nacht schliefen in dem Haus außer dem Medium noch ihre Tochter und die Haushälterin.

„Gegen zwei Uhr morgens", sagt Lilian Bailey, „wurden wir durch Poppets Stimme aufgeweckt, die uns beide laut mit Namen rief. Sie sagte: „Aufstehen, aufstehen! Topsy hat vier kleine Babys unter dem Fliederbusch bekommen. Kätzchen ist naß und kalt und sie sind gesterbt, wenn ihr nicht holen geht.' Wir hörten Poppet, aber wie man sich vorstellen kann, waren wir nicht einen Augenblick sehr erpicht darauf, aus unseren warmen Betten zu springen und in den kalten, nassen Garten hinauszugehen. Dorothy sagte verschlafen: ‚Ich bin sicher, du irrst dich, Poppet. Mit den Kätzchen ist das noch nicht so weit.' So etwas zu sagen, dafür bestand bei Dorothy gar keine Veranlassung, denn sie wußte das ja gar nicht wirklich. Poppets hartnäckige Stimme scheuchte uns aber hinaus, und so zogen wir Bademantel und Hausschuhe an. Mit einer Taschenlampe bewaffnet, schlichen wir die Treppe hinunter und hinaus in den Garten. Tatsächlich: dort unter dem Fliederbusch lag die arme Topsy mit vier halbtoten Kätzchen. Sie jammerte kläglich. Wie dankbar waren wir, daß wir hinausgegangen waren! Bald hatten wir sie in einem gut warmen Korb untergebracht, wo sie wieder lebendig wurden. Wenn unsere geistigen Begleiter sich solch riesige Mühe machen, um vier eben geborene Kätzchen zu retten, wieviel mehr würden sie für uns unternehmen, wenn wir bereit wären, mit ihnen zusammenzuarbeiten!"

Nachdem Poppet Philip Clarke geholfen hatte, sein Weiterleben nach dem Tode gegenüber seinen Eltern zu beweisen — diese Geschichte ist in einem früheren Kapitel dargestellt —, bildete sich zwischen den beiden Geistkindern eine feste Freundschaft heraus. Poppet spricht von „meinem Freund Philly", den sie sehr bewundert. Sie meint, er ist ein gescheiter kleiner Junge. Lilian Bailey hat eine recht amüsante Geschichte über die Kameradschaft der beiden zu erzählen. Eines Morgens gegen ein Uhr wachte das Medium erschreckt auf und stellte fest, daß ihr Schlafzimmerlicht brannte. Etwas beunruhigt, beschloß sie, in das Zimmer ihrer Tochter zu gehen, um sich zu vergewissern, daß alles in Ordnung war. Als sie über den Treppenabsatz und durch den Flur ging, war sie erstaunt, daß alle Lampen brannten. Dorothy schlief friedlich, aber auch ihr Zimmer war elektrisch erleuchtet. Lilian Bailey wurde immer unruhiger. Ihr Mann war nicht zu Hause, und sie befürchtete, daß jemand einen Einbruch verübt hatte.

„Ganz vorsichtig", sagt sie, „ging ich in das Zimmer meiner Haushälterin und sagte ihr, ein Mann sei im Haus — ich frage mich, warum wir Frauen wohl immer meinen, es ist ein

Mann! Meine Haushälterin erhob sich zornig, es sogleich mit hundert Eindringlingen aufzunehmen. Auch sie war überzeugt, daß etwas nicht in Ordnung war, da wir doch gesehen hatten, daß alle Lampen, bevor wir ins Bett gingen, ausgeschaltet waren. Der Gedanke, daß Geisterkraft etwas mit den brennenden Lampen zu tun haben könnte, kam mir überhaupt nicht in den Sinn. Den Gedanken, daß unsere Freunde aus dem Jenseits stets im Spiel sind, akzeptiere ich überhaupt nicht. Ich weiß einfach, daß das nicht so ist. Nun, wir beide gingen durch das ganze Haus; ich hatte mir zum Schutz eine Verteidigungswaffe genommen, den Teppichstab aus Eichenholz von der obersten Treppenstufe. Es amüsiert mich oft, wenn ich daran denke, was für ein komisches Paar wir abgegeben haben müssen. Wir fanden nichts Unrechtes — außer daß alle Lampen im Haus brannten. Fenster und Türen waren fest verschlossen, so wie wir sie hinterlassen hatten."

„Wir beschlossen, wieder ins Bett zu gehen und knipsten im Vorbeigehen jede Lampe aus. Zum Schluß kamen wir zu Dorothys Zimmer, um zu sehen, ob bei ihr alles in Ordnung war. Als wir den Raum betraten, hörten wir einen schrecklichen Bums — es klang, als wäre in meinem Schlafzimmer ein Stuhl umgefallen. ‚Du meine Güte', sagte ich, ‚da also ist der elende Einbrecher die ganze Zeit gewesen, in meinem Zimmer!' Unser ganzer Mut schwand dahin, und so schlossen wir uns in Dorothys Schlafzimmer ein. Mittlerweile war sie aufgewacht. Wir beschlossen alle drei, uns in ihr Bett zu legen, und dort verbrachten wir dann auch die Nacht. Am nächsten Morgen, von neuem Mut erfüllt, schlossen wir die Tür auf und gingen in mein Zimmer, um die Szene des Verbrechens anzuschauen. Drei Bücher lagen auf dem Fußboden und der Bücherschrank war in großer Unordnung. Sonst war alles wie gewöhnlich."

Lilian Bailey erzählt dann weiter, daß etwas später am Tag Poppet zu ihr sprach. Ihre Stimme war sehr gedrückt, als sie sagte: „‚Mein' ist sehr traurig, daß ich habe dir Angst gebracht. Philly Clarke sagte mir, er weiß alles über Elektrisch, und ‚Mein' sagte, ‚Mein' hat die mediale Kraft, wenn er nur zeigen würde, wie man's macht. ‚Mein' machte seine Hand grobstofflich, und er unten dreht an das Licht. Aber das Licht machen, daß die mediale Kraft weggehen, und Philly sagen, wenn er es ausdrehen im Kasten (er meinte damit den Sicherungskasten im Flur, mit dem alle Lampen im Haus verbunden sind), dann würde ausgehen das Licht. Aber statt dessen gehen alle Lichter an, und ‚Mein' nicht wissen, was tun."

Was Poppet sagte, ließ alle erkennen, in welchem Dilemma sie gewesen war, und ihr Medium sagte, sie konnte ihr deswegen nicht böse sein. Poppet sagte ihr, sie und Philly seien so aufgeregt und verwirrt gewesen, daß sie vom Medium nicht habe Besitz ergreifen und sie in ihren Ängsten nicht habe beruhigen können. Darum habe sie die Bücher im Schlafzimmer des Mediums durcheinandergeworfen in der Hoffnung, diese Tat würde die anderen auf den Gedanken bringen, daß sie anwesend sei, und so sich ihre Ängste beheben würden.

„Diese Geschichte zeigt, wie wenig der Tod das Denken eines Kindes ändert", sagt Lilian Bailey. „Ich habe an Mrs. Clarke geschrieben und sie gefragt, ob ihr kleiner Sohn Philip auf Erden an Elektrizität interessiert war. Sie antwortete, Philip war ständig damit beschäftigt neue Lampen anzubringen und Geräte zu reparieren; er war an Elektrizität außerordentlich interessiert.

„Es gibt so viele Dinge, die Poppet getan hat", sagt das Medium abschließend. Oft hören wir ihre Schritte, wenn sie über den Flur und nach oben geht. Ihr hellklingendes Lachen erreicht uns, und ihre Stimme vermischt sich mit den unsrigen. Ja, und in gefährlichen oder schwierigen Situationen hören wir sie sagen: ‚Habt keine Angst, ‚Mein' kümmert sich um euch.' Es gibt vieles, wofür wir Gott zu danken haben, aber Poppets Liebe und Kameradschaft ist für uns der größte Gottessegen."

Der farbige Kontrollgeist von Louisa Bolt, dem bekannten Medium für Direkte Stimme, ist auch ein Geistkind, das viel getan hat, um das Weiterleben nach dem Tode zu beweisen. Ivy kennzeichnet ein ganz einmaliges schelmisches Kichern. Ich war einmal bei einer ganz außerordentlichen Materialisations-Séance von Louisa Bolt. Da hörten wir Ivys charakteristisches Lachen hinter den geschlossenen Vorhängen des Kabinetts. Im nächsten Augenblick stand sie vollmaterialisiert vor unseren Augen. In seiner Beschreibung dieser Séance berichtet mein Mann, wie er sich vor das Geistkind hinkniete; in der Hand hatte er ein kleines Kinderklavier, auf dem Ivy spielte. „Sie war gerade so groß wie ich, als ich kniete", sagt er. „Ich konnte ihr dunkles Gesicht sehen, ihre weißen Zähne, die dicken Lippen und ihre große, rosafarbene Zunge, die sie immer wieder jedem der Anwesenden zeigte."

Bei einer anderen Gelegenheit war ich zugegen bei einer Séance mit Direkter Stimme, als Ivy dem begabten französischen Maler Marcel Poncin versprach, sie würde ihn am nächsten Tag in seinem Haus besuchen und versuchen, ihn so zu beeinflussen, daß er ein Bild von ihr malte. Das hat sie auch tatsächlich geschafft. Am nächsten Tag spürte der Maler den starken Drang, das Porträt dieses Kindes zu malen, das er ja nie gesehen hatte. Nach wenigen Stunden war das Porträt fertig, und er fühlte sich erschöpft; das ist immer so nach der Fertigstellung inspirativ gemalter Bilder.

Nach einigen Tagen zeigte Ivy sich bei der Séance ihres Mediums und sagte den Teilnehmern, daß Marcel Poncin ein Bild von ihr gemalt habe — eine Tatsache, die sie Louisa Bolt nicht gesagt hatte. Sie war zwar von ihrem Porträt entzückt, brachte aber Enttäuschung darüber zum Ausdruck, daß es der Maler versäumt habe, ihre geliebte Haarschleife anzubringen. Als Marcel Poncin von Ivys Kummer erfuhr, holte er das Versäumnis nach, und das Geistkind war glücklich. Jetzt hängt das Bild in Louisa Bolts Séanceraum. Die meisten Leute, die das Bild sehen, äußern sich darüber, wie strahlend die Augen glänzen. Eine Erklärung dazu lieferte auf einer späteren Sitzung mit Direkter Stimme ein geistiger Gesprächsteilnehmer. Ivy hatte in den Südstaaten der USA in den üblen Zeiten der Sklaverei gelebt. Grausam wurde sie behandelt, ja ihr wurden tatsächlich die Augen ausgebrannt. In ihrem neuen Leben im Jenseits erhielt das ‚tote' Kind als Ausgleich für die qualvolle Zerstörung ihres irdischen Gesichtssinns geistige Augen von außergewöhnlicher Schönheit und Strahlkraft.

Lili Alani, bekannt unter dem Namen Topsy, ist der großartige Kontrollgeist von Pamela Nash. Sie gelangte in ihrem achten Lebensjahr in die jenseitige Welt. Die ergreifende Geschichte dieses Kindes hat Norman Swaine in seinem Buch „Autobiography Of Two Worlds" dargestellt. Topsys Erdenleben liest sich wie ein zweites „Onkel Toms Hütte". Infolge einer Serie von Unglücksfällen verließen ihre Eltern die glückliche Welt ihres Zuhauses im Südpazifik und gingen nach Brasilien. Dort wurde ihr Kind in ein Sklavenleben hineingeboren. Sie wurde von ihren Eltern getrennt und sollte sie in ihren Erdentagen nie wieder sehen. Die junge Sklavin wurde das Opfer eines grausamen weißen Aufsehers, dessen niederträchtiges Verhalten in dem einsamen Mädchen einen bitteren, wilden Groll gegen Weiße entstehen ließ. Sie mußte derartige Torturen durchmachen, daß sie im Gebet flehte, sie möge nie erwachsen werden. Ihr Flehen wurde erhört, und sie gelangte in die geistige Welt. Das Verständnis und die Liebe, die sie im Jenseits erlebte, weckte in ihr den Wunsch, einen Ausgleich zu schaffen für den starken Haß gegen die Weißen, der durch ihre Qualen und Leiden auf der Erde entstanden war. In der geistigen Welt lernte sie den wahren Wert der Liebe und der Vergebung. Sie wählte den Weg der Rückkehr zur Erde, um zu versuchen, die Leidenden zu trösten. Zu ihrem irdischen Instrument wählte Topsy Pamela Nash. Durch deren mediales Wirken führt sie nach wie vor ihre Mission durch, schmerzerfüllten Herzen Trost zu bringen.

Dies also sind einige der als Geistführer und Kontrollgeister wirkenden Kinder, die zurückgekommen sind, um zu helfen, das Überleben des Todes zu beweisen. In vielen Fällen kannten diese Geistwesen in ihren kurzen Erdenleben kaum etwas anderes als Elend und Leiden. Weil sie jedoch in der jenseitigen Welt die Freuden des Dienens kennenlernten, wurden sie eifrige Helfer bei der Aufgabe, das Wissen zu verbreiten, daß es keinen Tod gibt.

Kapitel XI

Warum sie zurückkommen

Den meisten ‚toten' Kindern gelingt es, mit dieser Welt in Verbindung zu treten. Man mag sich fragen, warum Kinder, die vor kurzem verstorben sind, den Wunsch haben, auf die leiderfüllte Erde zurückzukehren, da ihre neue Umgebung doch so voller Licht und Freude ist. Wenn Sie zu den leidtragenden Eltern gehören, ist diese Frage überflüssig, denn dann kennen Sie die Antwort. Die ‚toten' Kinder kehren zur Erde zurück, weil die Liebe sie ruft und sie nicht losläßt, bis die Tränen einer Mutter getrocknet sind und das Herz eines Vaters getröstet ist durch diese Begegnung. Sie kehren zurück, um jenen, die zunächst glaubten, sie seien für immer von ihnen gegangen, zu beweisen, daß sie leben. Sie kommen aus freien Stücken ins Sitzungszimmer, um ihre Lieben, die sie auf der Erde zurückgelassen haben, an ihren neuen Erlebnissen und Abenteuern teilhaben zu lassen. Sie kommen zurück, um mit allem, was sie auf Erden interessiert hat, in Verbindung zu bleiben. Sie wollen immer noch wissen, wie es ihren Verwandten und Gefährten auf der Erde geht. Das Sitzungszimmer ist ein Ort heiliger und doch freudiger Zusammenkunft, wo ein Naturgesetz wirkt und es möglich macht, den feinen Schleier zu heben, der die beiden Welten voneinander trennt.

Es ist völlig natürlich, daß verstorbene Kinder ihr Interesse für die Welt, die sie verlassen haben, behalten. Haben Sie keine Angst, daß die Zeit, die sie mit Ihnen verbringen, ihr Glück in der Jenseitswelt stört. Diese so aufgeweckten Geistkinder verlieren nichts durch ihre Wiedervereinigung mit ihren irdischen Verwandten und Freunden. Im Gegenteil, Mitleid, Mitgefühl und der Wunsch, trauernde Herzen zu trösten, sind Eigenschaften, die die Seele bereichern und das geistige Wesen eines Kindes entwickeln.

Es gibt auch ‚tote' Kinder, die aus anderen Gründen als dem Zusammensein mit ihren Verwandten zur Erde zurückkehren. Sie mögen sich dazu getrieben fühlen, weil vor ihrem Übergang etwas unerledigt blieb. Sie brauchen vielleicht Hilfe, wie sie nur auf der Erde Lebende leisten können.

Es wurde uns mitgeteilt, daß die mediale Kraft, die bei einer Séance entsteht, von den ‚Toten' als Lichtstrahl wahrgenommen wird. Kinder in der geistigen Welt, die irdische Hilfe brauchen, werden zu diesem Lichtstrahl hingeführt, und wenn die Bedingungen gut sind, können sich solche Kinder bei einer Séance bemerkbar machen. Oft sind sie den Medien und den Sitzungsteilnehmern anfangs unbekannt, besuchen den Kreis, der sie zuerst angezogen hat, später aber oft regelmäßig.

Auf diese Weise wurde auch ‚Jimmy Sparrow' von Lady Caillards Kreis angezogen. Im Londoner Eastend wurde ein zehnjähriger Junge aus den Slums von einem Lastwagen tödlich überfahren. Obwohl dieser verwahrloste Junge in der geistigen Welt wahrhaft den Himmel gefunden hatte, brachte ihn Mitleid zur Erde zurück — Mitleid für die Spatzen, die er immer gefüttert hatte. Er fürchtete, sie würden ohne ihn hungern müssen.

Der ‚tote' Junge meldete sich etwa zehn Tage nach seinem Übergang bei Lady Caillards Hauskreis durch das mit Direkter Stimme arbeitende Medium Louisa Bolt. Durch die Trompete kam die Stimme eines unbekannten Jungen, der in reinstem Cockney ausrief: „Mann o Mann, wo bin ick denn hier? Is det'n Schloß? Da hab' ick direkt Schiß. Wohnt hier vielleicht der König?"

Lady Caillard versicherte ihm, daß es ihr Heim sei. „Mann o Mann!" wiederholte die Stimme. „Det is ja toll hier! Der Boss hat gesagt, ick kann kommen. Ick heiße Jimmy. Ick bin jetzt wo, wo's janz schön is. Ick hab' keenen Hunger mehr. Es is' bloß wegen meine Spatzen — die füttert jetzt keiner mehr. Sagen Se mal, können Sie nich meine Spatzen füttern?" Lady Caillard versprach ihm, daß sie sich um die Vögel, deren Wohl ihm so am Herzen lag, kümmern werde. „Det is ja prima", sagte Jimmy. „Jetzt bin ick so richtig glicklich."

Nach diesem ersten Besuch sprach ‚Jimmy Sparrow' — wie er genannt wurde — noch mehrmals durch Louisa Bolt auf einer Sitzung mit Direkter Stimme. Er war so dankbar für das, was für seine Spatzen getan wurde. Auf Erden hatte er immer mit ihnen geteilt, auch wenn er nur wenig zu essen gehabt hatte. Die Spatzen waren seine Freunde, die einzigen, denen er seine Liebe schenken konnte, denn seine Eltern tranken zu viel und interessierten sich überhaupt nicht für ihn. Als Jimmy zum erstenmal zu dem Kreis sprach, war seine Ausdrucksweise nicht gerade erhebend. Er kam als der zurück, der er beim Übergang in die andere Welt gewesen war und verwendete die slanghafte Umgangssprache und die gewöhnlich üble Ausdrucksweise, die er in seiner häuslichen Umgebung gehört hatte. Doch eines Tages sagte er zu Lady Caillard: „Hör'nse, fluchen tu ick jetzt nich mehr. Ick geh' jetzt zur Schule, und da hamse mir gesagt, daß ick nich fluchen darf. Ick bin ja jetzt so glücklich. Ick bin so froh, daß ick tot bin. Vorher hat sich keener um mich jekümmert, und jetzt sinse alle so nett zu mir. Stell'nse sich vor, ick hab' jetzt ne Schuluniform. Also sag'nse mal, warum sind die hier bloß so gut zu mir?" Man sagte ihm: „Weil du die Spatzen hier so geliebt hast, Jimmy, und Liebe ist alles. Jetzt wirst du all die Liebe bekommen, die du auf Erden hättest bekommen sollen."

Jimmy machte in der geistigen Welt schnell große Fortschritte. Er hatte fast von Anfang an hervorragende Fähigkeiten, mit uns in Verbindung zu treten. Als mein Mann Lady Caillards Hauskreis besuchte, kündigte Jimmy Sparrow an, daß er sich beim Kreis meines Mannes beim nächsten Treffen melden wolle. Der ‚tote' Junge sagte, er wolle versuchen, seine Identität zu beweisen. Als dann unsere eigene Séance abgehalten wurde, erzählten wir dem Medium vorher nichts vom Besuch meines Mannes bei Lady Caillards Kreis.

Kurz nachdem das Medium in Trance gegangen war, kam eine Jungenstimme in breitem Cockney durch die Trompete. „Jimmy", verkündete sie. „Welcher Jimmy?" fragten wir. „Mann o Mann!" kam die Antwort und damit die Bestätigung, daß der kleine Junge Wort gehalten hatte. Mit dem typischen Witz eines Gassenjungen kommentierte Jimmy das Zimmer, die Einrichtung und andere Gegenstände. Er sprach von seinen geliebten Spatzen und darüber, wie glücklich er war zu wissen, daß für sie gesorgt wurde. Schließlich sagte er: „Ick muß jetzt gehen, mir geht die Luft aus."

Am nächsten Tag meldete er sich durch Louisa Bolt und erzählte Lady Caillard, daß er das Versprechen, welches er meinem Mann gegeben hatte, gehalten hatte. Da man übrigens weder ihr noch dem Medium erzählt hatte, daß es Jimmy gelungen war, sein Versprechen zu halten, hatte er neben dem von ihm arrangierten Beweis noch einen weiteren geliefert.

Kinder, die wenig oder gar keinen Kontakt mit dieser Welt hatten, kehren manchmal zurück, damit sie den Unterschied zwischen ihrem Leben in der geistigen Welt und dem Leben auf der Erde zu schätzen lernen. Diese Erfahrung vermittelt ihnen ein Wissen davon, wie ungleich das Dasein sein kann, und bringt in ihnen die Eigenschaft der Liebe und des Mitgefühls zur Entfaltung.

In seinem Buch „The Dead Have Never Died" berichtet der amerikanische Anwalt Edward C. Randall, wie ein verwahrlostes Kind, das die Erde schon als Kleinkind verließ, wieder zurückgebracht wurde, um hier Erfahrungen zu sammeln. Ein jenseitiger Lehrer erzählte die Geschichte des ‚toten' Mädchens. „Wir unterrichteten sie, behüteten und belehrten sie mit Sorgfalt in unserer reinen Sphäre", sagte er, „bis sie zur jungen Frau heranreifte. Aber ihr fehlte der Vergleich, daher konnte sie die relative Reinheit und die Freuden ihrer Umgebung gar nicht beurteilen. Damit sie ihr Zuhause und die Herrlichkeiten unserer Welt wirklich genießen konnte, mußte sie die irdischen Verhältnisse kennenlernen." Der jenseitige Lehrer wurde daher beauftragt, das Kind von Zeit zu Zeit zur Erde zurückzubringen. Anfänglich konnte sie die rauhen, groben Bedingungen auf der Erde kaum ertragen. „Sie konnte gar nicht verstehen, wie die Menschen in solch dunklen, rauhen Elementen existieren konnten", sagte der jenseitige Gesprächspartner. „Doch als ich sie von einem Zustand zum anderen führte, den ganzen Weg, den sie gegangen wäre, wenn sie die übliche, ihr zugemessene Zeit auf der Erde geblieben wäre, sagte ich zu ihr, ‚wenn du deine Zeit auf der Erde gelebt hättest, dann wärest du auch in dem Zustand gewesen, in dem du diese Menschen jetzt siehst.' Ich sagte ihr auch, daß diese Menschen ihr grob erscheinen würden, wenn sie in die geistige Welt kämen, daß sie sich im Lauf der Zeit aber so weit entwickeln würden, daß auch sie den ihr vertrauten Zustand der Reinheit und des Friedens annehmen könnten."

Das Geistkind wurde durch die Häuser der Reichen und Gebildeten geführt, und es sah die Kinder der Armen und Ungebildeten. „Wir verweilten dort so lange", erklärte der jenseitige Gesprächspartner Edward C. Randall, „bis mein kleiner Schützling voll und ganz begriffen hatte, in welch anderer Umgebung die Kinder in der geistigen Welt lebten als die Kinder auf der Erde und wie unterschiedlich deren Zuhause, tägliches Leben und Schulbildung sein konnten. Dieses Kind hatte nie etwas anderes als Unschuld und Reinheit gekannt, und es hatte gar keine Kenntnis von den gewöhnlichen Bedingungen der Kindheit auf Erden. Es dauerte lange, ehe das Mädchen das überhaupt als Realität erkennen konnte.

Die Weihnachtszeit gehört für die Kinder in der grobstofflichen Welt für gewöhnlich zu den glücklichsten Zeiten. Die Kleinen machen oft schon Monate vorher ihre einfachen, aber für sie so wichtigen Pläne für Weihnachten. Sie bereiten sorgfältig geplante Geheimnisse und Überraschungen für ihre Eltern und Freunde vor. Ihre Aufregung wächst, je näher die Zeit der Freude herankommt. Ob Weihnachten als rein religiöses Fest gefeiert wird oder nicht, es ist für die Kinder normalerweise eine Zeit des Glücks und der Freude. Unter normalen Umständen ist Weihnachten Ferienzeit für Eltern und Kinder gleichermaßen. Es ist eine Zeit, in der die in Liebe verbundene Familie zusammenkommt, in der die Erwachsenen die geschäftlichen Sorgen und Schwierigkeiten über Bord werfen und sich die sorgenfreie Einstellung der Jugend wieder zu eigen machen, damit sie an der Feier der Kinder mit ganzem Herzen teilnehmen können. Der Weihnachtsbaum ist genauso aufregend wie das Schenken und Beschenktwerden. Freudige Erinnerungen an diese Zeit des Jahres sind gewöhnlich tief in die Herzen der Kinder eingegraben. Es sind Erinnerungen, mit denen sich elterliche Liebe und Erinnerungen an zu Hause verbinden.

In der geistigen Welt werden zwar auch fröhliche Feste für die Kleinen gefeiert, aber ist es nicht ganz verständlich, daß die Gedanken der ‚toten' Kinder in der Weihnachtszeit zu Mutter und Vater gehen? Ist es nicht ebenfalls natürlich, daß die Eltern, wenn es auf Weihnachten zugeht, mit Liebe an die kleinen Verstorbenen denken? Bei den Séancen begegnen sie sich wieder, um erneut die mit Weihnachten verbundenen Gedanken und Gefühle zu empfinden und einander Botschaften der Liebe und Zuneigung zu senden.

Zu normalen Zeiten halten Spiritualisten Weihnachtsséancen eigens für ‚tote' Kinder ab. Die Sitzungsteilnehmer sorgen im allgemeinen für einen geschmückten, über und über mit Geschenken beladenen Baum. Kommt Ihnen das töricht vor? Warum sollten wir Kindern in der geistigen Welt, die die irdischen Gaben nach der Sitzung ja ohnehin nicht mitnehmen können, Spielzeug schenken? Haben wir nicht auch nachdrücklich gesagt, daß die Kinder in der geistigen Welt alles haben, was sie zu ihrem Glück brauchen? Solche Fragen können verständlicherweise auftauchen. Ich möchte das gerne erklären. Die Kinder sind, auch wenn sie in die geistige Welt gegangen sind, noch immer Menschen. Ihr Charakter und ihre Persönlichkeit haben sich nicht geändert. Sie erleben immer noch dieselbe Freude über aufregende Überraschungen. Das ist der Grund, warum wir auf der Erde unser Bestes tun, um den Kindern ein schönes Fest zu bereiten, wenn sie zur Weihnachtszeit zu ihren Verwandten und Freunden zurückkehren. Zu diesen Weihnachtsséancen kommen auch Kinder, die sich während ihres irdischen Lebens sehr nach Spielzeug sehnten, das sie nie bekamen.

Für den Skeptiker mag es schwer sein zu glauben, daß ein ‚totes' Kind tatsächlich das ätherische Gegenstück des materiellen Spielzeugs mitnimmt, das es sich bei einer Weihnachtssitzung ausgesucht hat. In der geistigen Welt wird von dem Geschenk ein Duplikat hergestellt, an dem das Kind weiterhin seine Freude hat. Ein ätherisches bzw. astrales Gegenstück eines materiellen Gegenstandes kann man mit einer Gedankenform vergleichen, da ja in einer geistigen Welt eine Gedankenform etwas Reales und Konkretes ist. Selbst auf der Erde werden materielle Vorhaben durch den Vorgang geistiger Vorstellungen konkret geschaffen. Ja schon die Worte, die Sie gerade lesen, sind die Produkte von Gedankenformen, die in materielle Symbole umgesetzt wurden. Sie sind der materielle Ausdruck geistiger Eindrücke. Da nun materielle Gegenstände Produkte geistiger Vorstellungen sind, sollte es nicht allzu schwer sein, uns mit dem Gedanken anzufreunden, daß materielle Gegenstände auch ihre nicht-materiellen Gegenstücke haben. Ich habe an einer ganzen Reihe von Weihnachtsséancen teilgenommen, die von begabten Medien durchgeführt wurden. Bei diesen irdischen Séancen habe ich Dutzende von Kindern gehört, wie sie aufgeregt redeten und lachten, als sie sich ihr Spielzeug vom Weihnachtsbaum aussuchten. Päckchen wurden von kleinen Händen ausgepackt, Spielzeugtrompeten wurden geblasen, Kreisel gedreht, mechanisches Spielzeug in Gang gesetzt, begleitet von einem Durcheinander aufgeregter Kommentare der ‚toten' Kinder. Bei diesen Weihnachtssitzungen geht es nicht eben ruhig zu! Die Aufregung der ‚toten' Kinder ist ganz genauso groß, die Freude genauso tief empfunden, die Erregung genauso natürlich, wie es die Reaktionen von Kindern bei einem irdischen Fest normalerweise auch sind.

Nach den Sitzungen werden die Geschenke für gewöhnlich an Kinderkrankenhäuser geschickt oder an Kinder verteilt, die in nicht gerade glänzenden Verhältnissen leben. Diese mit den Geistkindern gefeierten Feste können aber noch weitere Wirkungen haben. Ein verstorbenes Mädchen namens Margaret Hambling erzählte bei einer im Stead Bureau abgehaltenen Sitzung, daß durch das Spielzeug, das sie bei einer vorausgegangenen Weihnachtssitzung geschenkt bekommen hatte, ein Band der Freundschaft geknüpft wurde zwischen ihr und einem Kind auf der Erde, das später in die geistige Welt kam. Das von Margaret ausgesuchte Spielzeug wurde nach der Sitzung einem kranken Mädchen geschickt. „Dieses Kind hatte sehr wenig, das Freude in ihr Leben brachte", sagte Margaret. „Ich fand heraus, wie sehr ich ihr helfen konnte. Ich sah, wie geduldig sie war, wo ich auf Erden immer so ungeduldig gewesen war. Dann kam sie hier herüber, und jetzt sind wir enge Freundinnen."

Ein anderes Mädchen in der geistigen Welt, das bei der gleichen Sitzung eine Puppe gewählt hatte, sagte den Sitzungsteilnehmern, daß man die Puppe einem kleinen Mädchen geben solle, das im Krankenhaus lag. Das ‚tote' Mädchen erklärte, daß das kranke Kind sie während des Schlafs in der geistigen Welt besuchen werde, wo zwischen ihnen eine engere Freundschaft entstehen werde. So macht dasselbe irdische Geschenk nicht nur ein ‚totes' und ein lebendes Kind glücklich, sondern es kann auch eine Verbindung herstellen, die für beide Kinder segensreich ist.

Kapitel XII

„Dein Knecht hört"

In altehrwürdigen Dokumenten wird von Fällen berichtet, in denen mediale Fähigkeiten bei Kindern auftreten. Im Alten Testament lesen wir, wie sich Samuel, während er als Kind in der Obhut des Priesters Eli war, eines Nachts schlafen legte, als er seinen Namen rufen hörte. „Hier bin ich", antwortete er und lief zu Eli, da er glaubte, der Priester habe ihn gerufen. „Ich habe nicht gerufen", sagte Eli, „gehe hin und lege dich schlafen." Doch ein zweites Mal rief die Stimme seinen Namen, und wieder eilte das Kind zu Eli und sagte, „Hier bin ich, denn du hast mich gerufen." Der Priester antwortete, „Ich habe nicht gerufen, mein Sohn, gehe hin und lege dich wieder schlafen."

Erst als die Stimme das Kind zum drittenmal rief, wurde offensichtlich, daß es hellhörend war. Und Elis Anweisung gehorchend, antwortete Samuel, als ihn die Stimme wieder beim Namen rief, „Rede, denn dein Knecht hört."

Damals glaubte selbst Eli, daß die Stimme direkt von Gott komme. Heute sind wir der Meinung, daß es wahrscheinlich ein hochentwickelter Geist war, der mit Samuel sprach und der in dem jungen Medium ein Instrument fand, durch das er seine Botschaften aus der Jenseitswelt an Eli geben konnte.

Der Lauf der Geschichte änderte sich, als in ihrem dreizehnten Jahr die medialen Fähigkeiten eines französichen Bauernmädchens aufbrachen. Sie ist als Jeanne d'Arc bekannt geworden. Als Jeanne im Garten ihres Vaters stand, hörte sie eine Stimme. Sie blickte in die Richtung, aus der die Stimme kam, „von rechts, von der Kirche her", wie sie später den Ort beschrieb. Dann erblickte sie ein strahlendes Geistwesen, das dem einfachen Mädchen mit freundlichen, weisheitsvollen Worten die Mission enthüllte, die es erfüllen sollte. Während der kurzen Spanne der Erdenjahre, die ihrer ersten medialen Offenbarung folgten, erfüllte die Jungfrau getreulich die ihren Führern gegebenen Versprechen. So menschlich in ihren Schwächen, so übermenschlich in ihrer geistigen Stärke und ihrem geistigen Wissen, bestieg Johanna den Scheiterhaufen, voll Zuversicht, daß ihre geistigen Ratgeber ihr während des Martyriums in den Flammen beistehen und ihre Seele nach ihrer Befreiung von den physischen Banden in Empfang nehmen würden.

Die römisch-katholische Kirche, durch die sie den ‚Tod' als reuelose Ketzerin erlitt, hat sie später rehabilitiert. Schließlich wurde sie aufgenommen unter die Heiligen „der katholischen Kirche, deren ergebene Tochter sie immer war..." – sicherlich ein ironischer Verlauf der Ereignisse.

Das ‚Wunder' von Johannas Befähigung zur Führerschaft, ihr militärisches Genie, ihre ‚übernatürlichen' Eigenschaften, ihre Prophezeiungen und all die Widersprüche in ihrem Verhalten verwirren noch heute Wissenschaftler und Theologen gleichermaßen. Nur diejenigen, denen die Gesetze des Feinstofflichen bekannt sind, kennen die Lösung des ganzen Falles. Die ‚heilige' Johanna, ein Bauernmädchen aus den Vogesen, war ein Medium – das ist alles.

Wir zollen den großen Medien der Vergangenheit Achtung. Doch übersinnliche Erscheinungen sind nicht heiliger als die medialen Phänomene unserer Zeit, nur weil sie den Stempel des Alters und der geschichtlichen Bedeutsamkeit tragen. Der Große Geist hatte keine Botschaft für die Welt von gestern, die er nicht auch der heutigen Zeit zuteil werden läßt. Diejenigen, deren Ohren offen sind, hören immer noch die Stimmen der Geister. Diejenigen, deren inneres Auge offen ist, sehen immer noch Erscheinungen. Was die Botschaften aus dem Jenseits besagen wollen, bleibt immer dasselbe, weil die geistige Wahrheit nicht widersprüchlich ist und sich nicht verändert.

Wir sind nicht in der Lage, unsere gegenwärtige Geschichte zu verurteilen oder zu bewerten, da wir ja selbst in der Gegenwart leben. Doch ich habe wenig Zweifel daran, daß sich unter der jüngeren Generation von heute jene befinden, denen es aufgrund ihrer Offenbarungen aus dem Jenseits beschieden ist, an der Gestaltung einer besseren Welt mitzuwirken. Übersinnliche Wahrnehmung ist bei Kindern keine Anomalie, sondern eine völlig natürliche Fähigkeit, die gepflegt und gefördert werden sollte. Leider werden solche Eigenschaften von unwissenden oder wenig einfühlsamen Eltern nur allzuoft mißverstanden. Glücklich das medial veranlagte Kind, dessen Eltern die Gaben, die trauernden Herzen Trost und Freude bringen werden, fördern. Aufgrund ihrer Sensibilität reagieren die meisten medialen Kinder außerordentlich empfindsam auf die Verhältnisse ihrer Umgebung. Sie leiden unsäglich, wenn man ihre übernatürlichen Fähigkeiten nicht versteht. Wenn diese Kinder von einem übersinnlichen Erlebnis erzählen, werden sie von wohlgesinnten, aber verständnislosen Verwandten oft gescholten, weil sie die Unwahrheit sagen oder „zu viel Phantasie" haben. Allmählich schämen sie sich, weil sie anders sind als die anderen, und sie hören auf, über ihre übersinnlichen Erlebnisse zu sprechen. Manchmal wird auf diese

Weise eine ganz natürliche, von Gott gegebene Fähigkeit unterdrückt, und sie verkümmert.

Wie unlogisch sind manche Eltern in ihrer Einstellung den Kindern gegenüber! Sie tun alles, daß ihre Kinder widerspruchslos an die Existenz des Weihnachtsmannes glauben. Ja, ein Vater mag sogar traurig sein, wenn sein Kind an Weihnachten erkennt, daß die Eltern und nicht der Weihnachtsmann die Geschenke bringen.

Vielen Kindern sagt man, daß sie nachts, wenn sie schlafen, von ihren Schutzengeln behütet werden. Doch angenommen ein Kind sieht wirklich seinen Schutzengel, der niemand anderer ist als sein Geistführer, dann sagt seine Mutter, wenn es von seinem medialen Erlebnis erzählt:

„Du darfst nicht solche Geschichten erfinden, mein Schatz." Zu ihrem Mann sagt sie vielleicht: „Also Ideen hat dieses Kind! Ich bin sicher, daß es nicht absichtlich die Unwahrheit sagt. Es hat nur eine so lebhafte Phantasie. Vielleicht hat es sich heute zu sehr erregt; ich gebe ihm wohl am besten etwas."

„Wie die allermeisten Kinder", schreibt Margery Lawrence, „kam ich in diese Welt mit einem sehr deutlichen Bewußtsein, was die jenseitige Welt und ihre Bewohner angeht. Doch als ich älter wurde und feststellte, daß man über die Dinge, die ich sah und hörte und die ich den Älteren in aller Unschuld erzählte, nur lachte oder daß man sie sogar als ‚Lügen' bezeichnete, lernte ich es allmählich, nichts mehr über meine Kontakte zur anderen Welt zu sagen. Und als ich noch älter wurde und mich allmählich für Dinge wie Kleider, Vergnügungen und Flirts interessierte, verschwand meine Medialität vorübergehend, wie das so oft der Fall ist."

Die Erinnerungen vieler Medien an ihre Erlebnisse in der Jugend sind oft keineswegs glücklich, vor allem weil ihre übernatürlichen Fähigkeiten von ihren Eltern nicht verstanden wurden. Estelle Roberts erlebte ihre erste übersinnliche Erscheinung, als sie acht Jahre alt war. Sie spielte mit ihrer Schwester in einem Zimmer im dritten Stock eines Hauses in Isleworth, Middlesex. Plötzlich verdunkelte sich das Fenster, als ob eine Gewitterwolke einen Schatten darauf geworfen hätte. Estelle schaute auf und erblickte am Fenster einen Ritter in schimmernder Rüstung. In der Rechten hielt er ein glänzendes Schwert, sein Visier war offen, und seine Züge waren für das erstaunte Mädchen deutlich sichtbar. Das Verblüffendste jedoch war, daß er in der Luft zu schweben schien. Aus Angst, die Erscheinung würde ihre Schwester erschrecken, rief sie: „Schau nicht hin, schau nicht hin!" Typisch Kind, richtete ihre Schwester ihre Augen sofort auf das Fenster und lief schreiend aus dem Zimmer. Die ganze übersinnliche Erscheinung verschwand so plötzlich, wie sie gekommen war. In ihrer Beschreibung dieses Vorfalls im ‚Sunday Pictorial' erklärt Estelle Roberts: „Das war das erste Mal, daß ich ein geistiges Wesen sah. Ich wußte nicht, was es war oder was es bedeutete. Doch es machte auf mein kindliches Gemüt einen solchen Eindruck, daß sich die Erinnerung an den Ritter in der schimmernden Rüstung nie auch nur für einen Augenblick verwischt oder verwirrt hat, obwohl ich seither Tausende von Geistwesen aller Art, aller Altersstufen und aller Generationen gesehen und mit ihnen gesprochen habe."

Die unmittelbare Auswirkung dieser Erscheinung war für Estelle keineswegs erfreulich. Als ihre Schwester voller Angst aus dem Zimmer lief, kam ihr Vater eilig nach oben.

Estelle erzählte ihm von der Erscheinung. Er schimpfte mit ihr, sagte, daß sie ein böses Mädchen sei und daß sie wohl eine Fledermaus gesehen habe! Inzwischen war ihre Schwester ohnmächtig geworden. Als sie wieder zu sich kam, erzählte auch sie dem Vater von dem Ritter in der Rüstung. Und auch sie wurde von ihren ungläubigen Eltern gescholten, weil sie etwas so Phantastisches behauptete.

Estelle Roberts sagt, daß dieses erste übersinnliche Erlebnis – das auch ihrer Schwester zuteil wurde – ein Anzeichen war für die Arbeit als Medium, die später all ihre Kraft in Anspruch nahm. Erst als sie in ihrem einundfünfzigsten Jahr war, sah sie die schimmernde Gestalt des Ritters wieder. Diesmal enthüllte der Besucher seine Identität. „Es ist ein Name", schreibt das Medium, „den Sie sofort erkennen würden, wenn ich ihn sagen dürfte."

In ihrer Schulzeit war Estelle weder besonders hervorragend, noch besonders dumm. Sie war durchschnittlich für ihr Alter – mit einer großen Ausnahme: Sie hörte ständig Stimmen. „Sie sprachen die ganze Zeit mit mir", schreibt sie. „Die anderen Kinder nannten mich eine Träumerin. Was wußten sie davon, daß ich, wenn ich zu abwesend schien, um von dem Notiz zu nehmen, was sie sagten, Gesprächen zuhörte, die weit faszinierender waren. Meine Eltern, gute, treue Anhänger der Kirche, unterdrückten meine medialen Neigungen. Ich mache ihnen das nicht zum Vorwurf. Sie wußten nichts über Spiritualismus, genausowenig wie ich. Sie schrieben meine Erscheinungen und Stimmen meiner Phantasie zu."

Edith Clements ist ein weiteres Medium, dessen mediale Fähigkeiten in der Kindheit von ihren Eltern nicht verstanden wurden. Ja, sie wurde sogar ärztlich behandelt, weil sie an Hellsichtigkeit ‚litt'! Niemand in der Umgebung des Kindes verstand seine medialen Kräfte. In ‚Psychic News' schreibt Edith Clements, über die medialen Manifestationen in ihrer Kindheit: „Meine Mutter erzählte manchmal ihren Freundinnen von meinem seltsamen Verhalten und von den merkwürdigen Bemerkungen über die Dinge, die ich sah. Sie kamen zu dem Schluß, daß das daran läge, daß ich ein so zartes Kind war und hielten es für das Beste, mich gewähren zu lassen.

Nachdem ihr Bruder infolge eines Unfalls gestorben war, versetzte sie ihrer Mutter einen Schrecken, als sie nachdrücklich behauptete, daß sie ihn nach seiner Beerdigung gesehen habe. Das Medium beschreibt die Ereignisse unmittelbar nach dem Unfall so: „Frühmorgens, als alle noch fest schliefen, kam ein Polizist zu uns. Sein lautes Klopfen weckte mich, und ich erschreckte meine Eltern ziemlich dadurch, daß ich – obwohl die Fenster unserer Schlafzimmer nach hinten gingen – ausrief, daß ein Polizist an die Tür klopfe und daß meinem Bruder Harry etwas zugestoßen sei. Mein Vater stellte fest, daß das richtig war, als er den Polizeibeamten befragte, der meinen Eltern riet, zu meinem Bruder ins Krankenhaus zu fahren.

Mehrere Wochen vergingen, und meine arme Mutter erholte sich allmählich von dem tragischen Tod meines Bruders, als ich ihn plötzlich vor mir sah, genau so wie er vor seinem ‚Tod' ausgesehen hatte. Die Erscheinung erschreckte mich zutiefst, und ich warf mich schreiend in die Arme meiner Mutter und rief, wir müßten den Falschen begraben haben. ‚Harry ist nicht tot', sagte ich, ‚denn ich habe ihn gesehen!'"

Zutiefst beunruhigt über das Verhalten des Kindes brachte

die Mutter Edith sofort zum Arzt. Der armen Kleinen wurde prompt Bettruhe in einem abgedunkelten Zimmer verordnet, und eine Flasche mit Beruhigungstropfen wurde verschrieben.

Die Kindheitserlebnisse eines anderen bekannten Mediums waren glücklicher als die von Edith Clements. Grace Cooke konnte hellsehen, als sie sieben Jahre alt war, doch sie gehörte zu einer Familie von Spiritualisten, die ihre Gaben verstanden und in der Lage waren, ihr bei deren Entwicklung zu helfen. Das kleine Mädchen war überhaupt nicht beunruhigt, als sie zum ersten Mal einen ‚toten' Menschen sah, denn ihr Vater hatte ihr oft von ihrer Mutter in der geistigen Welt erzählt. Grace fand es vollkommen normal und natürlich, daß sie die Verstorbenen sah. Ihre aufkeimende Medialität wurde gepflegt und gefördert, und als sie 13 war, wurde sie von einem Kontrollgeist, einem afrikanischen Mädchen namens Lulla, in Trance versetzt. Lulla meldet sich immer noch und hilft dem Medium bei ihrer Hellsichtigkeit.

Ein weiteres Medium, T. E. Austin, begann im Alter von vier Jahren mit jemandem zu sprechen, den die übrige Familie nicht sehen konnte. Als ihn seine Mutter bat, seinen unsichtbaren Freund zu beschreiben, gab er eine genaue Beschreibung seines Bruders, der noch vor Austins Geburt gestorben war. Dem medial veranlagten Kind hatte man nie etwas von diesem Bruder erzählt, von dem auch keine Fotografie existierte. Im „North Mail and Newcastle Chronicle" schrieb eine Leserin, daß ihr Enkel, ein Kind von fünf Jahren, hellsichtig seinen Urgroßvater wahrnahm, der viele Jahre vor der Geburt des Jungen gestorben war. Die Leserin erzählt, wie ihr Enkel, der bei ihr auf Besuch war, gerade zu Bett gebracht worden war, als er plötzlich aufsprang und auf eine Fotografie ihres Vaters deutete, die im Zimmer hing. „Schau mal den Mann an, Großmama", sagte er. „Nachdem du gestern abend hinuntergegangen warst, kam er und erzählte mir, daß du seine kleine Tochter bist." Da sie dachte, die Phantasie gehe mit dem Kind durch, fragte sie ihn, ob der Mann so groß gewesen sei wie auf dem Foto — etwa 20 cm. „Aber nein", antwortete der kleine Junge, „er war sehr groß." Die Leserin erklärt: „Mein Vater war 1,85 m groß und starb 35 Jahre, bevor der Vater dieses Kindes geboren wurde."

Medialität ist oft erblich. Ein Schiffsoffizier, der unter dem Pseudonym ‚Jazon' schreibt, erzählt in „Psychic News" von der Hellsichtigkeit seines Sohnes, die bereits einsetzte, als er noch ganz klein war. „Der kleine Jazon", schreibt der Offizier, „spielte im Alter von zwei Jahren eines Tages auf dem Kaminvorleger in meinem Haus in Barry. Von dem Platz, an dem er saß, konnte er die Straße nicht sehen. Meine Schwiegermutter Antoinette, eine bekannte südwalisische Hellseherin, saß im selben Zimmer und nähte, sonst war zu der Zeit niemand da.

Plötzlich schaute das Kind von seinem Spiel auf und sagte: „Mann." Seine Großmutter fragte: „Wo?" und der Kleine deutete in eine Ecke des Zimmers beim Kamin. Seine hellsichtige Großmutter sah die Geistgestalt ihres eigenen Führers. Er stand da und lächelte die beiden Medien, das Kind und die Großmutter, an.

Einige Minuten später rief das Kind: „Noch'n Mann" und zeigte in eine andere Richtung. Wieder nahm seine Großmutter hellsehend die Gestalt eines massigen Indianers wahr mit Federkopfschmuck und voller Ausrüstung. Die große Gestalt erschreckte das Kind, das schutzsuchend zu seiner Großmutter lief.

Einige Wochen später kam der Vater des Jungen nach Hause. Eines Morgens zog das Kind in Gegenwart seines Vaters eine große Enzyklopädie aus dem Bücherschrank und begann, die Bilder anzuschauen. „Plötzlich", schreibt Jazon, „kam er zu mir gestolpert, das große aufgeschlagene Buch so schwer, daß er es kaum tragen konnte. Er zeigte auf ein Bild und sagte: ‚Federmann'. Er war auf einen großen Buntdruck gestoßen, auf dem drei Sioux-Indianer mit ihrem Federkopfschmuck zu sehen waren. Sofort hatte er die Ähnlichkeit mit dem Indiander gesehen, den er einige Wochen vorher hellsichtig wahrgenommen hatte."

Können jene oberflächlichen Skeptiker, die nur allzu bereit sind, als einzige Erklärung der Hellsichtigkeit „Fälschung" und „Betrug" zu schreien, das auch zur Erklärung dieser Episode vorbringen? Könnten sie ihre eigenen unschuldigen Kinder solch betrügerischer Frühreife beschuldigen, die es ermöglichen würde, daß ein Zweijähriger solch einen Betrug in Szene setzt? Es ist unvorstellbar und völlig absurd zu glauben, daß ein so kleines Kind solch eine Täuschung planen könnte und daß es das, was es zunächst getan hat, damit untermauert, daß es vorgibt, ein Bild zu finden, auf dem etwas abgebildet ist, das mit der Gestalt, die es vorher offenbar in Schrecken versetzt hatte, übereinstimmt. Vielmehr ist es vernünftiger, die natürliche und einfachste Erklärung zu wählen, nämlich, daß das Kind tatsächlich Geistgestalten sah. „Ich habe die Stimme gehört", sagte der junge Samuel. „Ich habe den Indianer gesehen", sagte der kleine Jazon eigentlich, als er auf das Bild deutete.

In seinem schon klassischen Werk „Human Personality

And Its Survival Of Bodily Death" berichtet F.W. H. Myers die rührende Geschichte eines Kindes, das nach dem ‚Tod' seines kleinen Bruders ständig davon sprach, daß das Baby anwesend war. Die Mutter berichtet, daß Ray, ihr zweieinhalbjähriges Söhnchen völlig gesund war, als das Baby im Alter von acht Monaten ‚starb'. Doch jeden Tag nach dem Hinübergehen des Babys sagte dieser kleine Junge, der ja selbst kaum mehr als ein Baby war: „Mama, das Baby ruft Ray." Oft kam er mitten aus dem Spiel angerannt und sagte immer wieder: „Mama, das Baby ruft die ganze Zeit nach Ray." Manchmal weckte er sie auf und sagte: „Das Baby möchte, daß Ray dort hinkommt, wo es ist. Du darfst nicht weinen, wenn Ray geht, Mama, du darfst nicht weinen, denn das Baby will Ray bei sich haben."

„Eines Tages", erzählt die Mutter, „war ich gerade dabei das Wohnzimmer zu fegen, als er, so schnell ihn seine Beinchen trugen, durch das Eßzimmer, in dem der hohe Kinderstuhl des Babys stand (den Ray jetzt benützte), angelaufen kam. Nie habe ich ihn so aufgeregt gesehen, und er packte mich am Kleid und zog mich zur Eßzimmertür, stieß sie auf und sagte: ‚Mama, Mama, komm schnell. Das Baby sitzt in seinem Stuhl.'" Seine Mutter folgte ihm ins Zimmer, doch sobald Ray die Tür öffnete, sagte er: „Ach Mama, warum hast du dich nicht beeilt? Jetzt ist er fort. Er hat Ray, als er am Stuhl vorbeilief, angelacht, er hat Ray so lieb angelacht: Ray geht zum Baby, aber du darfst nicht weinen, Mama."

Bald darauf wurde Ray sehr krank. Weder Pflege noch Arzneien konnten helfen. Er ‚starb' zwei Monate und sieben Tage nach dem Hinübergang seines kleinen Bruders.

Kapitel XIII

Die Gaben des Geistes

Durch die Medialität eines schüchternen etwa dreizehnjährigen Mädchens wurde Abraham Lincoln darin bestärkt, 1863 seine berühmte Proklamation zur Befreiung der Sklaven zu erlassen. Das junge Medium, das dazu beitrug, daß sich in der Neuen Welt der Lauf der Geschichte änderte, hieß Nettie Colburn.

Lincoln hat nie öffentlich erklärt, daß er ein Spiritualist sei, doch er hat diese Tatsache auch nie geleugnet. Nach seiner Wahl zum Präsidenten wurde in einer amerikanischen Zeitung ein Artikel veröffentlicht, in dem behauptet wurde, Abraham Lincoln sei ein Spiritualist. Die Information beruhte auf Aussagen eines bekannten New Yorker Mediums namens H. B. Conkling, das behauptete, der Präsident habe zahlreiche Sitzungen mit ihm gehabt. Als der Zeitungsartikel dem Präsidenten zur Kenntnis gebracht wurde in der Hoffnung, er werde den Behauptungen entgegentreten, antwortete er nur: „Die einzige Unwahrheit besteht darin, daß die Hälfte nicht erzählt worden ist. Dieser Artikel berichtet nicht auch nur ansatzweise über die wunderbaren Dinge, deren Zeuge ich gewesen bin."

Nettie Colburn, die schon von frühester Jugend an medial war, gab ihre erste Sitzung mit Abraham Lincoln im Weißen Haus. Sie erinnert sich daran in dem Buch „Was Lincoln a Spiritualist?", das sie in späteren Jahren, nachdem sie Mrs. Maynard geworden war, schrieb. Darin erzählt sie, wie schüchtern und gehemmt sie war, als sie dem Präsidenten im

Weißen Haus vorgestellt wurde, bis er sie durch sein freundliches Wesen von ihrer Verlegenheit befreite. Er befragte sie über ihre Medialität und sagte, er habe schon viel Gutes über ihre medialen Fähigkeiten gehört.

„Noch während er sprach", sagt das Medium, „verlor ich alles Bewußtsein für meine Umgebung und geriet in Trance. Mehr als eine Stunde sprach man durch mich zu ihm, und von meinen Freunden erfuhr ich später, daß es um Dinge ging, die er offenbar voll und ganz verstand, während sie nur sehr wenig begriffen, bis man zu dem Teil gelangte, in dem es um die bevorstehende Proklamation zur Sklavenbefreiung ging.

Er wurde mit größtem Ernst und Nachdruck angewiesen, die Veröffentlichung nicht zu verzögern und ihre Durchsetzung als Gesetz nicht über den Jahresanfang hinaus zu verschieben. Man versicherte ihm, daß dies die Krönung seiner Regierungszeit und seines Lebens sei. Auch wenn ihm einflußreiche Gruppierungen dazu rieten, die Durchsetzung aufzuschieben in der Hoffnung, die Proklamation durch andere Maßnahmen zu ersetzen und ein Handeln zu verzögern, dürfe er einen solchen Rat in keiner Weise beachten, sondern müsse an seinen Überzeugungen festhalten und furchtlos das Werk vollenden und die Mission erfüllen, für die ihn eine allmächtige Vorsehung erzogen habe. Die Anwesenden erklärten, daß das schüchterne Mädchen ganz zu verschwinden schien bei diesen majestätischen Worten, der kraftvollen Sprache und der Bedeutsamkeit des Gesagten, und es schien ihnen, daß ein mächtiger männlicher Geist fast wie auf göttlichen Befehl spreche. Als das junge Medium aus der Trance erwachte, stand es vor dem Präsidenten. Dieser saß in seinen Stuhl zurückgelehnt mit verschränkten Armen und betrachtete sie aufmerksam. Nettie erfüllte diese Situation mit kindlicher Verwirrung, und sie konnte sich nicht gleich an die Umstände erinnern, in denen sie sich jetzt befand. Während sie dann wieder ganz zu sich kam, hörte sie einen der Anwesenden zu Lincoln sagen: „Herr Präsident, ist Ihnen an der Art der Rede nicht etwas aufgefallen?" Der Blick des Präsidenten ging schnell zu einem Bild hin, das Danial Webster, einen ehemaligen Innenminister, in voller Größe zeigte. „Ja", antwortete er, „und das ist ganz, ganz außergewöhnlich!"

Ein anderer der Anwesenden, ein Mr. Somes, fragte: „Herr Präsident, wäre es unziemlich, wenn ich fragte, ob Sie in irgendeiner Weise unter Druck gesetzt wurden, die Durchsetzung der Proklamation zu verschieben?" Lincoln antwortete: „Unter den gegebenen Umständen ist diese Frage vollkommen in Ordnung, da wir ja alle Freunde sind. Es bedarf meines ganzen Mutes und all meiner Kraft, einem solchen Druck zu widerstehen."

„Zuletzt", schreibt das Medium, „wandte er sich zu mir, legte seine Hand auf meinen Kopf und sagte die folgenden Worte in einer Art und Weise, die ich nie vergessen werde: ‚Mein Kind, du besitzt eine ganz außergewöhnliche Gabe, doch ich zweifle nicht daran, daß sie von Gott kommt. Ich danke dir, daß du heute abend hierhergekommen bist. Das ist von größerer Bedeutung, als vielleicht irgendeiner der Anwesenden begreifen kann.'"

Kurz nach seiner ersten Sitzung mit Nettie Colburn schaffte Präsident Lincoln mit seiner berühmten Proklamation die Sklaverei ab – eine Tat, die die Menschen körperlich ebenso wie in ihrem Denken aus dem engen Gefängnis von Unwissenheit und Vorurteil befreite.

Lincoln hatte noch viele weitere Sitzungen mit dem jungen Medium, das von der geistigen Welt benutzt wurde, um ihm Mut zu geben, seine Sache trotz starker Opposition zielstrebig zu verfolgen. Bei einer Gelegenheit meldete sich durch sie der Geist eines Dr. Bamford, der dem Präsidenten riet, während des Bürgerkriegs die Front zu besuchen. Der ‚Tote' wies darauf hin, daß an der Front, wo General Hooker vor kurzem das Kommando übernommen hatte, sehr gefährliche Zustände herrschten. Er behauptete, die Armee sei völlig demoralisiert, die Männer weigerten sich, Befehle zu befolgen und ihre Pflicht zu tun. Es drohe ein allgemeiner Rückzug. Die von Bamford beschriebene Situation war für alle Sitzungsteilnehmer eine große Überraschung außer für den Präsidenten, an den die ernsten Worte gerichtet waren.

„Sie scheinen die Situation zu erfassen", sagte Lincoln, „können Sie auch ein Mittel nennen?"

„Ja", antwortete Bamford, „wenn Sie den Mut haben, es anzuwenden." „Stellen Sie mich auf die Probe", antwortete der Präsident mit einem Lächeln.

Der Geist erklärte, daß das Mittel ganz einfach sei. „Es ist so einfach", sagte er, „daß es Ihnen vielleicht nicht ausreichend erscheint, mit einer Situation fertig zu werden, die sich als außerordentlich schwierig zu erweisen droht. Das Mittel liegt in Ihnen selbst. Gehen Sie selbst an die Front, nehmen Sie Ihre Frau und Ihre Kinder mit, verzichten Sie auf alle amtliche Würde und jegliche Zurschaustellung.

Geben Sie den eindringlichen Bitten von Beamten, die Sie begleiten wollen, nicht nach und nehmen Sie nur so viele Begleiter mit wie absolut nötig. Gehen Sie nicht zu den hochrangigen Offizieren, sondern suchen Sie die Zelte der einfachen Soldaten auf. Gehen Sie ihren Klagen auf den Grund, zeigen

Sie sich als das, was Sie sind, als ‚der Vater Ihres Volkes'. Geben Sie ihnen das Gefühl, daß Sie sich für ihre Leiden interessieren und daß Sie um die vielen schweren Prüfungen wissen, die sie auf ihrem Marsch durch die schrecklichen Sümpfe zu bestehen hatten, wodurch nicht nur ihr Mut, sondern auch ihre Zahl sank."

Abraham Lincoln antwortete ruhig: „Wenn das hilft, dann ist es leicht getan." Der Geist antwortete, daß dem Unternehmen Erfolg beschieden sei. „Es wird die Soldaten untereinander einen," versicherte er. „Es wird sie mit stählernen Banden an Sie binden. Und jetzt, wenn Sie ein ernstes, wenn nicht sogar tödliches Desaster für Ihre Sache abwenden wollen, lassen Sie die Nachricht sofort bekanntgeben und sie im ganzen Lager der Potomac-Armee verbreiten. Damit wird die Insubordination aufhören, und die Soldaten werden in Schach gehalten, denn damit werden sie abgelenkt, und sie werden abwarten, was Ihr Kommen für sie zu bedeuten hat."

Abraham Lincoln sagte sofort: „Das soll getan werden."

In dem folgenden Gespräch sagte der Geist zu Lincoln, daß er wieder als Präsident nominiert und auch gewählt werden würde. Abraham Lincoln lächelte traurig: „Das ist wohl kaum eine begehrenswerte Ehre, es sei denn, man sähe es als seine Pflicht an, diese Ehre anzunehmen."

Als ihn nach der Séance einer der Teilnehmer fragte, ob die Zustände wirklich so schlimm seien, wie sie von dem Geist beschrieben worden waren, antwortete der Präsident: „Man kann sie sich gar nicht schlimm genug vorstellen, doch ich bitte alle Anwesenden, so gütig zu sein und nicht über diese Dinge zu sprechen." Dann fuhr er fort, er habe Nachrichten von der Front erhalten, die die Zustände ziemlich so schilderten, wie der ‚Tote' sie beschrieben hatte. „Wir waren gerade dabei, eine Kabinettsitzung zu diesem Thema abzuhalten", sagte er, „als mich irgend etwas, ich weiß nicht was, veranlaßte, den Raum zu verlassen und herunterzukommen, wo ich meiner Frau begegnete, die gerade auf dem Weg hierher war. Ich hatte das Gefühl, es könne nützlich sein, wenn ich auch käme, doch ich wußte nicht weshalb." Während er das sagte, lehnte er sich mit gesenktem Kopf nach vorn. Dann blickte er plötzlich auf und sagte: „Die Lage dort unten ist sehr ernst, und vielleicht ist das einfachste Mittel das beste. Ich habe oft im Leben festgestellt, daß kleine Dinge manchmal größeres Gewicht haben als große."

Und so handelte Abraham Lincoln wieder einmal unverzüglich aufgrund des weisen Rates aus der geistigen Welt, der durch ein junges, unerfahrenes Mädchen in Trance gegeben worden war. Er besuchte die Potomac-Armee, wo er mit großer Begeisterung empfangen wurde, wie der Geist es prophezeit hatte. Die Lage war gerettet.

In Ihrem Buch erinnert sich das Medium an ihr letztes Gespräch mit Abraham Lincoln. Er sprach davon, daß er durch Medien vor einem Anschlag auf sein Leben gewarnt werde. Es fiel ihm schwer, diese Warnungen zu akzeptieren, und er sagte zu Nettie Colburn, daß er nicht glaube, daß es ein Messer oder eine Kugel gebe, die ihn erreichen könne. „Außerdem", fuhr er fort, „will mir niemand etwas zuleide tun."

Bei diesen Worten wurde das Mädchen von einer unerklärlichen Traurigkeit ergriffen, und es antwortete: „Darin eben liegt die Gefahr, Herr Präsident – in Ihrem allzugroßen Vertrauen gegenüber Ihren Mitmenschen."

Melancholie überschattete seine Züge, als er ruhig erwiderte: „Nun, Miss Nettie, ich werde leben, bis mein Werk vollendet ist, und keine Macht auf Erden kann das verhindern. Und danach spielt es keine Rolle mehr, solange ich bereit bin – und das will ich immer sein."

Einige Wochen später wurde der Präsident ermordet. Sein Werk auf Erden war vollendet, doch in der geistigen Welt „His soul goes marching on..." schreitet seine Seele voran wie die eines anderen berühmten amerikanischen Gegners der Sklaverei.

Seit seinem Übergang ist Abraham Lincoln viele Male zur Erde zurückgekehrt, indem er dieselben Kanäle geistiger Kommunikation verwendete, die er selbst auf Erden so oft benutzt hatte. Durch verschiedene Medien hat er sein fortgesetztes Interesse an seinen Mitmenschen bekundet, für deren größeres Wohlergehen er zu seinen Lebzeiten so unermüdlich gewirkt hatte. Ehe Hannen Swaffer sich zu einem seiner Besuche in Amerika aufmachte, sprach Abraham Lincoln zu ihm in unserem Hauskreis. „Ich gehörte zu denen", sagte er, „die diese Wahrheit erkannten, die sich aus politischen Konflikten zurückziehen konnten, um in den Stunden der Qual und des inneren Kampfes geistige Führung zu erhalten. Ich habe die Sklaven befreit. Auch Sie tragen dazu bei, die Sklaverei zu beenden. Mir leisteten alle reaktionären Kräfte Widerstand, die nicht verstehen konnten, daß Unrecht Unrecht war, ganz gleich, wie lange man es unterstützt hatte... Alles, was der Freiheit im Wege steht, muß beseitigt werden."

Auf einer Séance in Amerika drückte Lincoln sein Bild auf einer Fotografie ab, die am Jahrestag seines Geburtstags medial aufgenommen wurde. Bei derselben Séance ergriff er von einem Medium Besitz, durch das er seine vorher in

England an Hannen Swaffer gegebene Botschaft bestätigte. Lincoln ging erst aus dem Medium heraus, nachdem er seine begeisternde Rede gehalten hatte, die auch schriftlich festgehalten wurde.

Die mediale Laufbahn von Cora Tappan, einer der größten Trance-Rednerinnen in der Geschichte des Spiritualismus, begann im Alter von 11 Jahren, als sie ganz unerwartet in Trance fiel.

Man möchte meinen, daß die Jenseitswelt entschlossen war, den modernen Spiritualismus mit Hilfe von Kindern zu begründen. Coras Medialität entwickelte sich, kurz nachdem die Schwestern Fox ihre Fähigkeit, mit den ‚Toten' in Verbindung zu treten, entdeckt hatten.

Eines Tages saß Cora zu Hause in Wisconsin, USA, in einer Gartenlaube und schrieb auf ihre Schiefertafel einen Aufsatz für die Schule, als sie plötzlich in Trance fiel. Als sie wieder zu sich kam, entdeckte sie, daß ihre Tafel ganz mit einer unbekannten Handschrift bedeckt war.

Es war ein Brief, der mit „Meine liebe Schwester," begann. Das Kind lief zu seiner Mutter mit der Tafel und erklärte: „Jemand hat meine ganze Tafel vollgeschrieben, während ich geschlafen habe." Die Mutter las die Botschaft. Es war eine Nachricht von ihrer Schwester, die hinübergegangen war, als sie beide noch Kinder waren. Der Brief schilderte Szenen aus ihrer Kindheit und endete mit der Unterschrift der Schwester. Coras Mutter war tief bewegt von dieser Nachricht. Sie behielt die Tafel, sprach mit ihrer Tochter jedoch nicht weiter darüber, die den Vorfall, typisch Kind, auch bald vergaß.

Doch einige Tage später fiel Cora, während sie neben ihrer Mutter saß, wieder in Trance. Zunächst dachte die Mutter, das Mädchen sei ohnmächtig geworden, und versuchte, sie durch alle möglichen Maßnahmen wieder zu sich zu bringen – ohne Erfolg. Dann sah sie, daß sich Coras Hand bewegte, und sie dachte an die vorhergegangene Botschaft. Sie holte eine Tafel und gab dem in Trance befindlichen Mädchen einen Griffel in die Hand. Schon bald las die Mutter: „Wir sind die Geister deiner hinübergegangenen Freunde. Wir werden deinem Kind nicht schaden, doch durch Cora haben wir eine Methode gefunden, uns mit der Erde in Verbindung zu setzen."

Dieser Vorfall war der Anfang von Coras medialer Tätigkeit. Es entwickelte sich bei ihr Hellsichtigkeit und die Fähigkeit, in Trance zu sprechen und medial zu heilen. Vier Jahre lang ergriff ein ‚toter' deutscher Arzt von Cora Besitz. Durch den Mund des sich in Trance befindenden Kindes, das keine andere Sprache außer seine eigene beherrschte, sprach der Geist in seiner Muttersprache, außerdem in Französich und Italienisch. Man stellte fest, daß der ‚tote' Doktor auf jedem Gebiet der medizinischen Wissenschaft bewandert war. Von ihrem Heimatdorf Lake Mills aus besuchte Cora die Kranken, die die Hilfe ihres Geistarztes in Anspruch nehmen wollten. Indem der Arzt vollständig von dem jungen Medium Besitz ergriff, untersuchte er seine Patienten, verschrieb Arzneien für ihre Beschwerden und heilte sie oft durch magnetische Striche.

Ein Zimmermann, der in dem Dorf lebte, verletzte sich eines Tages an seinem Finger, der schnell anschwoll und sich stark entzündete. Nachdem er mehrere Tage entsetzliche Schmerzen gelitten hatte, schnitt sein Arzt den Finger bis zum ersten Glied auf. Gangrän entwickelte sich, und der Zimmermann flehte seine Frau an, nach Cora zu schicken.

Seine Bitte wurde nicht erfüllt, denn seine Frau glaubte, Spiritualismus sei etwas Unheiliges. Auch der Arzt weigerte sich, auf solch einen Vorschlag einzugehen. Dennoch wurde das junge Medium eines Nachts von dem ‚toten' Arzt aufgeweckt, der es veranlaßte, auch seinen Vater zu wecken und ihn zu bitten, mit ihm zum Haus des Zimmermanns zu gehen. Zusammen gingen sie zu dem Mann, den sie in allergrößten Schmerzen antrafen. Sein eigener Arzt saß bei ihm und war nicht in der Lage, die Schmerzen zu lindern, die seit drei Wochen immer schlimmer geworden waren. Cora, von der der ‚tote' Arzt inzwischen voll und ganz Besitz ergriffen hatte, bat den irdischen Arzt um seine Instrumententasche. Diese Bitte lehnte der Besitzer rundweg ab und eilte aus dem Haus mit den Worten, daß er nicht dafür verantwortlich sei, wenn sein Patient ‚sterbe'. Doch vergaß er seine Instrumente. Das Mädchen in Trance entfernte den Verband von der Hand und dem Arm des Kranken. Dann begann sie, nachdem sie ein für die Operation geeignetes Instrument ausgewählt hatte, die Gangrän von dem Finger des Patienten zu entfernen. Nachdem die Wunde vollständig und fachmännisch behandelt worden war, wurden Hand und Arm wieder verbunden. Einige magnetische Striche wurden gemacht, und ehe das Medium das Haus verließ, schlief der Patient friedlich.

Zwei Wochen lang besuchte das Medium den Zimmermann täglich. Danach ging es ihm besser. Er konnte seine Hand wieder gebrauchen, nur das Glied des Fingers blieb etwas steif.

Wenn auch die übersinnlichen Vorfälle, die sich in Gegenwart der beiden Schwestern Fox ereignet hatten, einige Jahre zuvor eine gewisse Sensation hervorgerufen hatten, so war das Sprechen in Trance immer noch unbekannt. Cora war das erste Medium, das diese mediale Fähigkeit praktizierte. Zunächst erkannte man nicht, wie wichtig es war, diese Seite ihrer Medialität zu entwickeln, die es den ‚Toten' erlaubte, ihr Überleben zu beweisen, indem sie durch den Mund eines lebenden Instruments sprachen. Cora Tappan, ein einfaches Kind, das in ländlicher Umgebung aufgewachsen war, sollte nur wenige Jahre, nachdem man ihre Gabe, in Trance zu sprechen, entdeckt hatte, ein ungeheuer großes Publikum in New York immer wieder durch ihre eloquenten Reden aus dem Stegreif in Verwirrung versetzen. Im Alter von 16 war das jetzt berühmte junge Medium bereits durch die ganzen Vereinigten Staaten gereist und hatte vor Wissenschaftlern und Theologen gelehrte Vorträge gehalten. Cora konnte unter dem Einfluß von Geistern ohne vorherige Vorbereitung die kompliziertesten und verwickeltsten Fragen zu Themen der Geschichte, der Wissenschaft, der Moral und der Religionsethik beantworten.

Lewis Carrol hat für seine „Alice im Wunderland" keine merkwürdigeren Abenteuer erfunden als die, die Alice Bell Kirby aus Louisiana tatsächlich widerfuhren. Dieses 13 Jahre alte Medium wurde über Nacht zur Sensation, als die physischen Phänomene, die sich in ihrer Gegenwart zeigten, der Öffentlichkeit durch amerikanische Zeitungen und Radioberichte bekannt wurden. Die bloße Anwesenheit des Mädchens in einem Zimmer reichte aus, daß Tische sich von selbst bewegten und ein Klavier über den Boden glitt. Das junge Medium und andere Séanceteilnehmer schwebten in der Luft. In ihrer Gegenwart vibrierte häufig das ganze Zimmer und die Möbel krachten.

Eric E. Montgomery, ein Spiritualist, der die physischen

Phänomene, die das Mädchen hervorrief, von Anfang an untersuchte, gab im „Journal of the American Society for Psychical Research" einen Bericht über eine verblüffende Séance, bei der ein Tisch bei hellem Tage im Freien in der Luft schwebte. Alice demonstrierte ihre medialen Fähigkeiten bei sich zu Hause vor sieben Personen, als der Tisch, den sie benutzte, auf eine Terrasse „ging beziehungsweise hüpfte" und sich dann die Treppen hinunter und über den Rasen hinter dem Haus bewegte. Von dort schwebte er 1800 m quer über eine Wiese auf eine Scheune zu und über eine Auffahrt in den oberen Stock der Scheune hinauf.

Bei einer späteren Sitzung, an der Montgomery teilnahm, wurden Alice Bell Kirby von einem Mann, der ihr zwölf schriftliche Fragen vorlegte, die Augen verbunden. Das junge Mädchen schrieb die Fragen ab und beantwortete sie richtig. Sie nannte das richtige Alter des Fragestellers und die Zahl seiner Kinder. Sie gab richtig an, wie viele Jungen und Mädchen es waren, und nannte das jeweilige Alter. Außerdem nannte sie die Zahl der Geschwister seiner Frau und das jeweilige Alter. Sie sagte ihm, wie viele davon noch lebten und wie viele schon hinübergegangen waren. Dann wurden alle anderen Sitzungsteilnehmer aufgefordert, das Zimmer zu verlassen. Mit Alice allein, hielt der Fragesteller das Mädchen bei den Händen, während es durch übersinnliche Kraft in die Luft gehoben und auf einen Tisch gesetzt wurde.

Nachdem dieser Fragesteller die Séance verlassen hatte, glitt der Tisch im weiteren Verlauf der Sitzung quer über den Boden auf eine der Wände zu. Dann hob er sich in die Luft außer Reichweite der Anwesenden. Von derselben übersinnlichen Kraft beherrscht, schien er zunächst zu schweben und wurde dann quer durch den Raum zurückgezogen, ehe er sich wieder zu Boden senkte.

In einer Ecke stand ein Möbelstück, auf dem kleine Gegenstände lagen. Viele davon landeten auf dem Schoß der Sitzungsteilnehmer. Während dieses Vorgangs war Montgomery etwas bekümmert, weil er nichts bekommen hatte. Im nächsten Augenblick stieß etwas gegen seine Hände auf dem Tisch: Es war die größte Vase im Zimmer!

In dem Wunsch, das Medium zu testen, nahm ein anderer Sitzungsteilnehmer Montgomerys Taschenuhr. Er verstellte die Zeiger, legte die Uhr auf den Tisch und bat die unsichtbaren Kräfte, sie aufzuziehen und wieder richtig zu stellen. Alle Sitzungsteilnehmer reichten sich die Hände. Sie hörten, wie die Uhr aufgezogen wurde, und stellten anschließend fest, daß sie wieder richtig gestellt war.

Bei einer anderen Sitzung, bei der acht Frauen anwesend waren, forderte eine Geisterstimme diese auf, ihre Ringe abzuziehen und sie alle zusammen auf den Tisch zu legen. Dann wurde das Licht gelöscht, doch im Dunkeln wurde jeder Ring der richtigen Besitzerin an die Hand gesteckt.

Es wurden viele Fälle veröffentlicht, bei denen in Anwesenheit junger Menschen in der Pubertät Phänomene auftraten, bei denen Möbel verrückt wurden und Geschirr zerbrach. Die in diesem Lebensabschnitt eines Kindes gestörten medialen Kräfte ziehen manchmal nicht sehr hoch entwickelte geistige Wesenheiten an, die gern Streiche spielen und die für diese Unannehmlichkeiten, die so manchen Kummer bereiten, verantwortlich sind. Manchmal bittet man dann ein erfahrenes Medium um Unterstützung, um diese Störungen zu beseitigen. Für gewöhnlich hören sie dann auch durch die Hilfe der geistigen Führer des Mediums auf.

Im Viktorianischen Zeitalter, als der Materialismus noch mehr vorherrschte, war Florence Cook, ein fünfzehnjähriges Mädchen, das erste Medium, das mit seiner außerordentlichen Medialität den angesehenen Wissenschaftler Sir William Crookes davon überzeugte, daß das Weiterleben nach dem Tod unter streng wissenschaftlichen Bedingungen bewiesen werden könne. Auch wenn viele seiner Kollegen seine Ansichten über den Spiritualismus nicht teilten, wurde Sir William doch, auch nachdem er freimütig über seine Überzeugungen berichtet hatte, weiterhin mit Ehren und Auszeichnungen überschüttet. Während seines langen Lebens wich er nie von seinen Behauptungen über die Kommunikation mit Geistern ab. Nie hielt er mit seinem Wissen zurück, welches er über mediale Wege erfahren hatte. 1898 erhielt Sir William die größte Auszeichnung, die einem Wissenschaftler zuteil werden kann. Er wurde nämlich zum Präsidenten der ‚British Association for the Advancement of Science' gewählt, eine Position, die er drei Jahre innehatte. Später wurde er Präsident der Royal Society (Königliche Vereinigung zur Förderung der Wissenschaften).

Als sich Florence Cook zum erstenmal an den Wissenschaftler wandte und ihn bat, ihre medialen Kräfte zu testen, wußte dieses junge Mädchen wohl noch nicht, daß sie eines der berühmtesten Materialisationsmedien der Welt werden sollte. Daß die wissenschaftlichen Tests so erfolgreich verliefen, war zum größten Teil auf die außerordentlich gute Zusammenarbeit zwischen dem Medium, ihrer Geistführerin Katie King und Crookes zurückzuführen.

Die von Sir William durchgeführten Experimente zum Nachweis der eigenständigen Individualität von Katie King waren zahlreich und vielfältig. Manchmal materialisierte sie sich in voller Größe im grellen Schein elektrischer Beleuchtung und zeigte sich als eine schöne junge Frau, die vorübergehend die Gestalt eines irdischen Wesens aus Fleisch und Blut angenommen hatte.

Florence Cooks Medialität war so groß, daß helles Licht die Phänomene nicht auflöste. Bei elektrischem Licht machte Crookes 44 Aufnahmen von dem materialisierten Mädchen. Für dieses Experiment wurden fünf komplette Fotoapparaturen verwendet. Diese Kameras von unterschiedlicher Größe und Struktur wurden alle zur gleichen Zeit bedient, aber von verschiedenen Blickwinkeln aus. Eine der erstaunlichsten Aufnahmen von Geistwesen, die es gibt, zeigt Sir William Crookes, den irdischen Naturwissenschaftler, Arm in Arm mit dem ‚toten' Mädchen Katie King.

„Während dieser fotografischen Experimente", schreibt Sir William, „umhüllte Katie den Kopf ihres Mediums mit einem Schal, um zu verhindern, daß Licht auf ihr Gesicht fiel. Häufig zog ich den Vorhang auf, wenn Katie daneben stand, und es war für die sieben oder acht Anwesenden im Labor nichts Besonderes, Miss Cook und Katie gleichzeitig im grellen Licht der elektrischen Beleuchtung zu sehen. Eines der interessantesten Bilder ist das, auf dem ich neben Katie stehe. Sie steht mit ihrem nackten Fuß auf einer bestimmten Stelle des Bodens. Anschließend zog ich Miss Cook genauso an wie Katie, stellte sie und mich an genau dieselbe Stelle, und wir wurden von den gleichen Kameras, die genauso plaziert waren wie bei der vorherigen Aufnahme, unter derselben Beleuchtung aufgenommen. Wenn man diese beiden Fotografien übereinanderlegt, decken sich die Aufnahmen von mir ganz genau, was Statur etc. betrifft, doch Katie ist einen halben Kopf größer als Miss Cook und erscheint im Vergleich zu ihr kräftig."

„Doch die Fotografie", schreibt Sir William Crookes, „ist ein ebenso unzureichendes Mittel, die vollkommene Schönheit von Katies Gesicht darzustellen, wie Worte zu kraftlos sind, ihr bezauberndes Wesen zu beschreiben. Die Fotografie mag ja ihre Züge im einzelnen wiedergeben, doch wie kann sie ihren leuchtend reinen Teint zeigen oder den sich ständig ändernden Ausdruck ihrer lebhaften Züge, jetzt von Trauer überschattet, wenn sie eines der bitteren Erlebnisse ihres vergangenen Lebens erzählt, dann wieder glücklich lächelnd in ihrer ganzen mädchenhaften Unschuld, wenn sie meine Kinder um sich versammelt hatte und sie mit Anekdoten ihrer Abenteuer in Indien unterhielt?"

Sir William hatte keine Angst, seine eigenen Kinder mit den ganz natürlichen Phänomenen des Spiritualismus bekannt zu machen. Abgesehen von den wissenschaftlichen Experimenten, war Katie als vertrauter Gast in seinem eigenen Hauskreis willkommen.

Auch Dr. Gully, ein bekannter Arzt, wurde fotografiert, während er der materialisierten Katie King den Puls fühlte. Sir William maß den Größenunterschied zwischen dem Medium und seiner Geistführerin, als sie nebeneinander standen. Er bezeugte auch, daß Katies Hals vollkommen glatt aussah und sich auch so anfühlte, während sich am Hals des Mediums eine große Blase befand, die deutlich sichtbar war und sich rauh anfühlte. Verschiedene Male im Gesicht des Mediums fehlten auf dem der Geistführerin. Katies Ohrläppchen waren nicht durchstochen, während Florence Cook in ihren durchbohrten Ohrläppchen Ohrringe trug. Katies Teint war hell, der des Mediums sehr dunkel. Ihre Hände unterschieden sich in Form und Größe. Das Medium hatte schwarzbraunes Haar. Die Locke, die der Wissenschaftler einmal von Katies üppiger Haarpracht abschneiden durfte, war dagegen leuchtend goldbraun.

Als Crookes bei einer Gelegenheit den Puls der materialisierten Katie maß, stellte er fest, daß sie den gleichmäßigen Pulsschlag von 75 hatte. Nach der Sitzung hatte das Medium den üblichen Puls von 90. Katies Herzschlag war gleichmäßiger als der von Florence Cook, und bei einer Untersuchung stellte sich heraus, daß die Lungen der Geistführerin gesünder waren als die des Mediums. Florence Cook war zu dieser Zeit nämlich wegen eines schweren Hustens in ärztlicher Behandlung.

Als man dem Wissenschaftler gegenüber einmal die Andeutung machte, daß er einem Betrug zum Opfer gefallen sein könnte, antwortete er: „Sich vorzustellen, daß ein unschuldiges Schulmädchen von fünfzehn Jahren in der Lage sein könnte, ... drei Jahre lang einen so ungeheuerlichen Betrug wie diesen mit Erfolg zu begehen und daß sie sich während dieser Zeit jedem Test, der an ihr durchgeführt wurde, unterziehen würde, daß sie die genaueste Untersuchung zuläßt, daß sie sich jeder Zeit vor oder nach der Séance durchsuchen läßt und daß sie in meinem eigenen Haus sogar noch mehr Erfolg hat als in dem ihrer Eltern, wohl wissend, daß sie mit dem ausdrücklichen Ziel zu mir kam, sich strengen wissenschaftlichen Tests zu unterziehen – sich also vorzustellen, daß die Katie King der vergangenen drei Jahre das Ergebnis eines Betruges war, damit tut man dem logischen Denken und dem gesunden Menschenverstand mehr Gewalt an, als wenn man glaubt, daß sie das ist, was sie zu sein behauptet."

Es kam die Zeit, als Katies Arbeit mit ihrem Medium zu Ende gehen sollte, denn ein anderes Geistwesen sollte ihren Platz einnehmen. Sir William nahm bewegt Abschied von der Geistführerin, die ihm so sehr geholfen hatte, seine spiritualistischen Erkenntnisse der Welt zu verkünden. Katie hatte Florence Cook gebeten, für einen großen Korb mit Blumen und Bändern zu sorgen, die sie bei der letzten Séance an ihre Freunde auf der Erde verteilte.

In ihrem Bericht von der letzten Materialisation schreibt Florence Marryat: „Mein Blumenstrauß, der aus Maiglöckchen und rosa Geranien besteht, sieht heute, nach fast siebzehn Jahren, noch fast genauso frisch aus wie an dem Tag, an dem sie ihn mir gab." Den Blumen war ein kurzer Brief beigefügt, den der materialisierte Geist geschrieben hatte.

Auch Sir William Crooks berichtet von der rührenden Abschiedsszene. Nachdem das ‚tote' Mädchen eine Weile mit ihm gesprochen hatte, ging sie durchs Zimmer zu dem Medium hinüber. „Katie beugte sich über sie," schreibt der Wissenschaftler, „berührte sie und sagte, ‚Wach auf, Florie, wach auf! Ich muß jetzt gehen.' Daraufhin erwachte Miss Cook und flehte Katie unter Tränen an, noch ein wenig zu bleiben. ‚Ich kann nicht, Liebes, meine Arbeit ist getan', antwortete Katie. ‚Gott segne dich!' Dann sprachen die beiden noch einige Minuten miteinander, bis die Tränen Miss Cook schließlich am Weitersprechen hinderten."

Auf Anweisung der Geistführerin trat der Wissenschaftler hinzu, um das schluchzende Medium zu stützen. Als er sich wieder umsah, „war die weißgekleidete Katie verschwunden."

Als Sir William Crookes 1898 die ehrenvolle Aufgabe der Präsidentschaft der schon genannten British Association übertragen wurde, sagte er in seiner Antrittsrede: „Ein weiteres Interessengebiet habe ich noch nicht berührt – für mich das gewichtigste und weitreichendste. Keine Begebenheit in meiner wissenschaftlichen Laufbahn hat größere Bekanntheit erfahren als der Anteil, den ich vor vielen Jahren an der Erforschung gewisser übersinnlicher Phänomene hatte. Dreißig Jahre sind vergangen, seit ich einen Bericht über Experimente veröffentlichte, die wohl zeigen, daß es außerhalb unserer wissenschaftlichen Erkenntnisse eine Macht gibt, die von einer Intelligenz ausgeübt wird, die anders ist als die gewöhnliche Intelligenz von uns Sterblichen...

Ich habe nichts zurückzunehmen. Ich halte an meinen bisher veröffentlichten Aussagen fest, ja ich könnte ihnen noch viel hinzufügen."

Und 1917, zwei Jahre vor seinem Hinscheiden, sagte der berühmte Wissenschaftler bezüglich der Kommunikation mit der geistigen Welt folgendes: „Ich hatte nie Veranlassung, meine Meinung über dieses Thema zu ändern. Ich bin nach wie vor vollkommen von dem überzeugt, was ich damals gesagt habe. Es ist völlig richtig, daß zwischen dieser und der anderen Welt eine Verbindung hergestellt wurde."

In jener Viktorianischen Ära hatten die physischen Phänomene ihren Höhepunkt erreicht. In jenen Tagen, als Sehen Glauben hieß, hielt es die geistige Welt für nötig, ihre Kräfte darauf zu konzentrieren, auf mediale Weise die Phänomene zu produzieren, die man sehen, hören und anfassen konnte. Das waren die Zeiten jener wunderbaren physischen Phänomene, als sich vollmaterialisierte Geister unter den allergewöhnlichsten Verhältnissen zeigten. Man sah sie in hellem Tageslicht, und manchmal konnten sie herumgehen, unbehindert von den Bedingungen, die im Séancenzimmer herrschten.

Die Tage des krassen Materialismus sind größtenteils vorbei. Die Wissenschaftler selbst haben die Argumente zugunsten des Materialismus, den sie einst unterstützten, widerlegt. Neue Fakten sind entdeckt, und der ehrliche Wissenschaftler muß der Wahrheit folgen und das überholte und unglaubwürdig Gewordene aufgeben.

Angesichts der Tatsache, daß wir heute mehr über die übersinnlichen Realitäten wissen, hat die geistige Welt aufgehört, sich so weitgehend auf die physischen Phänomene zu konzentrieren. Es gibt zum Beispiel heute weniger Materialisationsmedien und dafür mehr Medien, die sich auf mentale Phänomene spezialisieren. Die Qualität der mentalen Medialität hat sich ungeheuer verbessert seit den Tagen, als ein Schulmädchen einem Wissenschaftler zeigte, daß das Leben nach dem Tod eine unleugbare Tatsache ist, die bewiesen werden kann.

Kapitel XIV

Zwischen den Welten

Durch den vollständigen oder teilweisen Verlust eines unserer physischen Sinne entwickeln wir oft andere Fähigkeiten. Durch den Verlust des Augenlichts schärft sich häufig der Tastsinn, während durch zunehmende Taubheit vielleicht ein anderer, latenterer Sinn mehr in Gebrauch kommt.

Ähnlich werden auch durch körperliche Krankheit und das daraus resultierende Schwinden körperlicher Fähigkeiten häufig latente mediale Fähigkeiten frei.

Wenn der Tod unmittelbar bevorsteht und die physischen Kräfte auf ihrem Tiefpunkt angelangt sind, dann werden wir vielleicht hellsichtig, auch wenn diese Hellsichtigkeit, solange wir gesund und kräftig waren, nie zum Ausdruck kam. Der feine, hauchdünne Schleier, der die beiden Welten voneinander trennt, wird für diejenigen, die an der Schwelle zu einem reicheren Leben stehen, immer durchsichtiger. Wer unmittelbar vor dem Übergang steht, kann unter Umständen einige der Freunde aus der geistigen Welt, die gekommen sind, um den Neuankömmling in seinem neuen Leben voll Kraft und Vitalität zu begrüßen, deutlich sehen und erkennen. Kinder wie Erwachsene werden oft hellsichtig, wenn sich ihr irdisches Leben seinem Ende zuneigt.

Das Zeugnis, das Kinder auf ihrem Sterbebett von der Realität der geistigen Welt ablegen, ist von besonders großem Wert. In zahlreichen Fällen stammen solche Kinder nicht aus spiritualistischen Familien und wissen nichts über den Streit um das Leben nach dem Tod. Man kann daher auch nicht behaupten, daß sie – bewußt oder unbewußt – lediglich das wiederholen, was sie über übersinnliche Phänomene gelernt oder zufällig gehört haben. Und doch haben sterbende Kinder in vielen Fällen ihr Wissen über die Gegenwart von Wesen mitgeteilt, die andere im selben Zimmer Anwesende nicht sehen konnten. Die Beschreibungen, die sie so spontan und in aller Unschuld gaben, stimmten in jeder Hinsicht mit dem spiritualistischen Wissen überein.

Daisy Dryden, die Tochter eines Methodistenpfarrers, ging im Alter von zehn Jahren in die andere Welt. Während ihrer letzten Tage erwachten ihre medialen Fähigkeiten. Was das Kind auf dem Sterbebett sah, war so klar und ging so ins einzelne, daß ihre Mutter es aufschrieb.

Ein ausführlicher Bericht über die Erlebnisse von Daisy Dryden auf dem Sterbebett findet sich im „Journal of the American Society for Psychical Research".

Daisy Dryden ‚starb' an einer Dünndarmentzündung infolge von Typhus. Obwohl sie zwei Wochen vor ihrem ‚Tod' auf dem Wege der Besserung zu sein schien, sagte sie selbst mit Nachdruck, daß sie nicht auf der Erde bleiben werde.

Drei Tage vor ihrem Übergang, als der Vater aus der Bibel vorlas, unterbrach ihn das Kind und sagte, sie hoffe, nach ihrem ‚Tod' auf die Erde zurückkehren zu können, um ihre Eltern zu trösten. Sie fügte hinzu: „Ich werde Allie fragen." (Allie, ihr jüngerer Bruder von sechs Jahren, war etwa sieben Monate vorher hinübergegangen.) Nach einem kurzen Schweigen sagte Daisy: „Allie sagt, daß ich euch manchmal besuchen darf. Er sagt, es ist möglich, aber ihr werdet es nicht wissen, wenn ich da bin, aber ich kann zu euren Gedanken sprechen."

In ihrem Bericht über Daisys letzte Tage auf Erden

schreibt ihre Mutter: „Während dieser Zeit lebte sie in beiden Welten, wie sie das nannte. Zwei Tage, bevor sie uns verließ, besuchte sie der Leiter der Sonntagsschule. Sie sprach ganz offen über ihren Übergang und ließ die Schule durch ihn von ihr grüßen. Bei seinem Weggang sagte er: ‚Nun, Daisy, bald wirst du den dunklen Fluß überschritten haben.' Als er fort war, bat sie ihren Vater, ihr zu erklären, was er mit dem ‚dunklen Fluß' gemeint hatte. Er versuchte es, aber sie sagte: ‚Das stimmt ja alles nicht. Es gibt keinen Fluß, es gibt keinen Vorhang, es gibt nicht einmal eine Linie, die dieses Leben vom anderen Leben trennt... Es ist hier und dort. Ich weiß, daß es so ist, denn ich kann euch alle sehen, und ich sehe die drüben gleichzeitig.'"

Daisys Mutter berichtet weiter, daß das Kind, als man es bat, etwas über das Aussehen der anderen Welt zu sagen, antwortete: „Ich kann es nicht beschreiben; es ist alles so anders, daß ich es euch nicht erklären könnte." Während die Mutter am Bett saß und die Hand ihrer Tochter hielt, blickte Daisy wehmütig auf und sagte: „Ich wünschte so sehr, du könntest Allie sehen. Er steht neben dir."

Unwillkürlich wandte die Mutter den Kopf, aber Daisy fuhr fort: „Er sagt, du kannst ihn nicht sehen, weil deine geistigen Augen zu sind, daß ich ihn aber sehen kann, weil mein Körper meinen Geist sozusagen nur noch an einem Faden hält." Mrs. Dryden fragte: „Sagt er das jetzt gerade?" Das sterbende Kind antwortete: „Ja, jetzt gerade." Mrs. Dryden wunderte sich, wie Daisy mit ihrem Bruder sprechen konnte, wo es doch nicht das leiseste Anzeichen für ein Gespräch zwischen den beiden gab und fragte: „Wie sprichst du denn mit Allie? Ich höre dich gar nicht, und ich sehe auch nicht, daß sich deine Lippen bewegen." Lächelnd antwortete das Mädchen, daß sie gedanklich miteinander sprachen.

„Wie sieht denn Allie für dich aus?" fragte die Mutter. „Trägt er etwa Kleider?"

„O nein, keine Kleider, wie wir sie tragen", erwiderte das Kind. „Es scheint etwas ganz Wundervolles, Weißes um ihn zu sein, ganz fein und zart und glänzend, und so wunderbar weiß, und doch hat es keine Falte, nichts, was wie ein Faden aussieht, also kann es auch kein Stoff sein. Aber er sieht darin so wunderschön aus."

Was das sterbende Mädchen tatsächlich sah, war vermutlich das geistige Gewand ihres Bruders.

Als Daisys Schwester ihr etwas aus dem Gesangbuch vorsang über „Engel und ihre schneeweißen Flügel", rief das sterbende Mädchen aus: „Ach Lulu, ist das nicht seltsam? Immer haben wir gedacht, daß Engel Flügel haben! Aber das stimmt gar nicht. Sie haben keine Flügel."

„Aber sie müssen doch Flügel haben, wie könnten sie sonst vom Himmel herunterfliegen?" fragte ihre Schwester.

„Aber sie fliegen gar nicht, sie kommen ganz einfach", sagte Daisy. „Wenn ich an Allie denke, ist er da."

Als Mrs. Dryden ihr krankes Kind einmal bat zu erklären, wie sie die Besucher aus der geistigen Welt sah, antwortete Daisy: „Ich sehe sie nicht die ganze Zeit, aber wenn ich sie sehe, dann scheinen die Wände auseinanderzugehen, und ich kann dann ganz weit sehen, und da sind dann so unglaublich viele Leute. Manche sind ganz nah, und ich kenne sie, andere habe ich noch nie gesehen."

Mrs. Dryden schreibt weiter: „Am Morgen ihres Sterbetages bat sie mich um einen kleinen Spiegel. Ich zögerte, weil ich dachte, daß sie der Anblick ihres ausgemergelten Gesichts erschrecken würde. Doch ihr Vater, der neben ihr saß, sagte: ‚Laß sie nur ihr armes kleines Gesicht anschauen, wenn sie das möchte.' Also gab ich ihr den Spiegel. Sie nahm ihn und betrachtete sich eine Weile ruhig und traurig. Schließlich sagte sie: ‚Mein Körper ist jetzt so ziemlich ‚abgetragen'. Er ist wie Mamas altes Kleid, das dort im Schrank hängt. Sie trägt es nicht mehr, und ich werde meinen Körper auch nicht mehr tragen, weil ich einen neuen Geistkörper habe, der ihn ersetzen wird. Ja, ich habe ihn schon jetzt, denn mit meinen geistigen Augen sehe ich die himmlische Welt, während mein physischer Körper noch hier ist…

Jetzt ist mein Leben hier zu Ende, und dieser arme Körper wird beiseitegelegt werden, und ich werde einen wunderschönen Körper haben wie Allie.'"

Das Kind, dessen erwachtes spirituelles Bewußtsein ihm Weisheit und Wissen verliehen hatte, das weit über sein Alter hinausging, bat seine Mutter, doch nicht zu weinen, und fuhr dann fort: „Es ist viel besser für mich, jetzt zu gehen. Sonst wäre ich vielleicht eine böse Frau geworden, wie das so oft der Fall ist. Gott wußte, was für mich am besten ist." Dann bat sie ihre Mutter, die Fensterläden aufzumachen, damit sie noch ein letztes Mal die Welt sehen könnte. Sie sagte: „Morgen werde ich schon nicht mehr da sein." Ihr Vater stützte ihren schwachen Körper, während sie zum Fenster hinaussah. „Auf Wiedersehen, Himmel", sagte sie. „Auf Wiedersehen, Bäume. Auf Wiedersehen, weiße Rose. Auf Wiedersehen, rote Rose. Auf Wiedersehen, schöne Welt. Wie sehr ich sie doch liebe, aber ich möchte doch nicht bleiben!"

An jenem Abend sah sie auf die Uhr und bemerkte: „Jetzt ist es halb neun. Wenn es halb zwölf ist, kommt Allie mich abholen… Ich werde es euch sagen, wenn es soweit ist." Ihrer

Schwester Lulu, für die es Zeit war, schlafen zu gehen, sagte sie mit folgenden Worten Lebewohl: „Gute Nacht und auf Wiedersehen, meine süße, liebe Lulu."

Ihre Mutter schreibt: „Etwa um Viertel nach elf sagte sie: ‚Jetzt nimm mich hoch, Papa. Allie ist gekommen, um mich abzuholen.' Nachdem ihr Vater sie hochgenommen hatte, bat sie uns, etwas zu singen. Als jemand sagte: ‚Ruft Lulu,' antwortete Daisy sofort: ‚Stört sie nicht, sie schläft.' Dann, als die Zeiger der Uhr auf halb zwölf zeigten, die Zeit, von der sie vorausgesagt hatte, daß Allie sie dann abholen werde, hob sie beide Arme und sagte: ‚Komm, Allie,' und sie hörte auf zu atmen."

Die Mutter schließt ihren bewegenden Bericht über Daisys Übergang mit den Worten: „Es herrschte feierliche Stille im Raum. Wir konnten nicht weinen, und warum sollten wir auch? Wir konnten nur unserem Himmlischen Vater danken für das, was uns Daisys letzte Erdentage gelehrt hatten, jene Tage, die für uns geheiligt waren durch die Herrlichkeit des Himmels, die sie durchstrahlte. Und als wir so standen, unsere Blicke auf das Gesicht unseres lieben Kindes gerichtet, hatten wir das Gefühl, daß das Zimmer erfüllt sein müsse von Engeln, die gekommen waren, um uns zu trösten; denn ein süßer Frieden erfüllte unseren Geist, als hätten sie gesagt: ‚Sie ist nicht hier, sie ist auferstanden.'"

Nun hat Daisy Dryden auf ihrem Sterbebett nichts gesagt, was nicht vollkommen in Einklang stünde mit dem spiritualistischen Wissen von den geistigen Gesetzen und dem Leben nach dem Tode. Und doch war dieses kleine Mädchen die Tochter eines Pfarrers. Sie war in den Glaubens- und Lehrsätzen ihres Vaters erzogen worden. Ihre Eltern wußten nichts vom Spiritualismus. Ja, als Daisy 1864 hinüberging, war der moderne Spiritualismus noch in seinen Anfängen. Und doch hörten und akzeptierten die Eltern von ihrem sterbenden Kind dieselben übersinnlichen Tatsachen, dieselben Wahrheiten, die auch heute von Medien in der ganzen Welt dargelegt werden.

In „Psychic News" beschrieb ein Arzt das übersinnliche Erlebnis, das ein anderes sterbendes Kind hatte. Er erzählt, wie während seines Praktikums an einem bekannten Krankenhaus ein kleines Mädchen auf seiner Station eingeliefert wurde. Sie litt an einer unheilbaren Erkrankung des Rückgrats im letzten Stadium.

Winnie war ein liebenswertes Kind, das der gesamten Belegschaft ans Herz wuchs wegen ihrer Tapferkeit, Geduld und Dankbarkeit während der letzten schweren Wochen ihres Lebens. Sie mußte flach auf dem Rücken liegen, denn ihr Körper war bereits ganz ausgezehrt. „Im Laufe der Wochen", schreibt der Arzt, „verlor sie praktisch ganz die Fähigkeit, Arme und Beine zu bewegen und mußte schließlich gefüttert werden.

Diese Tatsache ist wichtig im Hinblick darauf, was folgt. Wir waren eine Gruppe hartgesottener Medizinstudenten, die sehr viel mehr materialistisch als geistig eingestellt waren, so daß für uns Fälle, auch wenn sie noch so schlimm waren, eben doch nur ‚Fälle' waren. Bei Winnie dagegen war das anders. In ihrer Gegenwart war man sprachlos, ja fast eingeschüchtert, denn an dieser kleinen Patientin war sicher sehr viel mehr Geistiges als Materielles."

Eines Morgens, als er einen Fall im großen Krankensaal aufnahm, winkte ihm eine Schwester und sagte: „Sie könnten mal nach Winnie schauen. Ich glaube, wir sollten nach ihren Eltern schicken." Er ging sofort in das kleine Einzelzimmer, in dem Winnie lag. Das Kind sprach mit schwacher Stimme mit dem Chirurgen, doch sie begrüßte den Neuankömmling sogleich mit einem Lächeln. Ihr Atem und ihr Puls gingen allmählich langsamer, und es wurde klar, daß sie dem Tod sehr nahe war. Zweimal dachten die sie betreuenden Ärzte, daß alles vorbei sei, doch die kleine Patientin erholte sich wieder.

„Dann", so fährt der Arzt fort, „geschah das Wunder... Winnie, die flach auf dem Rücken lag und die seit Wochen weder Hand noch Fuß bewegen konnte, öffnete plötzlich beide Augen ganz unnatürlich weit und starrte wie gebannt auf die Decke. Wir, die wir sie beobachteten, hoben unwillkürlich auch unseren Blick zur Decke, um zu sehen, was das Kind dort so Interessantes sah. Wir sahen nur die Decke, sonst nichts."

Mit starrem Blick, aber glänzenden Augen streckte das sterbende Mädchen beide Arme aus. Ihre Hände schlossen sich um etwas für die Zuschauenden Unsichtbares, während sie sich langsam in eine sitzende Stellung erhob. In dieser Stellung rief sie mit kräftiger Stimme: „O, Ganma, liebe Ganma, ich komme!"

„Ebenso langsam, wie sie sich erhoben hatte", sagt der Autor, „sank sie wieder in ihre Rückenlage zurück, und wir alle hatten den Eindruck, als habe sie ein unsichtbares Wesen langsam hochgehoben und dann wieder sanft auf das Bett zurücksinken lassen."

Und so ging Winnie in die geistige Welt hinüber.

„Es ist vollkommen klar", schließt der Autor, „daß die armen, völlig kraftlosen Muskeln ganz und gar nicht in der Lage waren, die (für uns) wunderbare Leistung, die das sterbende Kind vollbrachte, auszuführen. Später wurde bekannt, daß Ganma seine Großmutter war, die dem Kind herzlich zugetan gewesen war und die etwa ein Jahr vorher hinübergegangen war."

Kapitel XV

Rat aus dem Jenseits

Es gibt hochentwickelte Geistführer, die freiwillig zur Erde zurückkehren, um die Menschheit an der Weisheit teilhaben zu lassen, die sie auf ihrem Weg durch ihre verschiedenen Leben im Diesseits und im Jenseits erworben haben. Diese großen Lehrer betrachten unsere Probleme oft aus einem anderen, größeren Blickwinkel als von der irdischen Warte aus. Sie sind nicht gebunden durch Doktrin, Glauben, Sitte oder Vorurteil. Die reinen, einfachen Wahrheiten, die sie darlegen, klären unseren Blick und helfen uns auf unserem beschwerlichen Weg zum Licht und zur Erkenntnis.

Viele der hochentwickelten Geistführer, die auf die Erde zurückkommen, tragen den Mantel der Anonymität, weil ihr wirklicher Status manchen von uns überwältigen könnte, wenn wir ihren richtigen Namen erführen. Da die Indianer in ihrer Blütezeit Meister übersinnlicher Erkenntnis und medialer Kräfte waren, ist es nicht verwunderlich, daß eine Reihe von Geistführern bei ihrer Arbeit mit Medien die ‚Persönlichkeit' eines ‚toten' Indianers annehmen. Dazu gehört auch Silberbirke, der Geistführer des Hauskreises, zu dem ich gehöre. Dieser weit fortgeschrittene Geist sagte einmal: „Ich mußte in der Gestalt eines einfachen Indianers kommen, um eure Liebe und Ergebenheit zu gewinnen; nicht durch irgendeinen hochtrabenden Namen, sondern durch die Wahrheiten, die ich lehrte, mußte ich meine Glaubwürdigkeit beweisen."

„An ihren Früchten sollt ihr sie erkennen", sagte der Lehrer einfacher Wahrheiten, Jesus von Nazareth, und durch seinen Dienst an dieser Welt ist Silberbirke, ein einfacher Indianer, den vielen Tausenden bekannt, die ihn achten und schätzen. Silberbirke ist über die verschiedenen Aspekte des Lebens der Kinder nach dem ‚Tod' befragt worden.

Als ein Mitglied unseres Zirkels fragte, was denn mit den Kindern geschehe, die bei einem Bombenangriff ums Leben kamen, antwortete Silberbirke: „Die Zeit, bis sie sich wieder voll und ganz erholt haben, ist bei Kindern länger, aber dafür lernen sie viel schneller, wenn die Anpassung einmal erfolgt ist. Diese Zwischenzeit, in der die Seele in einer Art Dämmerzustand lebt, ist nicht mit Schmerzen verbunden – ich möchte keinesfalls diesen Eindruck erwecken –; es ist ein Prozeß der Erholung. Der Geist muß lernen, in seinem neuen Körper zu wirken, und wie er darin wirkt, hängt von der Erfahrung ab, die er besitzt. Nun ist es klar, daß die Erfahrung von Kindern relativ begrenzt ist. Daher ist die Erholungsphase länger. Und um zu zeigen, wie weitgehend das geistige Gesetz das alles berücksichtigt, möchte ich in ihrem Fall noch sagen, daß sie, wenn sie allein in die geistige Welt kommen und ihre Mütter noch auf der Erde sind, von Wesen in Obhut genommen werden, deren starke mütterliche Instinkte in eurer Welt nie wirksam werden konnten, die sich jetzt aber ganz der Pflege des neuen Lebens widmen können, das in unserem Reich nun allmählich erwacht und sich entfaltet."

„In unserer Welt passen sich Kinder sehr schnell neuen Verhältnissen an", bemerkte ein Sitzungsteilnehmer.

„Ja, aber nur rein körperlich", sagte Silberbirke. „Wir haben es hier mit dem Geist zu tun, mit dem Geist, der sich in der geistigen Welt anpassen muß, die in vieler Hinsicht so völlig anders ist als die physische Welt, und in anderer Hinsicht doch sehr ähnlich. Ihr müßt begreifen, daß alles nur eine Frage des Bewußtseins ist. Das Bewußtsein liefert den Schlüssel. Ihr hört mich immer von der Erkenntnis sprechen als der unschätzbar wertvollen Gabe des Geistes. Wir leben in einer Welt des Geistes, und der Geist der Kleinen muß darauf vorbereitet werden. Es gibt noch einen anderen Aspekt, der aber nicht wirklich relevant ist, und das ist das Gesetz des Ausgleichs, das sich im Fall der Kinder auswirkt, die zwar irdischer Erfahrung beraubt sind, sich aber auch nicht durch irdische Fehler befleckt haben."

„Sie werden aber auch nicht durch irdische Tugenden besser", bemerkte ein Sitzungsteilnehmer.

„Das eben ist der Ausgleich", sagte der Geistführer, „daß die Seelen, die keine irdischen Erfahrungen machen konnten, nicht den Preis zahlen müssen für die irdischen Fehler, die sich sonst in ihrem Charakter herausgebildet hätten."

„Hält sich das wirklich die Waage?" fragte ein anderer.

„Diese Frage läßt sich nicht so allgemein beantworten", sagte Silberbirke. „Das hängt von der einzelnen Seele ab. Ich will nur auf das Gesetz des Ausgleichs hinweisen."

„Wenn ein Charakterfehler fester Bestandteil eines Individuums wäre, würde sich dieser nicht auch in der geistigen Welt zeigen?" wurde Silberbirke gefragt.

„Ich bin mit deiner Fragestellung nicht einverstanden", erwiderte er. „Ein Charakterfehler ist nicht fester Bestandteil des Individuums. Nenne ein Beispiel."

„Angenommen ein Kind, wäre es auf der Erde geblieben, wäre habgierig geworden", sagte der Fragesteller; „würde sich diese Habgier nicht genauso leicht in der geistigen Welt herausbilden, wie wenn das Kind noch auf Erden wäre?"

„Ihr müßt versuchen, die Sache im rechten Licht zu sehen", sagte der Geistführer. „Wenn in unserer Welt erst einmal Erkenntnis einsetzt, dann ist man bereits auf dem Weg nach vorn. Bis dahin ist Raum für das Ausleben aller noch nicht entwickelten Eigenschaften. Bis dahin lebt man in jenen grauen Sphären, wo es ein Abbild jener Begierden gibt, die man gerne befriedigt hätte. Doch wenn man erst einmal geistig erwacht, dann bedeutet schon die Tatsache des Erwachens, daß man jetzt auf den Wunsch verzichtet, all das zu befriedigen, was zu der noch nicht entwickelten Seite des Wesens gehört. Daher sage ich: ‚Ihr müßt die Sache im rechten Licht sehen.' Wenn ihr noch habgierig seid, dann heißt das, daß ihr noch nicht geistig erwacht seid, und somit könnt ihr diese Habgier noch befriedigen."

„Doch der Charakter kleiner Kinder wäre ja noch nicht entwickelt", sagte daraufhin ein Teilnehmer.

„Was ich sagen wollte", erwiderte der Geistführer, „war, daß Kinder als unreife Wesen in unsere Welt kommen, weil ihnen die für ihre Seele notwendige irdische Erfahrung fehlt. Aber sie sind auch nicht mit den Fehlern behaftet, die sich im Erwachsenenleben leider entwickelt hätten, und in dieser Hinsicht wirkt das Gesetz des Ausgleichs, und sie müssen diese Charakterfehler auch nicht tilgen."

„Sind sie nicht auf die Erde gekommen, um Unrecht zu begehen, damit sie daran lernen, recht zu handeln?" fragte jemand.

„Nein, ihr kommt nicht auf die Welt, um Unrecht zu begehen, damit ihr daran lernt, recht zu handeln", sagte der Geistführer.

„Aber wir sind doch auch nicht auf die Erde geschickt worden, um vom Augenblick unserer Geburt an Säulenheilige zu werden, oder?" fragte der Teilnehmer hartnäckig weiter.

„Nein", sagte Silberbirke, „aber es ist ein Unterschied, ob man auf die Erde kommt, um Böses zu tun und extrem egoistisch zu sein, oder ob man als unbehauener Block sozusagen hierherkommt und zu einer vollendeten Skulptur werden soll."

„Läßt sich der Unterschied nicht durch das Unrecht, das man tut, erklären?" fragte der Sitzungsteilnehmer.

„Ja, aber die Begriffe, die du verwendest, sagen mir nicht sehr zu", sagte der Geistführer. „Ich sehe die höchste und erhabenste Entwicklung der menschlichen Seele nicht als eine Entwicklung zu einem Säulenheiligen, wie du das nennst. Und ich bin auch nicht der Auffassung, daß es der Zweck des irdischen Lebens ist, eine Rasse Krimineller hervorzubringen, die Verbrechen begehen, bis sie gelernt haben, daß Verbrechen etwas Schlechtes sind. Nein, die Zahl derer, die roh, mit Vorsatz Unrecht tun, ist verhältnismäßig klein, verglichen mit der riesigen Zahl derer, die eure Welt bevölkern. Der wirklich Böse ist Gott sei Dank in der Minderheit. Die meisten Verbrechen, wenn man sie überhaupt Verbrechen nennen kann, werden durch Unwissenheit, falsche Erziehung und Bildung und durch Aberglauben verursacht."

„Wenn ein Kind auf der Erde habgierig wäre", sagte ein Sitzungsteilnehmer, „wäre es dann nicht auch in der geistigen Welt noch für eine kurze Zeitspanne habgierig und machte von daher gesehen eine irdische Erfahrung?"

„Meinst du, daß ein Kind, wenn es von Natur aus habgierig wäre, in die geistige Welt ginge mit dieser in seinem Bewußtsein verankerten Begierde?" fragte der Geistführer. „Ja, das ist durchaus möglich. Doch das Leben, das es in eurer Welt gelebt hätte, wäre ja ein kurzes gewesen und hätte nicht viel Gelegenheit geboten, diese Habgier wachsen zu lassen, und eine Korrektur hier wäre nicht schwierig. Es besteht ein ungeheurer Unterschied zwischen einer aufkeimenden Habgier, die kaum zum Ausdruck kam, und einer selbstsüchtigen Habgier, die fünfzig oder siebzig Jahre dauerte und die mit jeder Befriedigung mehr gewachsen ist."

Die nächste Frage kam von einem Mitglied des Zirkels, das wissen wollte, ob Familien, die zusammen bei einem Bombenangriff umkamen, auch in der geistigen Welt weiter zusammenbleiben würden.

„Das kommt ganz darauf an", sagte Silberbirke, „und meine Antwort fällt hier sehr vorsichtig aus, weil ich niemanden verletzen möchte. Es kommt darauf an, ob sie zusammenbleiben wollen oder nicht. Ihr müßt euch klar machen, daß in der geistigen Welt ein einigendes Band nur dann besteht, wenn auch der Wunsch danach besteht, und daß in eurer Welt viele Familien von einem Band zusammengehalten werden, das sich durch den Tod schnell auflöst. Wenn die Familie gemeinsame Interessen hat, wenn sie sich durch Liebe, Zuneigung oder auch durch Freundschaft von Natur aus zueinander hingezogen fühlen, dann wird das einende Band nicht gelöst werden. Es ist wie in der Ehe. Es gibt viele in eurer Welt, die nur durch das Körperliche miteinander verbunden sind. Geistig divergieren sie. Zwischen ihnen gibt es keine Einheit. Der Tod bedeutet für sie eine unüberbrückbare Kluft. Doch es gibt auch solche, die auch geistig eine Ehe führen. Die wird der Tod noch enger miteinander verbinden."

„Zu welchem Zeitpunkt vor der physischen Geburt tritt

deines Wissens der Geist in den Körper ein?" wurde Silberbirke gefragt. Hier seine Antwort: „Als Geist habt *ihr* immer existiert, da der Geist ein Teil des Lebens und das Leben ein Teil des Geistes ist. *Ihr* habt immer existiert. Weil *ihr* Teil des Großen Geistes seid, der Lebenskraft ist, hattet ihr nie einen Anfang, doch ihr als Individuen, als getrennte, bewußte Individualitäten, müßt auch im Strom des Lebens irgendwo euren Anfang nehmen. Bei der Zeugung kommen die männlichen und weiblichen Zellen zusammen und bilden einen Träger für einen Teil der Lebenskraft, die dann beginnen kann, durch einen physischen Körper zu wirken. Die Lebenskraft kommt nicht zur Wirksamkeit, wenn es nicht einen Träger gibt, durch den sie sich manifestieren kann. Und diesen Träger stellen die Eltern zur Verfügung. Von dem Zeitpunkt an, wo die Zellen sich vereinigt haben und miteinander verschmolzen sind, hat sich der winzige Geistfunke in ganz natürlicher Weise mit ihnen verbunden, und er beginnt in eurer materiellen Welt zu wirken. Und ich vertrete die Ansicht, daß das der Beginn des Bewußtseins ist. Von diesem Augenblick an beginnt es sein bewußtes, individuelles Leben. Von da an wird es immer ein eigenständiges, individuelles Wesen sein."

„Ohne eigenes Verschulden werden unschuldige Kinder geboren als Opfer erblicher, venerischer oder anderer Krankheiten", begann die nächste Frage. „Das scheint mir nicht sehr gerecht, da es ja nicht Schuld des Kindes ist, daß es solch eine Krankheit erbt. Kannst du dazu etwas sagen?"

„Wer von Ungerechtigkeit spricht, denkt immer noch in Begriffen von Körper und Materie und nicht in Begriffen eines unendlichen Lebens", antwortete der Geistführer. „Der Geist leidet nicht an Geschlechtskrankheit. Der Geist ist nicht verkrüppelt, mißgebildet oder verkrümmt. Der Geist leidet nicht an irgendeinem ererbten Zug oder irgendeinem von den Eltern erworbenen Merkmal. Das Individuum bleibt davon unberührt, wenn auch der Körper, durch den sich der Geist auf Erden manifestiert, davon betroffen wird. Ihr könnt zwar durchaus vom irdischen Standpunkt aus, wenn ihr das Leben nur von der materiellen Warte aus betrachtet, sagen, daß derjenige, der in einen kranken Körper hineingeboren wird, physisch gesehen ein viel schwereres Leben hat, als der, der in einen gesunden Körper hineingeboren wird; doch diese Ansichten gelten nicht für den Geist, der hinter dem Körper steht.

Man ist nicht automatisch ärmer im Geiste, nur weil der Körper krank ist, und reicher, weil der Körper gesund ist. Ja, man kann sogar sagen, daß der Geist reicher sein wird, weil ihr viel gelernt habt durch Leid und Schmerz, die alle zum Rüstzeug des Geistes gehören, auf seinem Wege zur Vollkommenheit."

An dieser Stelle warf ein Teilnehmer ein: „Aber es wäre wohl immer besser, wenn der Körper ohne Krankheit geboren würde."

„Natürlich", erwiderte der Geistführer. „Es wäre auch besser, wenn eure Welt keine Slums kennte, aber Slums entstehen durch einen Teil desselben freien Willens, der eure Erde in ein Paradies verwandeln könnte. Wenn es einen freien Willen gibt, dann muß sein Mißbrauch ebenso möglich sein wie sein richtiger Gebrauch."

In dem Gedanken an all die Kinder, die nie zur vollen körperlichen Reife gelangen, sagte ein Mitglied des Zirkels zu Silberbirke: „Wir wissen, daß Kinder in der geistigen Welt zu Erwachsenen heranwachsen. Aber wie ist das mit jenen

Geistführern, die irdisch gesehen viele Jahre lang Kinder bleiben, und wie steht es mit Kindern, die schon 18 oder 20 Jahre ‚tot' sind und die immer noch als Kinder zurückkehren?" „Ich möchte die kleinen helfenden Geister, die nie erwachsen werden, in Schutz nehmen," antwortete der Geistführer. „Eure harte, bittere Welt verdammt diejenigen, die Kinder bleiben, und dabei behauptet sie immer, daß sie die Unschuld des Kindes liebt. Und doch hat sie etwas gegen die Kleinen, wenn sie freiwillig auf dieser Entwicklungsstufe bleiben, nur um den Menschen zu helfen. Die Vorteile sind doch sehr leicht einzusehen. Das Kind hat nicht die Hemmungen des Erwachsenen. Es hat von Natur aus eine unverdorbene Einstellung zum Leben. Es hat nicht die vielen Probleme, die die Erwachsenen verwirren, und ist daher das beste Instrument für eine Verbindung mit der geistigen Welt. Das Kind kann diese Aufgabe von Natur aus ausführen, weil es nicht die vielen intoleranten Ansichten und Vorurteile der Erwachsenen überwinden muß.

Es packt die Aufgabe an als ein unverdorbenes, strahlendes kleines Wesen, das gerne helfen möchte, und wird nicht heimgesucht von all den Problemen, die zum Leben eines Erwachsenen gehören. Weil ihm diese Probleme keine Sorgen bereiten, kann es schnell jene so flüchtigen Schwingungen erfassen, die für eine erfolgreiche Kommunikation mit der geistigen Welt erforderlich sind. Doch diese kindliche Persönlichkeit ist ja nur eine freiwillig angenommene Persönlichkeit, und zwar in vielen Fällen einzig und allein in dem Wunsch angenommen, eurer Welt zu helfen. Wenn das Geistkind zu irgendeinem Zeitpunkt seine Aufgabe beenden möchte, kann es in eine höhere Sphäre zurückkehren, wo es dann die Fäden des höheren Bewußtseins, in dem es vorher gelebt hatte, wieder aufnehmen kann. Verdammt diese kleinen Geistführer nicht. Sie sind die allerliebenswertesten Instrumente des Großen Geistes, deren einziger Wunsch es ist, euch zu dienen; und sie dienen euch freiwillig und gern, weil sie glauben, daß sie jenen helfen können, die in eurer Welt verletzt, ja sogar niedergeschmettert wurden.

Was die anderen Kinder betrifft, die nach vielen Jahren immer noch als Kinder zurückkehren, so tun sie das, um erkannt zu werden. Wenn es um Identifizierung geht, dann dürft ihr nicht vergessen, daß man Kinder nicht erkennen würde, wenn sie sich nicht in der Gestalt und mit den Merkmalen und Gewohnheiten zeigten, die ihre Eltern an ihnen kennen. Aber das ist sozusagen nur ein Bild, das gezeichnet wird, damit das Medium es übertragen kann. Es ist wie das Bild, das auf einem Fernsehschirm erscheint. Das Medium sieht das Bild, das auf seinem geistigen Bildschirm erscheint, und überträgt es. Bei einem Medium, das mit Direkter Stimme arbeitet, ist es dasselbe, nur daß das, was bei der Gestaltung des Ektoplasmas entsteht, nichts Sichtbares, sondern etwas Hörbares ist. Die Stimme, die so gestaltet wird, reproduziert, soweit die Umstände das erlauben, die Stimme, die das Kind auf Erden hatte."

„Wie würde man ein Kind, das zu einer gewissen Grausamkeit Tieren gegenüber erzogen wurde, im Jenseits behandeln? Würde man ihm Tiere zur Pflege anvertrauen?" war die nächste Frage. Der Geistführer antwortete: „Solch irdischer Unterweisung müßte erst einmal entgegengewirkt werden, indem man dem Kind zeigt, welch großen Dienst Tiere dem Menschen über viele Jahre hinweg geleistet haben. Man würde das Kind in die verschiedenen Tiersphären führen, damit es sieht, wie Tiere wirklich sind, wenn sie mit denen zusammen sein dürfen, die sie wirklich lieben und verstehen. Die falschen Unterweisungen würden allmählich in dem Maße verschwinden, in dem das Kind zu größerer Erkenntnis kommt. Und man würde ihm zeigen, daß die Auswirkungen der Grausamkeit nicht nur an den Tieren zu beobachten sind, sondern auch an dem, der sie begeht."

Eine andere Sitzungsteilnehmerin leitete ihre Frage mit folgenden Worten ein: „Viele Menschen wissen bei ihrem Übergang nichts von einem Leben nach dem Tod. Sie sind wie benommen und wissen gar nicht, daß sie hinübergegangen sind. Gilt das auch für Kinder, oder akzeptieren sie das neue Leben instinktiv?"

„Das kommt darauf an, was das Kind weiß", antwortete Silberbirke. „Wenn es von der Unwissenheit und dem Aberglauben eurer Welt nicht zu sehr ‚verdorben' ist, dann wird durch sein natürliches Verstehen aufgrund seiner natürlichen übersinnlichen Kräfte ein natürliches Erkennen einsetzen."

„Liegt es in der Absicht des Großen Geistes, daß manche Menschen sterben, ehe sie ihren Lebensplan erfüllt haben?" war die nächste Frage.

„Der Plan ist immer, daß ihr euch auf Erden voll und ganz entfaltet, so daß ihr gerüstet seid für das so viel größere Leben im Geiste", sagte der Geistführer. „Wenn die Frucht vom Baum fällt, ehe sie reif ist, dann ist sie sauer. Wenn das Leben gezwungen ist, den Körper zu verlassen, ehe es seine Reife erreicht hat, dann ist es für die Welt des Geistes nicht vorbereitet."

„Wenn ein Kind durch einen Unfall stirbt, war das dann von dem Großen Geist beabsichtigt?" wurde der Geistführer gefragt.

„Das ist schwer zu beantworten, da ich immer nur mit Einschränkungen ja sagen kann", war die Antwort. „Alles Leben unterliegt dem Gesetz, und der Große Geist ist verantwortlich für das Gesetz. Doch das Gesetz wirkt durch die Menschen. Letzten Endes fällt alles zurück in die Verantwortung des Großen Geistes. Du kannst sagen, daß du, wenn du etwas Schlechtes tust, nicht dafür verantwortlich bist, weil der Große Geist dich so geschaffen hat. Aber das ist ein Trugschluß. Bis zu einem gewissen Grad ist es richtig, daß Er letztlich für das gesamte Universum verantwortlich ist, weil Seine Macht es geschaffen und Seine Intelligenz es ausgestattet hat, aber ihr habt eure Intelligenz. Ihr habt Verstandeskraft. Wenn ihr euren Kopf vor einen Zug auf die Schienen legt, dann hat es keinen Sinn, den Großen Geist dafür verantwortlich zu machen."

„Könntest du das Phänomen der Wunderkinder erklären?" war die nächste Frage.

„Es gibt drei Arten von Wunderkindern", sagte Silberbirke. „Einige sind inkarnierte Seelen, denen ihre Erinnerung an frühere Erfahrung hilft; andere sind Medien, die — wenn auch unbewußt — von der geistigen Welt beeinflußt werden und die daher Gefäße für hohe Gelehrsamkeit, Weisheit, Erkenntnis und Wahrheit aus unserer Welt sind. Die dritte Kategorie sind die Genies, die die Vorreiter der Menschheitsentwicklung sind."

Ein Teilnehmer erwähnte den Fall des Wunderkindes Florizel von Reuter, des berühmten Geigers. Seine Mutter hatte vor seiner Geburt das ‚tote' Musikgenie Paganini angefleht, einen Einfluß auf ihr Kind auszuüben, damit es ein großer Geiger werde. Paganini erfüllte die Bitte der Mutter.

„Er gehört in die Kategorie der Medien," sagte Silberbirke.

„Hat die flehentliche Bitte seiner Mutter ihn zu einem Medium gemacht?" fragte ein Teilnehmer, „oder ebnete ihre Bitte Paganini den Weg, so daß er sich mit Florizel von Reuter verbinden konnte?"

„Die mediale Kraft war ohnehin vorhanden," antwortete der Geistführer. „Wäre er nicht medial gewesen, hätte es auch nicht funktioniert. Es gibt viele Menschen, die medial sind, ohne Medien zu sein. Sie besitzen all die Seelenkräfte, aber sie setzen sie nicht für eine bewußte Kommunikation mit unserer Welt ein. Sie werden unbewußt beeinflußt. Das ist das Geheimnis der Inspiration."

Einmal wurde Silberbirke von einem Mitglied unseres Zirkels gefragt: „Was für einen Sinn hat das irdische Leben all der vielen, vielen Millionen von Kindern, die schon bei der Geburt oder kurz danach sterben oder umgebracht werden?"

„Solange die Menschen ewige Prinzipien mit irdischem Maßstab messen, werden sie diese Dinge nie verstehen," antwortete der Geistführer. „Der Weiseste eurer Weisen sieht nicht über den Zaun irdischer Erkenntnis hinaus. Erst wenn das Licht geistiger Erkenntnis ihnen auf ihrem Entwicklungsweg aufgeht, werden sie den Plan, der ihnen jetzt noch verborgen ist, erkennen. Sie schauen jetzt durch einen Spiegel, unklar, 1. Korinther 13, 12 (Anmerkung der Übersetzer) und daher verstehen sie nicht. Würdet ihr denn versuchen, das Leben eines Schuljungen nur anhand der Jahre zu beurteilen, die er zur Schule geht, und jenes größere Leben, das jenseits seiner Schule beginnt, unberücksichtigt lassen? Es gibt ein größeres Leben als das, in dem ihr lebt — eine Welt der

Schönheit, der Farben, der Liebe, des Schaffens, eine Welt, in der jeder aufrichtige Wunsch zur Wirksamkeit gelangt, in der jeder kreative Impuls seinen Ausdruck findet, in der alles, was auf eurer Erde keine Erfüllung findet, verwirklicht werden kann. Erst wenn ihr diese Welt gesehen habt, könnt ihr den Großen Geist kritisieren."

„In unserer Welt", sagte ein Sitzungsteilnehmer „werden manche Kinder in Slums geboren, in einer Umgebung, wo Alkoholismus herrscht, wo sie geistig, moralisch und körperlich im Schmutz aufwachsen, und sie haben ein Leben harter, monotoner Arbeit vor sich, während andere umgeben von schönen Dingen heranwachsen und eine wunderbare Vorbereitung auf das Leben erfahren. Wie wird diesen unfairen Bedingungen Rechnung getragen?"

„Jede Seele hat ihre eigene Entwicklung in sich eingeschrieben", antwortete der Geistführer. „Die Menschen in eurer Welt urteilen immer nur nach materiellen Gesichtspunkten, nicht danach, was die Seele in sich trägt. Für alle, ob sie hoch oder niedrig geboren sind, ergeben sich Gelegenheiten zu dienen, sich selbst zu finden und das Göttliche in sich zu entfalten. Das ist der einzige Beurteilungsmaßstab. Alles in eurer Welt scheint, wenn es mit dem materiellen Maßstab gemessen wird, Ungleichheiten hervorzubringen, doch der wirkliche Ausgleich ist der Ausgleich der Seele, die es lernt, sich durch all die Schwierigkeiten voll und ganz zu entfalten." Ein Mitglied des Zirkels sagte dazu: „Aber sicher ist es doch leichter für eine Seele, ihre guten Motive zur Entfaltung zu bringen, wenn sie in einer guten Umgebung lebt, als in einer Umgebung, wo Sünde, Hunger und alles Niedrige vorherrschen?"

„Ich stimme dir nicht zu", antwortete Silberbirke, „denn

ich sehe doch, daß die großen Seelen eurer Welt fast immer von niedriger Geburt waren. Alle großen Meister eurer Welt sind einfacher Herkunft. Gegen je mehr Schwierigkeiten die Seele ankämpfen muß, desto größer kann sie werden. Gerade im Kampf gegen die äußeren Umstände erlangt die Seele ihre volle Reife. Versucht doch, die Dinge nicht von außen, sondern von innen zu beurteilen."

„Wir wissen, daß Abtreibung nicht recht ist, was aber ist die Einstellung der geistigen Welt zur Geburtenkontrolle?" wurde Silberbirke dann gefragt.

„Ihr habt euren freien Willen und ein Gewissen, daß ihr zwischen dem Rechten und dem Unrechten unterscheiden könnt", war seine Antwort. „Es kommt immer auf das Motiv an. Sagt euch das einmal, sagt es euch hundertmal: Was ist euer Motiv? Nur das zählt, sonst nichts."

„Aber kommt die Geburtenregelung nicht mit dem geistigen Gesetz in Konflikt?" warf der Sitzungsteilnehmer ein.

„Wenn ein Geistwesen in eure Welt hineingeboren werden muß, wird es durch die kommen, die seinen Eintritt in eure Welt nicht verhindern", sagte der Geistführer mit Nachdruck. „Das Gesetz steht über allem. Wenn es Teil eurer Entwicklung ist, daß durch euch ein Geistwesen auf die Welt kommen soll, ein neues Leben also, dann würdet ihr das nicht verhindern, weil ihr es nicht verhindern wolltet."

„Das heißt, wenn es sein soll, dann würden wir auch wollen, daß es geschieht", sagte der Sitzungsteilnehmer.

„Ja", antwortete der Geistführer, „weil ihr eine Stufe eurer Entwicklung erreicht hättet, wo es notwendig wäre, daß der Einfluß eines neuen Lebens in euer Leben kommt."

„Ist das unbedingt eine höhere Entwicklungsstufe?" wurde er gefragt. „Nein, es geht hier nicht um hoch oder niedrig", sagte Silberbirke. „Ich muß allerdings jene ausschließen, die nur den sinnlichen Genuß suchen und die Folgen verhindern wollen. Damit bin ich nicht einverstanden, weil das Motiv ein selbstsüchtiges ist."

„Aber wenn man das Gefühl hätte, daß es vom Kind aus gesehen nicht ratsam wäre, es zur Welt zu bringen?" lautete die nächste Frage.

„Es kommt immer auf das Motiv an", war die Antwort. „Ihr könnt das Gesetz nicht umgehen. Das Gesetz ist in eurer Seele eingeschrieben. Jede Tat, jeder Gedanke, jeder Einfall, jeder Wunsch ist für immer in eurer Aura eingeschrieben. Diejenigen, die geistige Augen haben, können sie lesen. Das Motiv von allem, was ihr in eurer materiellen Welt je getan habt, ist denen bekannt, die mit den Augen des Geistes sehen. Für sie ist eure Seele wie ein offenes Buch."

Kapitel XVI

In Liebe Verbundene finden sich wieder

Die Kinder wachsen in der geistigen Welt heran und entwickeln sich, bis sie ihre volle Reife als Mann oder Frau erreichen. Im Gegensatz zum irdischen Leben setzen beim Geistkörper nach Erlangung der vollen Reife keine Abbauprozesse ein, sondern er behält seine Spannkraft voll und ganz. In der anderen Welt ist es wie in dieser Welt die geistige Entwicklung des einzelnen, die wahre Schönheit verleiht. Stellt euch nur die strahlende Schönheit eines hochentwickelten Geistwesens vor! Ihr werdet wohl wie ich bemerkt haben, daß es in dieser Welt Menschen gibt, deren Schönheit aus ihrem Innern kommt und überhaupt nichts zu tun hat mit ihren Gesichtszügen oder ihrer äußeren Erscheinung. Ein Leben selbstlosen Dienstes an der Menschheit hat solchen Menschen eine feine, undefinierbare Schönheit verliehen, die unsere Aufmerksamkeit erregt und uns Bewunderung abnötigt. Mögen ihre Züge noch so wenig auffallend sein, ich kenne doch wenig hochentwickelte Menschen, deren Antlitz nicht den Stempel wahrer Schönheit trägt.

Von irdischen Versuchungen unberührt, wächst dein Kind in der geistigen Welt in Schönheit und Anmut heran. Im Laufe seiner Entwicklung gelangt der totgeborene Knabe zu voller Lebenskraft und Reife. Das kleine Mädchen, dessen Augen du einst voller Trauer geschlossen hast, wird im Jenseits eines Tages seine strahlende weibliche Anmut entfalten. „Aber wie", so wirst du vielleicht fragen, „soll ich meinen Liebling erkennen, wenn ich hinübergehe? Wie soll ich denn meine kleine Tochter wiedererkennen, wenn sie inzwischen in der geistigen Welt zur Frau herangewachsen ist?" Zunächst einmal wird sie dich erkennen. Seit ihrem Übergang hat sie ja ihre Lieben in ihrem irdischen Zuhause besucht. Dabei spielt es keine Rolle, daß du bis vor kurzem noch nichts von der Rückkehr von Geistwesen oder von den geistigen Gesetzen wußtest.

Deine Tochter war bei zahllosen Gelegenheiten bei dir, ob du es wußtest oder nicht. Sie hat miterlebt, wie die Jahre in deinem Gesicht ihre Spuren hinterließen. Ihr Geist war nicht eingeengt von irdischen Begrenzungen. Auch wenn du vielleicht bis ans Ende der Welt gereist bist, hat sie dich nie aus den Augen verloren, solange Liebe und Erinnerung nicht vergingen. Wenn du hinübergehst, wird sie dir vielleicht in Begleitung eines ‚toten' Verwandten, der euch beide kennt, zur Begrüßung entgegenkommen. Schließlich müßte ja, wenn du durch irdische Umstände von deiner kleinen Tochter getrennt worden wärest, bis diese zur Frau herangereift ist, vielleicht auch eine ähnliche ‚Vorstellung' durch einen gemeinsamen Freund oder Verwandten stattfinden.

Eine andere Methode, sich in der geistigen Welt wiederzuerkennen, besteht darin, daß das Kind, indem es seine übersinnlichen Kräfte einsetzt, vorübergehend wieder das Aussehen annimmt, das es als Kind auf der Erde hatte.

Es gibt aber noch andere Möglichkeiten, sein Kind beim Übergang wiederzuerkennen. Es ist möglich, daß du während des Schlafs jene Sphären besucht hast, während dein physischer Körper schlafend im Bett lag. Vorübergehend befreit von der Fessel des Raumes und der Zeit, hast du für eine Weile das Zusammensein mit deinen Lieben genossen.

Leider hat sich beim Erwachen die Erinnerung an dieses astrale Erlebnis nicht in das irdische Bewußtsein eingeschrieben. Doch der Geist, jene umfassendere Persönlichkeit, vergißt nichts. Bei deinem Übergang kann es gut sein, daß du Orte und Wesen wiedererkennst, die dir von deinen Astralreisen während des Schlafs her vertraut sind. Bald nach dem ‚Tod' ihrer kleinen Tochter erwachte Mrs. C. Fisher, ein jetzt in Australien lebendes Medium, eines Morgens mit dem vollen Bewußtsein, daß sie, während ihr physischer Körper schlief, mit ihrer kleinen Tochter in der geistigen Welt zusammen war. Diese erzählte von ihrem neuen Leben und beschrieb ihre Umgebung in der geistigen Welt im einzelnen. „Von da an", schreibt die Mutter, „schlief ich jede Nacht sofort ein in dem Bewußtsein, daß ich die Zeit, in der ich schlief, mit meinem Kind verbringen würde. Daraus erwuchs mir Trost und Glück. Sie freute sich, mir zu begegnen, und ich fand mich dadurch leichter mit der großen Trennung ab, die erst vor so kurzer Zeit stattgefunden hatte. Ich hatte jeden Morgen den Trost, daß ich wußte, daß meine Tochter so lebendig war wie eh und je, und daß uns nichts als unsere eigenen Wünsche trennen konnten."

Wie wenige Mütter, die einen kleinen Liebling verloren haben, erkennen den Segen, daß Gott in seiner wunderbaren Güte einen Ort geschaffen hat, wo wir im Zustand des Schlafes uns immer noch als Mütter um unsere geliebten Kinder kümmern können! Statt dessen grämen sich die Eltern und trauern, und die Kleinen grämen sich und trauern auch, denn ein Kind reagiert doch auf die Sehnsucht einer Mutter. Ist denn das Kind nicht ein Teil von ihr?

Es ist ebenso natürlich, einen geliebten Menschen im Jenseits zu besuchen, während man schläft, wie es für eine

Mutter natürlich ist, in einer kalten Nacht aufzustehen und nachzusehen, ob ihre Kleinen warm zugedeckt sind. Nur wenigen Müttern ist heute bewußt, daß sie einen Großteil der Zeit, in der sie schlafen, mit ihren ‚toten' Kindern verbringen.

Es gibt wahrhaftig viele Wege, sich wiederzuerkennen. Du kannst dein Kind auch einfach durch das rein geistige Band, das euch verbindet, erkennen. Solch ein geistiges Band besteht zwischen Eltern und Kindern nicht unbedingt. Doch wenn in einer Familie wirklich Liebe, Mitgefühl und Verständnis herrschen, dann gibt es nicht nur die physische Verwandtschaft, sondern eine dauerhaftere und unendlich viel tiefere Verbindung.

In jedem Fall, in dem das wünschenswert ist, bekommen die Eltern immer die Möglichkeit, mit den vor ihnen hinübergegangenen Kindern zusammenzusein, selbst mit denen, die auf Erden nie einen Atemzug getan haben. Ich sage absichtlich in jedem Fall, „in dem das wünschenswert ist". Ein ungeliebtes, ungewolltes, von seinen pflichtvergessenen Eltern im irdischen Leben vernachlässigtes Kind hat nämlich mit diesen Eltern keine Verbindung mehr, nachdem es die Erde verlassen hat. Vernachlässigte oder mißhandelte Kinder finden nach ihrem Übergang das Glück und die Zuneigung, die ihnen auf Erden versagt waren. Sie kommen in die Obhut von Geistwesen, deren selbstgewählte Aufgabe es ist, diesen Kindern zu helfen, die schmerzlichen und schädlichen Erinnerungen der Vergangenheit aus ihrem Gedächtnis zu tilgen.

Wenn Spiritualisten in die geistige Welt gehen, haben sie keine Schwierigkeiten, ihre Kinder zu finden, da sie ja nie, zu keiner Zeit, von ihnen getrennt waren! Es gibt keine

Barrieren, auch nicht vorübergehend, die ein sofortiges Erkennen und Zusammenkommen verhindern. Es sind keine Erklärungen nötig, es müssen keine Erinnerungslücken geschlossen werden von denen, die auf medialem Wege stets in Verbindung waren. Immer und immer wieder sind die Kleinen zur Erde zurückgekehrt und haben genau von ihren Fortschritten und Erlebnissen in der geistigen Welt berichtet.

In Hauszirkeln haben sie vertraut und fröhlich mit ihren Verwandten auf der Erde geplaudert. Den Eltern entging nicht, daß sich das Wissen und die geistigen Fähigkeiten ihres ‚toten' Kindes allmählich erweiterten. Die Kinder erzählten von ihren Lehrern in der geistigen Welt, von dem, was sie lernten, und von den Spielen, die sie spielten. Die Eltern auf der Erde dagegen berichteten von Ereignissen aus ihrem Leben, die sie auch mit den Kleinen besprochen hätten, wenn diese in ihrer irdischen Umgebung geblieben wären. In solchen Fällen sind die Bindungen an das irdische Zuhause niemals getrennt gewesen.

Mr. R.H. Saunders, ein bekannter Spiritualist, beschreibt in „Psychic News", wie er mit seinen sechs totgeborenen Kindern in enger Verbindung blieb. „In den letzten 25 Jahren", sagt er, „habe ich ihre Laufbahn verfolgt durch den Kindergarten, die Schule und die Universitäten in den höheren Sphären, und ich kenne ihre Arbeit und ihre Hobbys. Ich habe sie bei Hunderten von Gelegenheiten gehört und gesehen."

Er sagt weiter: „Meine Frau, der es schwerfiel, die spiritualistische Wahrheit hier zu akzeptieren, sprach mit mir zehn Tage nach ihrem Übergang und sagte: ‚Es tut mir leid, daß ich deine Einstellung nicht teilen konnte. Als ich hier ankam und sah, wie meine sechs geliebten Kinder, die ich verloren geglaubt hatte, mit offenen Armen auf mich warteten, war ich außer mir vor Freude. Ich stellte fest, daß ich sie während des Schlafens oft besucht hatte, und ich kannte sie alle.'"

Kapitel XVII

Hinter dem Schleier

Den Ätherleib könnte man als das in Vollkommenheit gestaltete Ebenbild des physischen Leibes bezeichnen, da er ja, wie bereits gesagt, irgendwelche physischen Mängel oder Behinderungen nicht übernimmt. Der Ätherleib eines alten, schwachen Menschen ist nach wie vor jung und voller Lebenskraft, doch kann sich diese Lebenskraft nicht durch seinen hinfälligen irdischen Träger äußern. Eine verkratzte, ausgeleierte Schallplatte kann ja auch nicht die eigentliche Qualität der Stimme, die sie so genau wiedergab, als die Schallplatte noch neu war, reproduzieren. Auch Beeinträchtigungen im Geisteszustand eines Menschen spiegeln sich nicht im geistigen Wesen, dem wahren Selbst wider.

Der menschliche Geist eines Individuums kann im irdischen Leben mit einem geschädigten Gehirn die Dinge nicht wirklich genau aufnehmen. Wenn er jedoch einmal aus den irdischen Banden befreit ist, hindert der körperliche Mangel die Persönlichkeit nicht mehr daran, sich voll und ganz zum Ausdruck zu bringen. Diejenigen, die während ihres irdischen Daseins an irgendeiner Behinderung litten, die es ihnen unmöglich machte, ihr wahres Wesen zum Ausdruck zu bringen, kommen unerfahren und unerprobt in die geistige Welt. Ihr Geist ist gesund und keineswegs unzulänglich, aber er ist sozusagen nicht in Form, weil er auf der Erde nicht geübt wurde. Solche Menschen kommen, von irdischen Verhältnissen relativ unberührt, in die geistige Welt. Die in ihnen liegenden Eigenschaften müssen erst in ihrer neuen

Daseinsform geprüft und erprobt werden. Zum ersten Mal ist ihr Intellekt in der Lage, durch das Instrument eines vollkommenen Geistkörpers die Dinge richtig aufzunehmen. Jetzt können sie ihrem wahren Selbst frei Ausdruck verleihen und ihre Verantwortung als menschliche Wesen übernehmen. Reiche Lebenserfahrung liegt vor ihnen. Sie sind zwar bei ihrem Übergang ärmer an irdischer Erfahrung, aber dafür auch reiner im Geiste, da sie ja den menschlichen Schwächen nicht ausgesetzt waren und ihnen so auch nicht unterlagen. Nach dem Gesetz des Ausgleichs sind die Waagschalen im Gleichgewicht.

Auf der Erde hilft man den ganz Kleinen für gewöhnlich bei ihren ersten unsicheren Schritten, bis sie es gelernt haben, ihre noch ungeübten Beinchen zu beherrschen. Menschen, die auf Erden mißgestaltet oder behindert waren, befinden sich bei ihrem Übergang in etwa der gleichen Lage wie ein Kind auf dieser Erde. Die Lahmen müssen lernen, ihre völlig gesunden Beine zu gebrauchen. Wer in seinem irdischen Leben völlig blind war, dem gehen in der geistigen Welt sozusagen die Augen auf. Doch müssen sich die Augen erst an die verschiedenen Lichtverhältnisse gewöhnen. Diese Menschen müssen lernen, Gegenstände zu erkennen, die denen, die schon auf Erden sehen konnten, bereits vertraut sind. Sie müssen lernen, Größe, Breite, Tiefe und Entfernung abzuschätzen, um das Gesehene einordnen zu können. In der geistigen Welt werden sich Bilder von großartiger Schönheit vor ihrem staunenden Auge entfalten. Sie werden gewaltige Berge sehen und winzige Gegenstände von großer Schönheit betrachten. Zum ersten Mal werden sie die Farbenpracht von Blumen und Blättern sehen.

Körperliche Krankheit hat viele Auswirkungen. Lange

Krankheit kann den an sich hellwachen, regen Geist eines Kindes so beeinträchtigen, daß er träge, ja lethargisch wird. Da der Ätherleib während des Erdenlebens mit seinem physischen Gegenstück in so enger Verbindung steht, können bestimmte körperliche Zustände in der Anfangszeit in der geistigen Welt eine vorübergehende Auswirkung auf den Ätherleib haben. Ein Kind, das zur Linderung seiner Leiden schwere Medikamente bekam, dessen intellektuelle Fähigkeiten während der Krankheit in Mitleidenschaft gezogen wurden, das an einer langen, mit großen Strapazen verbundenen Krankheit litt oder das schwere Operationen über sich ergehen lassen mußte, solch ein Kind muß, wegen seines vorübergehend davon betroffenen Ätherleibes, heilende Behandlung erfahren. Solch ein Kind wird höchstwahrscheinlich eine Zeit der Ruhe und Genesung erleben, in der sich sein Geistkörper von den durch die irdische Krankheit entstandenen Beeinträchtigungen erholen kann. Strahlende Gesundheit ist das Grundrecht aller, die in der geistigen Welt wiedergeboren werden.

Es gibt viele ‚tote' Kinder, die in der Jenseitswelt ganz natürlich aufwachen und die keine Zeit der Erholung und Genesung brauchen. Das hängt zum großen Teil vom Alter des Kindes ab, von seinem Charakter, seinem Wissen und der Art seiner irdischen Krankheit.

Einem Sitzungsteilnehmer wurde von Rupert, dem Kontrollgeist von Edith Clements, gesagt, daß viele Kinder ganz normal aufwachen, wie nach einem gewöhnlichen Schlaf. „Vielleicht mit einem ganz kleinen Seufzer", sagte Rupert, „öffnen sie die Augen und schauen um sich. Pflegerinnen und Mütter aus der geistigen Welt sitzen an ihrer Seite und warten nur darauf, sie mit einem Lächeln willkommen zu heißen und die unzähligen Fragen zu beantworten, die hellwache und geistig rege Kinder stellen. Da es nun einmal in der Natur des Kindes liegt, Fragen zu stellen, so fragen sie auch beim Erwachen in der geistigen Welt, was immer ihnen in den Sinn kommt. ‚Wer bist du?, Wo bin ich?, Wo ist meine Mutter?, Wo ist meine Puppe?' All diese und viele andere Fragen werden mit Klugheit und Takt beantwortet. Wenn ein Kind zu seinem Glück Spielzeug braucht, dann bekommt es welches.

Ihr braucht gar keine Angst zu haben, daß eure lieben Kinder nur Fremden anvertraut werden oder Menschen, für die ihr in eurer Welt nichts übrig hattet. Nur wer Liebe ausstrahlt und für die Aufgabe geeignet ist, darf sich um ein Kind kümmern. Angst, Zorn oder rauhe Worte sind im Kinderreich der geistigen Welt einfach unbekannt."

Ganz gleich, was den Übergang verursacht hat, die Kleinen werden in jedem Fall mit Liebe und Verständnis umsorgt. Für gewöhnlich passen sie sich ihrer neuen Umgebung ohne Schwierigkeiten an. Sie leiden nur, wenn sie entdecken, daß ihre Lieben um ihren Verlust trauern. Glücklich sind jene Kinder, die mit dem Wissen in die geistige Welt gehen, daß ihre Eltern wissen, daß sie nach dem körperlichen Tod weiterleben, daß sie in weisen, liebenden Händen sind und daß sie zu ihnen zurückkehren können, wenn die Zeit reif ist.

Medien, die während des Schlafs oder einer Trance die geistigen Sphären besucht haben, haben ihre Erlebnisse dort klar beschrieben. Einzelheiten aus der ätherischen Welt wurden dargestellt von Astralreisenden und medial Begabten, die die spiritualistischen Wahrheiten nicht unbedingt akzeptierten und die ihre außersinnlichen Wahrnehmungen unerklärlichen Umständen zuschrieben, die sie nicht begreifen konnten.

Wie in dieser Welt gibt es auch in der geistigen Welt viele verschiedene Lebensbereiche. Oft wird gesagt, daß die eine Hälfte der Welt nicht wisse, wie die andere Hälfte lebt. Wenn ein Millionär und ein Armer einem hypothetischen Besucher vom Mars ihre jeweilige physische Welt beschreiben, dann würde man es dem Fremden wohl nachsehen, wenn er sich weigerte zu glauben, daß sie beide auf ein und derselben Erde lebten. Und doch hätten diese beiden Menschen die eine Welt von ihrem eigenen Standpunkt aus wahrheitsgetreu beschrieben. Ein tibetischer Lama lebt auf einer völlig anderen Ebene als ein Materialist in der westlichen Hemisphäre. Und doch sind beide Bewohner derselben Erde. Die Eindrücke, die ein Bergarbeiter vom Leben bekommt, unterscheiden sich ganz wesentlich von denen eines Piloten. Der Alltag eines Dorfbewohners hat nicht viel gemein mit dem eines Menschen, der in einer Industriestadt lebt.

Die verschiedenen Sphären im Jenseits sind nicht Gebiete im geographischen Sinne. Man könnte sie als verschiedene Umgebungen umschreiben, die jene Wesen anziehen, deren Entwicklungsstand der jeweiligen Daseinssphäre am angemessensten ist.

Arthur Findlay, der Autor des spiritualistischen Bestsellers „On The Edge of the Etheric" (Deutsch erschienen unter dem Titel „Beweise für ein Leben nach dem Tod"), beschreibt in seinem Buch, wie er einen ‚Toten' über das Leben in der jenseitigen Welt befragt. Der Autor beschreibt seinen Gesprächspartner als einen Mann, dessen Sprachbeherrschung weit über die normalen Fähigkeiten des Mediums John G. Sloan hinausging. „Glaubt mir," sagte das Geistwesen bei einer Séance mit Direkter Stimme, „es gibt andere Welten, die aus einer Substanz bestehen, die feiner ist als irdische Materie, Welten, in denen es Leben gibt und von denen ihr euch auf der Erde keine Vorstellung machen könnt... Eure Erde ist umgeben von Ebenen verschiedener Dichte, und diese machen die Erdrotation mit."

Findlay fragte den ‚Toten', ob die geistige Welt real und konkret sei. „Ja", war die Antwort, „sie ist für uns sehr real, doch hängen die Verhältnisse, in denen wir uns befinden, von dem Zustand unseres Denkens ab. Wenn wir wollen, können wir mitten in einer wunderbaren Landschaft sein. Unser Denken spielt in unserem Leben hier eine große Rolle. Gerade so, wie wir in der Umgebung leben, die für unsere geistige Entwicklung angemessen ist, so ziehen wir auch Wesen an, die uns ähnlich sind. In unserer Welt zieht Gleiches Gleiches an. Und auch was eure Welt und die unsre betrifft, zieht Gleiches Gleiches an... Wenn wir wollen, können wir irdische Gestalt annehmen, indem wir unsere Schwingungen herabtransformieren. Unser Körper wird dann schwerer und für das menschliche Auge eher sichtbar, weshalb wir manchmal von denen, die unsere Schwingungen auf Erden aufnehmen können, gesehen werden... Unsere Welt ist zwar nicht grobstofflich materiell, aber sie ist trotzdem real, sie ist konkret und besteht aus einer Substanz, die sich in einem viel höheren Schwingungszustand befindet als die Materie, aus der eure Welt besteht. Daher können wir mit unserem Denken ganz anders auf sie einwirken, als ihr auf die Materie eurer Welt einwirken könnt. Unser Zustand hängt von unserem Denken ab. Für die Guten ist die Umgebung schön, für die Schlechten nicht."

Arthur Findlay wollte noch mehr wissen. „Heißt das",

fragte er, „daß ihr in einer Art Traumwelt lebt, wo alles real zu sein scheint, es aber nicht ist?" Sein Gesprächspartner wies diese Vermutung von sich. Er erklärte, daß die geistige Welt real sei, auch wenn sich die Atome, aus der sie zusammengesetzt ist, von denen der physischen Welt unterschieden. Er versicherte, daß die ‚Toten' mit ihrem Denken auf diese konkrete Substanz einwirken könnten in einer Art und Weise, wie das in der grobstofflichen Welt nicht möglich sei, weil die physische Welt eben eine niedrigere Schwingung habe.

„Lebt also jeder von euch in seiner eigenen Welt?" fragte Findlay. „Ja", sagte der Geist. „Du tust das, und ich tue das auch, aber wenn du damit meinst, ob jeder von uns dasselbe sehen und empfinden kann, dann ist meine Antwort auch ‚Ja'. Alle auf derselben Ebene können dasselbe wahrnehmen. Wir haben die gleiche Welt wie ihr, nur in einer feineren Schwingung...

Ich habe einen Körper, der ein Abbild dessen ist, den ich auf der Erde besaß, die gleichen Hände, Beine und Füße, und sie bewegen sich so, wie eure das tun... Dieser Ätherleib ist für uns jetzt ebenso real wie es unser physischer Leib war, als wir noch auf der Erde lebten. Wir haben die gleichen Empfindungen. Wenn wir einen Gegenstand berühren, fühlen wir ihn; wenn wir etwas anschauen, sehen wir es. Wenn unser Körper auch nicht aus Materie besteht, so wie ihr das Wort versteht, so hat er doch Gestalt, charakteristische Merkmale und seinen eigenen Ausdruck. Wir bewegen uns von einem Ort zum anderen so, wie ihr das tut, nur viel, viel schneller."

Findlay erfuhr, daß es im Jenseits viele Daseinsebenen oder -zustände gibt, daß aber nur die Wesen auf derselben

Ebene auch dieselben Empfindungen haben. Es gibt auch Häuser auf diesen Ebenen. Auf die Frage, wie diese Häuser denn aussähen, antwortete das Geistwesen: „Unsere Häuser sind genau so, wie wir sie haben wollen. Eure Häuser auf der Erde werden zuerst gedanklich geplant, und dann wurde die physische Materie so zusammengefügt, daß daraus das entstand, war ihr zuerst vor eurem geistigen Auge gesehen habt. Hier haben wir die Fähigkeit, die feinstoffliche Äthersubstanz durch unser Denken zu formen. So sind also auch unsere Häuser das Ergebnis unseres Denkens. Wir denken, und dadurch bauen wir. Es ist nur eine Frage der Gedankenschwingung, und solange wir diese Schwingung nicht aufgeben, solange können wir auch den Gegenstand festhalten."

„Welche Sprache sprecht ihr?" fragte Arthur Findlay weiter. Er erfuhr, daß in der geistigen Welt verschiedene irdische Sprachen verwendet würden, daß sie aber gedanklich übertragen würden. „Die Kommunikation von einem zum andern findet auf mentalem Wege statt", war die Antwort, „und nicht nur durch das gesprochene Wort wie auf der Erde. Es ist gerade so, als wenn ich sagte, daß das Denken eines Geistwesens auf telepathischem Wege mit seinem Gesprächspartner in Verbindung tritt."

Arthur Findlay erfuhr auch, daß in der ätherischen Welt rege Tätigkeit herrscht. Er schreibt: „Jeder hat seine eigene Arbeit. Dienst am Nächsten und Liebe sind die ethischen Normen, die dort in viel höherem Maße eine Rolle spielen als hier." Er fährt fort: „Es gibt keine Nacht, wie wir sie kennen, und das Licht für die Wesen dort kommt nicht von unserer Sonne. Wenn sie ruhen möchten, können sie gedämpftes Licht haben, aber Dunkelheit, wie wir sie kennen, haben sie nicht... Sie haben viel größere Bewegungsfreiheit, da sie mit einer für uns unbegreiflichen Geschwindigkeit von einem Ort zum anderen gelangen können."

Aus verschiedenen Quellen erfahren wir, daß in der geistigen Welt nur die Tätigkeiten fortgesetzt werden, die einem Wesen sympathisch sind, denn dort spielen materielle Überlegungen ja keine Rolle mehr. Die ‚Toten' haben es nicht nötig, einen Beruf fortzuführen, für den sie auf der Erde gar nicht geeignet waren. Wissenschaftler, Dichter, Maler, Komponisten und Musiker folgen alle weiter ihrer Berufung, wenn sie das wollen, nur haben sie viel größere und viel mehr Möglichkeiten, ihre irdischen Ideen in die Tat umzusetzen. Lehrer, Philosophen und Schriftsteller setzen ihre Arbeit ebenfalls fort. In der geistigen Welt werden jedoch nur konstruktive Arbeiten gefördert. Wenn sich das geistige Auge geöffnet hat, wenden sich viele, deren Arbeit auf der Erde destruktiv war, mit Entsetzen von der Erinnerung an ihren früheren Beruf ab.

Kapitel XVIII

Augenblicke in der Ewigkeit

Kapitän A. B. Campbell, das populäre Mitglied des BBC ‚Brains Trust', eines Forums für Hörerfragen, war von seinem Arzt für tot erklärt worden. Während der Totenschein ausgestellt wurde, kam der Patient wieder zu sich und berichtete, wie er seinen Körper verlassen hatte und vorübergehend in der geistigen Welt gewesen war. Inzwischen hat er seine astralen Erlebnisse aufgeschrieben und in seinem Buch „Bring Yourself to Anchor" veröffentlicht.

Er erkrankte schwer, als er eines Tages nach einer langen Fahrt durch die verdunkelte Stadt nach Hause kam. Seine Frau rief eiligst den Arzt. Die nächsten Tage lag der Patient wie betäubt. Er registrierte vage, daß man ihm den Puls fühlte und die Temperatur maß, doch das war alles. Dann wurde ihm ganz plötzlich bewußt, daß er neben seinem Bett stand und auf seinen eigenen physischen Körper herabblickte. „Wie schmal und grau ich aussah", schreibt Kapitän Campbell, „und meine Bartstoppeln waren schon vier Tage alt. Es drängte mich aus dem Haus. Es erstaunte mich keineswegs, daß ich ohne Mühe durch die geschlossene Schlafzimmertüre gehen konnte. Im Erdgeschoß ging ich mit derselben Leichtigkeit durch die Eingangstür. Ich wunderte mich nur, warum ich die Türen nicht öffnen mußte, das war alles."

In dem Augenblick, da er aus seinem Gartentor trat, fand er sich in einer ihm unbekannten Landschaft wieder. Vor ihm erstreckte sich, so weit das Auge reichte, offene Heidelandschaft. Er ging, bis er auf einen schmalen, ausgetretenen Fußpfad stieß. Ein Gefühl ungeheurer Einsamkeit überkam ihn, und er folgte dem Pfad, bis er zu einer Straße kam, auf der sich Menschen aller Altersgruppen drängten, Kinder, alte Männer und Frauen. Er schloß sich den Wandernden an und entdeckte, daß sie verschiedenen Nationalitäten angehörten. Er erkannte viele Rassen, denen er in den Tagen, als er noch zur See fuhr, begegnet war. Als die Straße anstieg und eine Anhöhe hinaufführte, wandte er sich an den Mann, der ihm am nächsten war. „Was ist das für eine Straße und wohin führt sie denn?" fragte er. Der Mann antwortete: „Das wirst du alles erfahren, wenn du oben bist." Einige Augenblicke später erreichten sie die Anhöhe und blickten hinab. „Nie werde ich jenes wunderbare Bild ätherischer Schönheit vergessen", schreibt Kapitän Campbell. „Goldene Braun-, Rot- und Orangetöne lösten einander in buntem Farbenspiel ab. Während die Farben ineinanderflossen, schienen sie uns mit Wärme und Liebe zu umgeben. Der Trost, der von ihnen ausging, war ganz wunderbar."

Die Wirkung, die der Anblick auf die Wandernden hatte, war ganz außerordentlich. Sie waren ganz überwältigt vor Freude und brachen in helles Entzücken aus. Kapitän Campbell selbst war ganz sprachlos angesichts der überwältigenden Schönheit des Anblicks. Doch allmählich begann ihn der gewaltige Eindruck zu beängstigen, und er fragte seinen Gefährten: „Wo führt das hin?" Der Mann antwortete: „Nun, das ist der Tod. Ist das nicht wunderbar? Wenn die Menschen auf der Erde das nur wüßten. Sie sind eigentlich die Toten. Wir aber werden leben." Seine Worte trafen den Kapitän wie ein Schock. Er dachte an seine Frau und fragte, ob er auf die Erde zurückgehen könnte. Der Mann blickte ihn forschend, doch liebevoll an und antwortete: „Kamerad, du wirst es bereuen, wenn du es tust."

„Aber meine liebe Frau", sagte Kapitän Campbell, „ich kann sie doch nicht so plötzlich verlassen." Sein Gefährte sah ihn voller Mitleid an, ehe er mit der Menge vorwärts drängte.

Der Kapitän kehrte um. Er mußte sich mit den Ellbogen seinen Weg durch die scheinbar endlose Menschenmenge bahnen. Bald kam er wieder zu dem schmalen Pfad, der ihn zu der Straße geführt hatte, und innerhalb weniger Minuten war er wieder in seinem eigenen Garten. Es erschien ihm keineswegs seltsam, daß er durch die geschlossene Eingangs- und Schlafzimmertüre ging. Er trat an sein Bett. „Da lag ich", schreibt er, ganz behaglich in den Kissen. Es schien mir viel besser zu gehen. Verschwunden waren die eingefallenen Züge, und ich hörte, wie ich ruhig und gleichmäßig atmete."

Dann öffnete er die Augen und stellte fest, daß er tatsächlich im Bett lag. Er tat einen tiefen Atemzug und fühlte sich wirklich wesentlich besser. Da hörte er seine Frau leise weinen. Er stützte sich auf seinen Ellbogen und fragte: „Was ist denn los, Liebling?" Sie stieß einen schrillen, angsterfüllten Schrei aus, der den Mann so aus der Fassung brachte, daß er wieder ohnmächtig wurde. Als er das nächste Mal erwachte, waren die Rollos hochgezogen und eine blasse Wintersonne schien ins Zimmer. Seine Frau trat an sein Bett und fragte ihn, wie er sich fühle. Als er antwortete: „Sehr viel besser, Liebes", liefen ihr Freudentränen die Wangen hinunter.

Als an jenem Morgen der Arzt kam, um Kapitän Campbells Totenschein zu unterschreiben, wurde er von einer lächelnden Frau begrüßt. „Nehmen sie den Schein wieder mit, Herr Doktor", sagte sie, „wir brauchen ihn nicht mehr."

Später erzählte der Arzt dem Kapitän: „Einen Augenblick lang dachte ich, der Schmerz habe ihren Geist verwirrt, doch sie führte mich lächelnd nach oben, wo Sie lagen. Als ich Sie sah, wußte ich, daß ein Wunder geschehen war."

Der Patient erholte sich so schnell, daß er bereits zwei Tage, nachdem er von den Toten zurückgekehrt war, wieder mit dem Auto unterwegs war.

Kapitän Campbells astrale Erlebnisse teilen viele, die – da sie nicht ihr eigenes religiöses Süppchen kochen wollen – von ihren übersinnlichen Abenteuern im Jenseits Zeugnis abgelegt haben.

Drei Tage vor seinem Übergang stellte der bekannte Schriftsteller John Oxenham einen der interessantesten Berichte über das Leben im Jenseits fertig. Sein Buch „Out of the Body" ist ein wichtiges Werk, da der Autor im Vorwort ausdrücklich erklärt, daß er und seine Tochter, die ihm bei der Abfassung des Buches half, „überhaupt keine Beziehung hatten zu den Lehren vom Übernatürlichen, zum Spiritualismus oder zur parapsychologischen Forschung." John Oxenham hatte orthodoxe religiöse Ansichten, und aus seinem Vorwort kann man schließen, daß er bei Séancen auftretende Phänomene nicht aus eigener Anschauung kannte. Und doch sind seine astralen Erlebnisse ein Beweis für das Leben nach dem Tode. Sie stimmen in jedem wichtigen Detail mit den Beschreibungen der geistigen Welt überein, die jetzt schon seit mehr als hundert Jahren durch mediale Kanäle zu uns kommen, was er offensichtlich nicht wußte. John Oxenham nennt seine astralen Erlebnisse ‚einen Traum', und doch bezeichnet er gleichzeitig sein Buch als die Krönung seines Werks auf Erden. Ja, er rang mit dem Tode, um „Out of the Body" noch zu vollenden.

Seine übersinnlichen Abenteuer begannen, als er schwer krank darniederlag. Eine Bombe, die nur knapp sein Haus verfehlte, erschütterte die Fundamente. Der Schock des Einschlag hatte eine ganz außerordentliche Wirkung auf den Kranken. Für die nächste Viertelstunde löste sich sein Ätherleib von seinem geschwächten physischen Körper. Von dessen Begrenzungen befreit, wurden ihm Erlebnisse in einer anderen Dimension als der irdischen zuteil. Seine Erlebnisse erstreckten sich über einen langen Zeitraum in der ätherischen Welt, doch rückte während des Verlaufs seiner erstaunlichen Abenteuer der Zeiger seiner Uhr nur um 15 Minuten weiter!

In der Nacht, als die Bombe einschlug, hatte der Kranke im Bett gelegen und auf den Schlaf gewartet. Müde zählte er die Stunden, bis man die Verdunklung wegnehmen und das Morgenlicht würde begrüßen können. Er sah, daß die Zeiger der Uhr auf seinem Nachttisch auf drei Uhr morgens standen. „Und dann...", schreibt er, „kam ohne jegliche Vorwarnung ein Aufheulen und ein donnerndes Getöse von draußen und ein ohrenbetäubender Krach... Und ich wußte, daß das Ende gekommen war und daß ich, wie ich es mir immer gewünscht hatte, von einem Augenblick zum anderen hinübergegangen war von dem kleinen, eingeengten Leben auf der Erde in das große, freie Leben, das erst beginnt, wenn dieses endet."

Als nächstes fand er sich alleine in weiter, schwindelnder Höhe wieder. Einen Augenblick stand er wie benommen und blickte sich verwundert um. „Ich schien mich auf dem höchsten Punkt der Erde zu befinden", schreibt er, „und ich, dessen Augenlicht nie besonders gut gewesen war, ich konnte sehen, wie ich noch nie zuvor gesehen hatte." Er nahm das wunderbare Bild in sich auf. Über ihm schwebte eine weiße Wolke im azurblauen Himmel. „Um mich und unter mir blickte ich in endlose Weiten — Wälder, Flüsse, Seen und Hügel- und Bergketten, die sich offenbar bis ans Ende der Welt erstreckten. Und ich konnte hören, wie ich nie zuvor in meinem Leben gehört hatte. Ich hörte das leise Säuseln des Windes in den Bäumen unter mir. Ich hörte das Plätschern und Rauschen unzähliger Wasser. Ich hörte spielende Kinder in der Ferne."

Er hörte das Singen vieler Vögel in den Bäumen unter ihm. Und seine tauben Ohren hatten doch schon seit vielen Jahren keinen Vogelgesang mehr vernommen! Als ihm bewußt wurde, daß er seine Sinnesorgane wieder hatte, kamen weitere Überraschungen. Drei Männer, in ein Gespräch vertieft, kamen auf ihn zu. Einer sah aus wie einer der alten Propheten, der zweite war offensichtlich ein Chinese. Er hatte eine nachdenkliche, unergründliche Miene, sah dabei aber sehr freundlich aus. Der dritte sah wie ein Afrikaner aus. Er war von edler Gestalt. Von diesen Männern erfuhr der Autor das Geheimnis der sogenannten Toten, denn obwohl sie ihn offensichtlich in ihrer jeweiligen Sprache anredeten, erreichten ihn ihre Worte so, als seien sie auf englisch gesprochen worden. Sie hießen ihn willkommen und erklärten ihm, wie es möglich sei, daß er ihre verschiedenen Sprachen verstand, und wie sie ebenfalls seine Sprache verstehen konnten.

Sie sagten ihm auch, daß er sich nur zu wünschen brauche, bei einem bestimmten Wesen zu sein, und schon werde sein Wunsch erfüllt. Sie rieten ihm aber auch, daß es gut wäre, sich jeweils nur auf eine Person zu konzentrieren, da seine Freunde durchaus im ganzen Universum verstreut sein könnten. „Selbst hier", so erfuhr er, „kannst du nicht an mehreren Orten gleichzeitig sein." Er sagte seinen neuen Bekannten Lebewohl und eilte durch den Raum zu dem Menschen, bei dem er sein wollte, zu seiner Frau, die viele Jahre vorher schon hinübergegangen war. Sie kam mit ausgestreckten Händen auf ihn zu, und mit glücklichem Lächeln hieß sie ihn willkommen. Bald schon führte sie ihn zu anderen ‚toten' Familienmitgliedern, die ihn voller Freude begrüßten. Er begegnete seinem ‚toten' Sohn wieder, er besuchte alte Freunde, die hinübergegangen waren. Alles war konkret, real und körperhaft. In seiner neuen Umgebung in den Sphären sah der Astralreisende viele außerordentlich interessante Orte. In einem Kunstzentrum betrachtete er Meisterwerke, die auf der Erde gemalt worden waren, die jedoch in diesem ‚Garten der Kunst' so gezeigt wurden, daß sie die absolute Verwirklichung der höchsten Hoffnungen und Ideale ihrer Schöpfer darstellten. Es gab dort Künstler aller Art, die bestrebt waren, ihren irdischen Träumen vollkommene Gestalt zu verleihen.

Nun, da John Oxenham wieder vollkommene Gesundheit erlangt hatte, verbrachte er viele glückliche Stunden mit Schwimmen und Rudern. Er entdeckte auch, daß er, wenn er wollte, sich zur Ruhe zurückziehen konnte. Er konnte essen, wenn er das Gefühl hatte, daß er eine Stärkung brauchte. Er stellte jedoch fest, daß in der wunderbaren Atmosphäre jener Daseinssphäre jeder Atemzug Lebenskraft brachte und alle leiblichen Bedürfnisse befriedigte.

Später entdeckte John Oxenham einen ‚Garten der Musik', wo man Stunde um Stunde sitzen und großen Meistern zuhören konnte, wie sie ihre unsterblichen Stücke spielten auf Instrumenten, im Vergleich zu denen die irdischen Instrumente nur blechern klangen. „Händel, Bach, Beethoven und Dutzende anderer Komponisten waren dort", schreibt er, „sie umstanden den Spielenden, genossen die Darbietung und gaben hin und wieder einige freundliche Hinweise." In einem anderen Teil des Gartens hörte er einige der größten Sänger und Sängerinnen, die die Erde gekannt hatte. Diese ‚toten' Künstler bereiteten auch in ihrem neuen Dasein jenen, die ihrem herrlichen Gesang lauschen wollten, Glück und Freude. Unter diesen Sängerinnen und Sängern waren Patti, Melba, Caruso, Christine Nilsson und Jenny Lind.

In riesigen Bibliotheken fand dieser Schriftsteller Ausgaben jedes auf der Erde veröffentlichten Buches. Außerdem gab es dort die Aufzeichnungen der Gedanken, Worte und Taten jedes Menschen, der seit dem Beginn aller Zeiten gelebt hatte.

In dieser neuen Welt begegnete John Oxenham vielen Freuden, die er auf Erden gekannt hatte. Er stellt auch fest, daß es jenseits der Sphäre, in der er sich vorübergehend aufhielt, noch weitere geistige Sphären gab. In jenen höheren Reichen gab es Wesen, die sich aufgrund ihres Entwicklungsstandes das Recht erworben hatten, ein höheres Leben zu führen. Jene Wesen in den höheren Reichen konnten die Bewohner weniger fortgeschrittener Ebenen besuchen, um ihnen bei ihrer Entwicklung zu helfen, und sie taten das auch.

Er erfuhr, daß Menschen, die das wollten, immer noch ihre Freunde auf der Erde besuchen und sich um sie kümmern konnten und jenen, die Stärkung aus der geistigen Welt brauchten, helfen konnten. Eine weitere Entdeckung, die dieser ‚träumende' Schriftsteller machte, war, daß alle, die das wünschten, eine ihnen gemäße Beschäftigung in den Sphären fanden. Faulheit und Müßiggang stellten sich dem geistigen Fortschritt entgegen.

Er entdeckte, daß diejenigen, deren Wunsch nach Kindern sich auf der Erde nicht erfüllt hatte, sich nach dem ‚Tod' um Kinder kümmern durften, die ihre Liebe und Fürsorge brauchten. Viele der Kleinen waren durch militärische Maßnahmen sozusagen in die geistige Welt katapultiert worden. Während seines Aufenthalts in der astralen Welt begegnete er auch zwei Menschen namens Mary und Joseph Garth, die er auf Erden gekannt hatte. John hatte eine Handelsgärtnerei besessen. Oxenham schreibt über ihre irdische Existenz: „Der allergrößte Kummer der beiden lieben, einfachen Leute war es, daß sie keine eigenen Kinder hatten, obwohl es auf der ganzen Welt keinen besseren Vater und keine bessere Mutter hätte geben können... Kindern und deren körperlichem, seelischem und geistigem Wohlergehen galt ihr größtes und leidenschaftliches Interesse, und keine Mühe und keine Selbstbeschränkung war ihnen zu groß, um den Kindern zu helfen. Sie adoptierten verwahrloste Waisen aus den Slums und machten aus ihnen prächtige, gesunde Männer und Frauen."

In der ätherischen Welt entdeckte John Oxenham, daß Mary Garth größte Glückseligkeit erlangt hatte. In ihrer Obhut waren einige Kinder, die durch Bomben ums Leben gekommen waren. Der Schriftsteller begleitete Marys Mann zu dem einfachen Heim, in dem sie mit den Kindern lebten. Als sie sich dem Haus näherten, wurden sie von fröhlichem Gelächter begrüßt. „Ich sehe, du bist so fleißig wie eh und je", sagte John Oxenham zu Mary. Sie nickte und sagte, wie glücklich sie sei, daß sie sich um die Kleinen kümmern durfte, die bei Bombenangriffen ums Leben gekommen waren. „Sie sind ja alle so verwirrt, wenn sie hierherkommen", erklärte sie, „daß man einfach alles für sie tun muß, was man kann."

Auf John Oxenhams Bemerkung hin, daß die Kleinen wohl kaum jemand besseren als Mary finden könnten, der sich um sie kümmerte, antwortete sie einfach: „Weißt du, ich liebe sie so sehr", und führte ihn in einen großen Raum, wo ein halbes Dutzend Kinder beim Essen saßen. Der Schriftsteller erhielt die Auskunft, daß sie sich noch nicht so gut an ihre jetzige Existenz gewöhnt hätten, daß sie erkannt hätten, daß sie auch ohne Nahrung auskämen. „Aber allmählich lernen sie es", sagte Mary, „und das spart dann eine ganze Menge Mühe."

Sie zeigte dem Besucher das übrige Haus, und er sah, daß jedes Kind sein eigenes, bescheiden eingerichtetes Zimmer hatte. Als er etwas über die viele Arbeit sagte, die sie da habe, antwortete sie: „Ich liebe sie... Ich brauche nichts anderes, um ganz und gar glücklich zu sein."

Mary hatte tatsächlich ihren ‚Himmel' gefunden.

John Oxenham schreibt: „Mein kleines Haus schwankte leicht und stand dann wieder still. Eine zweite Bombe hatte ihr Ziel nur knapp verfehlt. Es war genau 3.15 auf meiner Uhr. Fünfzehn gesegnete Minuten lang war ich in einer anderen Welt gewesen."

Sein ‚Traum', wie er ihn nennt, machte auf den Kranken einen so tiefen Eindruck, daß seine Tochter in dem Epilog zu seinem Buch schreibt: „J. O. wünschte nichts sehnlicher, als daß dieses Buch in diesen schweren Zeiten den Menschen helfen möge, mit ebenso großer Freude wie er dem neuen Leben entgegenzusehen, und daß es ihnen vielleicht ein wenig Angst und Furcht nehmen möge, die viele bei dem Gedanken an den Tod überfällt.

Für ihn war Tod immer gleichbedeutend gewesen mit einem neuen Anfang, einem neuen Leben, und damit steht durchaus im Einklang, daß seine letzte Botschaft so beschaffen ist. Wir hatten beide das Gefühl, daß ihm die Kraft geschenkt wurde, dieses Buch noch zu vollenden."

Drei Tage, nachdem die letzte Durchsicht abgeschlossen war, verschied John Oxenham. Sein Werk auf der Erde war getan.

Lilian Bailey hat ebenfalls einige der Wunder der geistigen Welt gesehen, während sie sich außerhalb ihres physischen Körpers befand. Es mag auf ihre große Liebe zu Kindern zurückzuführen sein, daß sie sich unter einigen der Kleinen, die die Welt tot nennt, wiederfand. Ich bat sie, einen Bericht über ihre astralen Erlebnisse zu schreiben. Hier ist er:

„Viel ist bereits gesagt und geschrieben worden über Astralreisen aller Art, doch mich hat es nie gedrängt, mich eingehend damit zu beschäftigen, noch hatte ich auch nur den leisesten Wunsch, diesen Zustand selbst zu erleben. Ich war schon immer vollkommen überzeugt, daß wir uns, während unser physischer Körper schläft, auf Reisen begeben und daß wir immer wieder mit denen zusammenkommen, die hinübergegangen sind. Für gewöhnlich kann unser Gehirn aber solche geistigen Erlebnisse nicht klar festhalten. Wir sind so mit unseren irdischen Sorgen und Kümmernissen beschäftigt, daß das Erlebnis verzerrt wird und für uns nur ein lebhafter Traum ist. Ich erwähne das, weil ich nicht möchte, daß man glaubt, meine astralen Abenteuer seien das Ergebnis eines Wunsches oder von Wunschdenken. Zweifellos werden einige über dieses Erlebnis ein negatives Urteil fällen oder sogar verächtlich darüber lachen. Das wird mich jedoch nicht im geringsten treffen, im Gegenteil, ich verstehe diese Menschen sehr gut, denn ich glaube, das hätte ich auch getan, wenn ich solch einen Bericht gelesen hätte, solange ich von diesen Dingen überhaupt noch nichts wußte. Ich weiß nur, daß die Dinge sich so abgespielt haben." Lilian Bailey beschreibt, wie sie eines Nachts, nachdem sie zu Bett gegangen war und tief in Gedanken so dalag, plötzlich einen Lichtfleck bemerkte, der über ihr schwebte. Er nahm keine Gestalt an, sondern drehte sich schnell, etwa wie ein glühendes Rad. Er senkte sich nieder und schien sich auf das Medium zu legen. „Ich hatte Herzklopfen", schreibt sie, „und mein Atem ging sehr schnell, aber nicht aus Angst. Ich war viel zu fasziniert, ja entzückt von dem Phänomen, als daß ich irgend etwas anderes als Staunen gefühlt hätte. Plötzlich schien ich mich zu erheben. Ich schaute auf mein Bett hinunter und sah dort meinen Körper ganz friedlich liegen. Das überraschte mich ganz und gar nicht. Es schien mir ganz natürlich, doch ich hatte Mitleid mit diesem unbeweglichen physischen Leib. Er sah recht müde und mitleiderregend aus, während ich mich so leicht und fröhlich fühlte. Ich fühlte mich etwa so, als sei ich gerade einem dumpfen, stickigen Zimmer entkommen. Nichts von dem, was geschah, schien seltsam. Ich bin ganz sicher, daß ich das schon bei anderen Gelegenheiten getan habe, daß ich mich aber nicht mehr daran erinnere. Jetzt kam es mir ganz und gar vertraut vor. Ich spürte, daß jemand bei mir war, konnte aber weder damals noch seither den Namen des Wesens aufnehmen. Ich erinnere mich nur, daß ich mich mühelos und schnell fortbewegte. Ich ging nicht, sondern alles schien automatisch zu gehen.

Schon bald befand ich mich in einem grünen Tal, das

herrlicher war, als Worte es beschreiben können. Nun ging ich — das üppige Gras war von einem satten, wunderbaren Grün. Ich trat es nicht nieder, sondern jeder Grashalm schien sich wieder zu seiner vorherigen vollkommenen Gestalt aufzurichten. Irgendwie schien von diesem Gras auch eine Kraft auszustrahlen, die mir Energie gab und belebend auf mich wirkte. Mich erfüllte tiefe Liebe zu diesem Gras und, so seltsam das auch scheinen mag, ich wußte, daß das Gras diese Liebe erwiderte und mir etwas von seiner eigenen Lebenskraft schenkte. Mir fehlen die Worte, um die Schönheit der Bäume in diesem Tal zu beschreiben. Manche waren hoch und schlank, andere waren gigantische, mächtige Exemplare. Ihr Laub war glänzender und ‚lebendiger' als alles, was ich auf Erden je gesehen hatte. Eine leichte Brise bewegte die Blätter und brachte sie zum Erklingen, wie das leise Klingeln der Glasgehänge an chinesischen Laternen, doch hier war der Klang voller Musik und Harmonie. Ich lehnte mich gegen einen der Bäume und blickte staunend auf die Schönheit und Pracht vor mir. Wieder spürte ich, wie Energie und Kraft von dem Baum kam. Mein unsichtbarer Gefährte war noch da und gab mir wahrscheinlich die Kraft oder Stärke weiterzugehen.

Überall waren Unmengen von Blumen in Größen und Farben, wie ich sie auf Erden nie gesehen hatte. Auch gab es Blumenarten, die mir nie vorher begegnet waren. Manche waren riesig, ihre Stengel so groß wie ich. Ich habe im Physischen keinen Geruchssinn, und auf der Erde weiß ich gar nicht, was dieser mir fehlende Sinn eigentlich bedeutet. Doch ich weiß, daß ich in jenem Tal den wunderbaren Duft der Blumen riechen konnte."

Das Medium sah viele Vögel, von denen manche ein unglaublich buntes Gefieder hatten. Ein Vogel, der aussah wie eine Taube, setzte sich auf ihre Schulter. Als das geschah, wurde sie zum ersten Mal von ihrem unsichtbaren Gefährten angesprochen, und eine männliche Stimme sagte zu ihr: „Das sind die Vögel der Kinder." Sofort fragte sich Lilian Bailey, wo diese unsichtbaren Kinder denn sein könnten. Noch als ihr diese Frage durch den Sinn ging, stellte sie fest, daß sie zu einer großen, grasbewachsenen Fläche gekommen war, die sie an Weideland erinnerte, die aber doch anders war. „Dort, auf dieser wunderschönen Wiese", schreibt sie, „waren etwa 50 fröhliche, lachende Kinder, die bunte Kleider anhatten. Sie sahen aus wie bunte Blütenblätter, die wahllos von einer großen Menge schöner Blumen fortgeweht worden waren. Die Kleinen gehörten den verschiedensten Nationalitäten an, manche waren auch dunkelhäutig. Als ich näherkam, schienen sie sich meiner Gegenwart bewußt zu werden. Ein entzückendes kleines Mädchen lief auf mich zu, warf ihre Arme um mich und begrüßte mich, als kenne sie mich gut. Das erschien mir gar nicht seltsam, denn diesem kleinen Mädchen war ich offenbar schon begegnet. Später erfuhr ich, daß ich diesem Kind durch meine Arbeit als Medium geholfen hatte, mit ihren geliebten Eltern in Verbindung zu treten. Daher begrüßte sie mich so herzlich." Auch viele der anderen Kinder begrüßten die Besucherin von der Erde. Obwohl ihre Stimmen nicht von außen an ihr Ohr drangen, wußte sie doch, daß sie zu ihr sagten: „Wir sind dir entgegengekommen." Lilian Bailey schreibt: „Mich erfaßte eine Welle ungeheurer Liebe für diese Kinder. Einfach nur bei ihnen zu sein an jenem Ort der Schönheit war für mich ein größeres Glück, als Worte es beschreiben können. Immer schon habe ich Kinder über alle Maßen geliebt, doch hier auf der Erde kann man ihnen nicht so ganz sagen, was man fühlt. Auf jener Wiese in der geistigen Welt wußten sie es, genauso wie ich es wußte, daß sie meine Liebe erwiderten. Ich kann nur vermuten, daß wir, wenn wir den physischen Leib mit seinen Begrenzungen einmal hinter uns gelassen haben, ohne Sprache kommunizieren können. Wahrscheinlich werden die Gedanken durch die Ausstrahlung der Seele oder Aura in Worte umgesetzt.

Die Kinder schienen etwa zwischen zwei und neun Jahre alt zu sein. Nie habe ich ein solches Glück gesehen, wie sie es ausstrahlten. Sie sahen überhaupt nicht ätherisch aus, sondern sie strotzten von Gesundheit und Lebenskraft. Die Älteren kümmerten sich offensichtlich sehr gern um die Jüngeren.

Dieser erste Besuch schien ganz abrupt zu enden. Ich erinnere mich, daß ich sehr schnell zurückkehrte. In meinem Zimmer sah ich meinen physischen Körper im Bett liegen, aber er schien sich unruhig zu bewegen. Wieder dachte ich: „Armes Ding!", denn irgendwie erweckte er großes Mitleid in mir. Das nächste, was ich wußte, war, daß ich hellwach in meinem Bett saß, begeistert und aufgewühlt von meiner lebhaften Erinnerung an das Geschehene."

Kurz darauf stattete Lilian Bailey wieder einen Besuch in der Astralsphäre ab in jenem Tal, das sie ‚Mein Tal' nennt. Bei dieser zweiten Reise sah sie dieselbe Landschaft wie zuvor, hielt sich aber nicht lange auf, sondern eilte gleich zu der Wiese, auf der die Kinder versammelt waren. Diesmal war jedoch eine Frau bei ihnen. „Sie sah sehr jung aus", schreibt Lilian Bailey, „doch war mir bewußt, daß sie viel älter war als ich. Seit ich in ihr schönes, heiteres Gesicht geblickt habe, weiß ich, was strahlendes Glück bedeutet." Diese Frau erzählte ihr, daß die Kinder ihr entgegengekommen waren, weil sie selbst den Ort in den Sphären, an dem jene eigentlich lebten, nicht besuchen konnte. „Du findest es hier sehr schön", sagte die junge Frau „aber das ist nur ein Bruchteil ihrer eigentlichen Umgebung. Wenn nur alle, die kleine Kinder lieben, wüßten, wie sehr sie hier in der geistigen Welt geliebt und umhegt werden. Es würde die Menschen auf der Erde glücklich machen, wenn sie sehen könnten, was alles für die Kleinen hier getan wird."

Das Medium schreibt weiter: „Ich sah den Kindern bei ihren fröhlichen Spielen zu. Ich hörte ihr Lachen durch das Tal schallen. Die Erinnerung an diese Szene vertreibt jegliche Depression. Es ist gut zu wissen, daß diejenigen, die die Pforte des Todes durchschreiten, in ein Leben gehen, das viel schöner ist als das, das sie hinter sich lassen. Ich wünschte, daß alle Eltern der Erde mein schönes grünes Tal besuchen könnten, damit die Angst vor dem Tod von ihnen genommen würde."

Das Geistwesen sagte zu dem Medium: „Ich bin so glücklich, daß du hierhergekommen bist. Wir möchten so gern, daß du den Kleinen hilfst."

„Wie kann ich denn irgend etwas für sie tun?" fragte das Medium erstaunt. „Es ist doch alles so schön hier. Was könnte ich für sie tun, das nicht bereits getan wird?"

Das Geistwesen erklärte, daß nicht alle ‚toten' Kinder glücklich und zufrieden seien. „Wenn sie in die geistige Welt kommen", sagte sie, dann verursacht zunächst der Gedanke an den Schmerz der Eltern viel Leiden bei den Kleinen. Sie wissen ja so genau, was in ihrem irdischen Zuhause vor sich geht. Sie haben Angst davor, zurückzukehren und Zeuge des Schmerzes ihrer Lieben zu werden. Sie bemühen sich so sehr, ihren Eltern zu sagen, daß sie nicht tot sind. Ihre Bemühungen sind oft herzzerreißend. Wenn du nur die Freude eines Kindes miterleben könntest, das in der Lage war, den Hinterbliebenen ein Wort des Verstehens zu übermitteln, dann würdest du mehr − und immer mehr − tun, um hier zu helfen. Jedes neue Erlebnis, das ein Kind hier hat, wird sorgfältig gehütet in der Hoffnung, es der Mutter oder dem Vater erzählen zu können. Du kannst dazu beitragen, daß sich der Schmerz vieler Kinder in Freude verwandelt. Jenen auf der Erde, die bereit sind, diesen lieben Kindern zu helfen, den Kummer und den Schmerz ihrer Eltern zu bannen, werden wir jede Hilfe zuteil werden lassen, die in unserer Macht liegt."

Auf der Stelle versprach das Medium feierlich, daß sie alles daransetzen würde, den ‚toten' Kindern zu helfen. Ich kann für ihre Aufrichtigkeit bürgen, wenn sie schreibt: „Ich bete darum, daß traurige oder trauernde Eltern, die diese Zeilen lesen, mir glauben, wenn ich ihnen sage, daß ihre Kinder, die hinübergegangen sind, immer noch ihre Liebe brauchen. Vor allem aber wünschen sich die Kleinen euer Glück. Wenn sie euch von ihrer neuen Welt aus trauern sehen, dann können sie die Schönheit und die Wunder ihrer geistigen Sphären nicht genießen. Die grenzenlosen Möglichkeiten, die sich ihnen im Jenseits bieten, bedeuten ihren liebenden Herzen wenig, wenn sie ständig euer verzweifeltes Wehklagen hören. Sie leben ja. Sie können euch hören, wenn ihr ruft. Wenn ihr ihnen die Gelegenheit gebt, dann werden sie wieder mit euch sprechen."

Kapitel XIX

„Denn ihrer ist das Himmelreich"

Alle Menschen, die ihr irdisches Leben dem Dienst am Nächsten widmeten, dienen auch in der geistigen Welt weiter der Menschheit. Auf Erden mögen sie sich Atheisten genannt haben. Andererseits haben sie vielleicht innerhalb der engen Grenzen eines orthodoxen Glaubens gelebt. Als was immer sie sich auch bezeichnet haben oder ob ihnen eine bestimmte religiöse Lehre ganz fehlte, sie folgen dem Ruf des Dienens und der Selbstverleugnung. Sie mögen durch ihre guten Werke berühmt geworden sein oder auch im stillen, nur von wenigen erkannt, gewirkt haben.

Es gibt Menschen, die ihr Leben auf der Erde der Verbreitung wissenschaftlicher Erkenntnisse widmeten. Andere waren den Gestrauchelten behilflich und trösteten die Mutlosen. Edle Frauen mit Zartgefühl, Mitleid und Verständnis haben ihre Lebensaufgabe darin gesehen, Leiden zu lindern und die Kranken zu pflegen. Andere haben sich der Aufgabe gewidmet, für unerwünschte und vernachlässigte Kinder zu sorgen und sie zu erziehen. Psychologen haben sich speziell mit den Problemen schwieriger, unberechenbarer oder zurückgebliebener Kinder befaßt. Andere widmeten ihr Interesse der wichtigen Aufgabe, das Denken der Kinder auszubilden und zu bereichern. Erwachsene, die keine besonderen Qualifikationen hatten außer einer aufrichtigen und ehrlichen Zuneigung zu Kindern, haben allen, die in ihren Wirkungsbereich kamen, ihre Liebe in reichem Maße geschenkt. Das Motiv aller, die der Menschheit dienen, liegt in geistigen

Eigenschaften, die sie auch nach dem sogenannten Tod noch besitzen. Es ist also ganz natürlich, daß sie nach ihrem Übergang auch weiterhin ihrer Berufung folgen.

Im Jenseits gibt es keine materiellen Überlegungen und auch keine konventionellen weltlichen Verhaltensnormen. Jene Frauen, die aus irgendeinem Grund ihre starken Muttergefühle auf der Erde nicht unmittelbar ausleben konnten, finden nach dem ‚Tod' zu ihrer Berufung. In ihre Obhut kommen Kinder, die während ihres kurzen Lebens auf der Erde niemals Mutterliebe erfahren haben. Kinder, die mißhandelt wurden, die unerwünscht oder vernachlässigt waren, werden nach ihrem Übergang durch die Liebe einer geistigen Mutter entschädigt.

Nicht alle Frauen in der geistigen Welt sind für solch eine wichtige Aufgabe geeignet, ob sie nun auf Erden Kinder hatten oder nicht. Doch wenn der starke Mutterinstinkt im physischen Leben unterdrückt werden mußte, dann kann er im Jenseits ausgelebt werden zum Wohl und Nutzen aller Beteiligten. Es gibt winzige Wesen, deren Geistkörper genährt und gepflegt werden müssen. Die Früh- und Totgeborenen brauchen Fürsorge und Zuwendung, bis ihr Geistkörper den normalen Entwicklungsstand erreicht hat. Bei dieser Aufgabe wirken Pflegerinnen, Ärzte und andere Spezialisten in der geistigen Welt zusammen.

Als man Rupert, Edith Clements' Geistführer, einmal fragte, wie die frühgeborenen Kinder in der geistigen Welt empfangen würden, antwortete er: „Wenn ihr nur sehen könntet, wie wunderschön die Heime sind, in die diese Winzlinge gebracht werden und wo sie dann aufgezogen werden. In diesen Heimen, die Kinderpflegeheimen ähneln, nur daß sie heller, freundlicher und oft im Freien sind, gibt es Pflegerinnen und geistige Helfer. Einige von ihnen behüten diese kleinen Seelen und kümmern sich um sie, als seien es kostbare Blumen. Es ist ein wunderbares Erlebnis, dort einen Besuch abzustatten und die verschiedenen Stufen der Entwicklung zu sehen. Man sieht dort die winzigen Gestalten der Frühgeborenen, wie sie in keiner Weise eingeengt und doch sicher gebettet liegen. Man nimmt wenig Bewegung wahr, da sie noch zu klein sind, um ihre Glieder zu regen."

Wenn es auch, wie schon gesagt, in den Äthersphären keine Territorien im irdischen Sinne gibt, so fühlen sich die ‚toten' Kinder doch in ganz natürlicher Weise zu dem ihnen gemäßen Zustand geistigen Lebens hingezogen, und dieser dann ist in einer bestimmten geistigen Sphäre konzentriert. In der Sphäre, die den Kindern gehört, gibt es alles, was man sich nur wünschen kann, um ihr Wohlergehen, ihr Glück und ihre Entwicklung zu fördern. Die Kinder können geliebte Wesen sowohl auf der Erde als auch in der Ätherwelt besuchen, doch bildet ihre eigene Sphäre das Zentrum ihrer Aktivität. Die Erwachsenen, die dort leben, bleiben in dieser Sphäre, weil sie damit ihrer Berufung folgen. Viele von ihnen sind hochentwickelte Geister, die freiwillig in der Sphäre der Kinder bleiben, statt ihr rechtmäßiges Erbe in höheren Daseinsebenen anzutreten.

Im Jenseits gibt es keine ungeliebten oder vernachlässigten Kinder. Gibt es keine ‚toten' Verwandten, die sich angemessen um die Kinder kümmern können, werden diese der Obhut von geistigen Müttern übergeben, die ihnen ihre Liebe schenken. Sie tun alles in ihrer Macht Stehende, um den Neuankömmlingen zu helfen, sich an ihren veränderten Zustand zu gewöhnen. In Heimen, die so entworfen sind, daß sich die Kinder dort wohlfühlen können, versammeln die geistigen Mütter ihre Schutzbefohlenen um sich. Sie erzählen ihnen die vertrauten Geschichten, die zu hören sie auf Erden nie müde wurden. Sie erzählen ihnen neue, wundersame Geschichten aus der Welt, die sie jetzt bewohnen. Die geistigen Mütter tun alles, um die Kinder zu trösten, die unglücklich sind, weil ihre Eltern auf Erden ihren Verlust betrauern und nicht merken, wie oft die Kleinen zu ihnen zurückkehren. ‚Tote' Kinder wollen ihre Eltern nicht vergessen, und man ermuntert sie auch nicht dazu. Wann immer es wünschenswert ist, hilft man ihnen, in ihr Zuhause zurückzukehren und diejenigen, die sie lieben, mit eigenen Augen zu sehen. Unter den richtigen Voraussetzungen werden sie sich, wann immer das möglich ist, bei einer Séance, bei einem Hauskreis oder anderswo melden.

Ihr werdet euch vielleicht fragen, ob die Rückkehr der ‚toten' Kinder zu ihren Lieben ihren Fortschritt in der anderen Welt behindert. Warum denn? Sollen denn eure Kinder auf der Erde nicht aus der Schule nach Hause kommen? Sollen sie denn nicht ihr Spiel für einige Augenblicke unterbrechen, um euch zu erzählen, was für einen Spaß sie dabei haben? Sollen sie denn nicht zu euch gelaufen kommen, um euch voller Aufregung von den Erlebnissen zu berichten, die ihr nicht mit ihnen teilen konntet? Ja, sollen sie denn nicht, ehe sie ins Bett gehen, kommen, um von euch den Gutenachtkuß zu bekommen?

Der Wunsch der Geistkinder, zu ihren Eltern zurückzukommen, ist ganz natürlich. Er hält weder ihre geistige Entwicklung auf, noch beunruhigt er ihr Gemüt. Nur wenn sie feststellen, daß man sie als für immer verloren betrauert, werden sie traurig und verwirrt. Dann, und nur dann, ist es für ihre geistigen Betreuer wirklich schwer, sie zu trösten.

Wenn Erwachsene in die geistige Welt gehen, bringen sie den Charakter mit, den sie auf Erden ausgebildet haben. Ihre neue Umgebung hängt von dem Leben ab, das sie auf der Erde geführt haben. Wir Erwachsene können nicht erwarten, daß wir den Folgen unseres Verhaltens und unserer Taten auf Erden entgehen, wenn wir in die andere Welt kommen, wenn wir auch einen Ausgleich dafür schaffen können. Unser geistiger Fortschritt hängt von der Sühne ab, die wir für vergangene Missetaten leisten. Der Schöpfer hat uns mit der Würde persönlicher Verantwortung begabt. Es gibt keinen göttlichen Mittler zwischen uns und Gott. Doch bekommen wir in der geistigen Welt auch unseren Lohn für von uns unverschuldetes Leiden, das wir auf der Erde getragen haben.

Wenn ein Kind ‚stirbt', ist die Situation eine andere, denn es geht, von irdischem Irrtum relativ unangefochten, in die geistige Welt hinüber. Kinder waren den Belastungen nicht ausgesetzt, die die Erwachsenen aufgrund ihrer Sorgen, Verantwortlichkeiten und Versuchungen hatten. Sie müssen keine niebegangenen Missetaten ausgleichen. Sie können sofort ihr rechtmäßiges, strahlendes Erbe in der geistigen Welt antreten. Und doch sind die Waagschalen der Gerechtigkeit im Gleichgewicht, denn da die Kinder von den weltlichen Versuchungen unberührt geblieben sind, sind sie auch ärmer an menschlicher Erfahrung. Ihre unerprobten Seelen haben nie die Höhen menschlichen Strebens erfahren, noch die Freude empfunden beim Sieg über Schwierigkeiten. Sie wissen kaum etwas von der Verfolgung edler Ideale im Dienste der Menschheit. Nie haben sie das Gefühl der Befriedigung erlebt, das sich einstellt, wenn einem nach langem Kampf und vielen Mühen Erfolg beschieden ist. Ihr Intellekt ist unreif, ihr Charakter muß erst noch erprobt werden. Sie müssen in der geistigen Welt Dinge lernen, die die Erwachsenen bereits in der Schule des Lebens bewältigt haben. Die früh Verschiedenen müssen Wissen erwerben und Erfahrung sammeln, damit ihr Fortschritt und ihre Entwicklung nicht behindert werden.

In jenem klassischen Werk ‚Spirit Teachings', das von dem Schreibmedium Rev. W. Stainton Moses stammt, behandelt ein hochentwickeltes Geistwesen einige Fragen, die sich aus dem ‚Tod' von Kindern ergeben. Dieser weise Geistlehrer sagt: „Wenn die Seele nicht verunreinigt ist, kann sie schnell durch die Sphären der Läuterung hindurchgehen, doch dem fehlenden Wissen und der fehlenden Erfahrung muß Abhilfe geschaffen werden durch Erziehung und Ausbildung durch Geistwesen, deren besondere Sorge eben der Ausbildung dieser zarten Seelen gilt und die ihnen das vermitteln, was ihnen auf Erden entgangen ist. Es ist kein Gewinn, von der Erde genommen zu werden, außer in einer Hinsicht – daß man nämlich von sich bietenden Gelegenheiten falschen Gebrauch hätte machen können, was zu einem großen Verlust geführt und den Fortschritt aufgehalten hätte... Manch ein Geistkind verläßt das Erdenleben rein und unbefleckt, das Versuchungen und schwerer Belastung ausgesetzt gewesen wäre. Und so gewinnt es an Reinheit, was ihm an Erkenntnis verlorengeht."

Der Geistlehrer weist darauf hin, daß „Liebe und Erkenntnis der Seele weiterhelfen. Das Kind mag das eine schon besitzen, das andere kann es nur durch Erziehung und Bildung erwerben."

Die Spielplätze in den Sphären, die Wälder und Lichtungen, die Täler und Hügel, die Seen und Wiesen hallen wider von den Stimmen glücklicher, sorgenfreier Kinder. Unter idealen Bedingungen spielen sie viele Arten organisierter Spiele. Für die Kinder in der geistigen Welt ist es genauso wichtig, sich auf vielfältige Weise gesunde Bewegung zu verschaffen wie für die Kinder auf der Erde. Ihre Spiele fördern die Entwicklung von Anmut und rhythmischem Empfinden in ihrem heranreifenden Ätherkörper. Doch sind die organisierten Spiele eher auf Zusammenwirken als auf Wettstreit ausgerichtet. Sie sind so angelegt, daß egoistische Leistung und Stolz auf eigene Geschicklichkeit ausgemerzt werden. Um ein Spiel zu gewinnen, bedarf es nicht unbedingt persönlicher Leistung, sondern der Zusammenarbeit und des guten Willens.

In den geistigen Sphären gibt es keinen Sport und keinen Zeitvertreib, bei dem die Stärkeren die Schwächeren ausnützen.

Wie die Erwachsenen fühlen sich auch die Kinder bei ihrem Übergang zunächst zu demselben ätherischen ‚Ort' hingezogen wie andere ihrer Rasse und Nationalität. Ein Chinesenmädchen oder -junge könnte sich in einer nach westlichem Muster entworfenen Wohnstätte fehl am Platze oder gar unglücklich fühlen. Normalerweise werden Kinder von Mitgliedern ihrer eigenen Rasse oder Nationalität begrüßt. Doch tiefsitzende Vorurteile in bezug auf Rasse, Hautfarbe, Glaube und Kaste werden in den Kindersphären schnell überwunden, denn dies sind falsche Barrieren der physischen Welt. Vorausgesetzt, die Kinder passen von ihrem Temperament und ihrer Entwicklung her zusammen, finden sich hell- und dunkelhäutige fröhlich bei Arbeit und Spiel zusammen. Die

Eigenschaften der Seele sind in der geistigen Welt der einzige Maßstab für höhere Stellung.

Pamela Nashs farbiger Kontrollgeist Topsy, ein Kind, das mit dem Gefühl großer Bitterkeit gegenüber Weißen in die geistige Welt kam, wurde von ihrer geistigen Mutter sanft geleitet und beeinflußt, bis das kleine Mädchen ihre Feindschaft überwunden hatte. Sie erzählte Norman Swaine bei einer seiner Sitzung mit Pamela Nash, daß sie, nachdem sie eine Weile in der geistigen Welt war, den anderen ‚toten' Kindern, mit denen sie zusammen war, einfach nicht widerstehen konnte. Swaine erzählt in seinem Buch „Autobiography of Two Worlds", daß Topsy sagte, die Kinder seien so lieb gewesen, daß sie die Barrieren der Ablehnung niederreißen konnten, die sie selbst unbewußt um sich herum aufgebaut hatte. „Ich lernte sie zu lieben", sagte Topsy, „und ihnen meine Gedanken fast ebenso freimütig mitzuteilen, wie sie es taten. Ich erfuhr etwas von der Freude und dem Glück, das daraus entstand, daß ich wußte, daß ich jemanden liebte, der meine Liebe erwiderte, und allmählich verschwand meine Bitterkeit, je mehr mein Verständnis wuchs."

Topsy erzählte Norman Swaine über ihre Erlebnisse in der geistigen Welt noch folgendes: „Viele Kinder meines Alters kamen in unser Heim, wo sich geistige Mütter um sie kümmerten. Wir waren eine glückliche Kinderschar, wir lernten die Schönheit der Blumen und Bäume und die Wunder des Lebens in der geistigen Welt und der Entfaltung der Seele begreifen, angeleitet durch unsere liebevollen Mütter, deren einzige Qualifikation darin bestand, daß sie die Kinder liebten. Wir lernten auch so viel aus unseren täglichen Gesprächen miteinander – mit Kindern aller Hautfarben und Nationen, die hier zu einer glücklichen Familie vereint waren. Wir sprachen über alles, was uns betraf, denn hier gab es nicht jene Zurückhaltung oder Scheu wie auf der Erde, und wir verbrachten viele glückliche Stunden in den Gärten, wo wir unsere Erlebnisse und Geschichten austauschten."

Die Kinder in der geistigen Welt gehen ebenso zur Schule wie die Kinder auf der Erde. Wenn sie eine bestimmte Stufe ihrer intellektuellen Entwicklung erreicht haben, beginnen sie, am Unterricht teilzunehmen, der von besonders qualifizierten Erwachsenen erteilt wird.

Eine ‚tote' Lehrerin erzählte Mr. Guy P. I. L'Estrange bei einer Séance, daß sie sich auf den Unterricht von Kindern zwischen 11 und 13 Jahren spezialisiert habe. Er veröffentlichte einen Bericht über diese Séance im „Yarmouth Independent".

„Kannst du mir etwas über deine Schule sagen?" fragte er die geistige Lehrerin. „Sie befindet sich nicht in einem Gebäude, sondern in einem Garten", antwortete sie. „Der gesamte Unterricht findet im Freien statt, inmitten von Bäumen, Blumen und Vögeln. Den Kindern gefällt das so viel besser, als wenn sie zwischen vier Wänden eingesperrt sind." L'Estrange fragte, ob denn die freie Natur nicht die Aufmerksamkeit der Schüler ablenke. Die Lehrerin sagte, das sei nicht der Fall, und erklärte: „Es ist oberste Pflicht jedes Lehrers, das Interesse seiner Schüler zu fesseln. Wenn einem das gelingt, dann braucht man auch nicht zu befürchten, daß sie nicht aufmerksam sind."

„Du als Lehrerin liebst dein Arbeit natürlich", sagte L'Estrange. „Sind deine Schüler von dem, was sie lernen müssen, genauso begeistert?"

„Natürlich", antwortete sie. „Die Kinder würden nicht zum Unterricht kommen, wenn er ihnen keinen Spaß machte. In der geistigen Welt gibt es keine Schulpflicht."

Sie erklärte weiter, daß es beim irdischen Unterricht zwar manches gebe, was man im Jenseits für überflüssig hielt, daß es aber andererseits viele Dinge gebe, die den Kindern bei ihrer intellektuellen und geistigen Entwicklung helfen. „Man muß ihnen Kenntnisse vermitteln über das wunderbare Universum, zu dem sie gehören. Sie müssen die großen Naturgesetze verstehen lernen. Man zeigt ihnen, wie die Strafe auf dem Fuß folgt, wenn man nicht in Einklang mit diesen Naturgesetzen handelt."

„Gibt es in deiner Schule mehr als eine Klasse?" war die nächste Frage. „Nein", antwortete die Lehrerin, „ältere oder jüngere Kinder werden anderswo unterrichtet. Ich war bestrebt, mich auf die Unterweisung von Kindern einer bestimmten intellektuellen Entwicklungsstufe zu spezialisieren. Selbst als ich mit der Hilfe von Freunden meinen Garten plante, war ich sorgsam darauf bedacht, etwas zu schaffen, das die denkbar beste Wirkung auf die Seele meiner zukünftigen Schüler haben würde." L'Estrange rief aus: „Ich staune, wie gründlich in der geistigen Welt alles getan wird!"

„In unseren Sphären", sagte die Lehrerin, „nehmen die Menschen nur die Arbeit auf, die sie von ganzem Herzen lieben; so ist es nur natürlich, daß alles mit großer Gründlichkeit geschieht."

Ihr Klassenzimmer im Garten war so angelegt, daß die Kinder dazu angeregt wurden, viele der wunderschönen Dinge, die sie auf Erden übersehen hatten, weil sie keinen materiellen Wert hatten, schätzen zu lernen. Die ‚tote' Lehrerin führte zum Beispiel aus, daß Kinder auf der Erde wilde Blumen gar nicht beachten, weil ihre Eltern diesen keinen Wert beimessen. „Diese Gewohnheit", sagte sie, „setzt sich später im Leben fort und erstreckt sich auch auf andere Dinge mit dem Ergebnis, daß sich allmählich falsche Ideale im Denken festsetzen und daß die schönen, einfachen Dinge der Schöpfung, die so viel Freude schenken können, vergessen werden." Sie sagte, daß sie in ihrem Garten das Gänseblümchen und die Heckenrose an ebenso prominente Stelle gepflanzt habe wie die hochgeschätzte Lilie oder die Orchidee und andere ausgewählt schöne Züchtungen.

„Den Kindern fällt das auf", fuhr sie fort, „und nachdem sie ihr erstes Erstaunen überwunden haben, beginnen sie, ihre Gefühle zu analysieren.

‚Wie komisch!' sagen sie. ‚Noch nie ist uns aufgefallen, daß diese Blumen so schön sind.' Und weil ihnen ihre Entdeckung, daß Schönes auftauchen kann, wo sie es nie vermutet hätten, gefällt, halten sie auch an anderer Stelle danach Ausschau. Bald lernen sie alle möglichen Dinge nach ihrem wahren Wert zu schätzen, ohne sich von konventionellen Vorstellungen beeinflussen zu lassen."

Manchmal erzählte die Lehrerin ihren Schülern die Lebensgeschichte großer Menschen, die jetzt in der geistigen Welt lebten, und gelegentlich bekamen sie auch Besuch von einer der großen Persönlichkeiten, von denen sie erzählt hatte. „Wenn solch ein Besuch kommt", erzählte sie, „sind die Kinder ganz besonders begeistert. In ihren Augen ist das so, als ob ein Held aus dem Bilderbuch lebendig wird."

Auf die Frage, in welchem Alter die Kinder aufhörten, zur Schule zu gehen, antwortete sie: „Es gibt keine Altersgrenze. Ich kann euch versichern, daß es in manchen Schulen hier schon recht alte Schüler gibt, denn in unseren Sphären gibt es immer viel zu lernen."

In der materiellen Welt können Kinder oft einen bestimmten Bildungsweg nicht einschlagen, weil ihre Eltern nicht die nötigen Mittel besitzen. Das ist in der geistigen Welt nie der Fall, wo ja finanzielle Überlegungen keine Rolle spielen. Vorausgesetzt, der gewählte Beruf ist konstruktiv und nicht destruktiv, wird der Schüler Spezialisten in seinem bestimmten Interessensgebiet finden, die bereit, ja sogar begierig sind, Kenntnisse und Unterweisung in dem geforderten Bereich weiterzugeben.

In der geistigen Welt kann man von einem Ort zum andern gelangen, ohne durch physische Grenzen in irgendeiner Weise behindert zu werden. ‚Tote‘ Kinder können also ihren Studien auf viel interessantere Weise nachgehen als Kinder auf der Erde. Botaniker und andere Naturkundler können ihre Schüler an jeden Ort der ätherischen oder irdischen Welt führen, den sie wollen. Wenn irgendein Exemplar der belebten oder unbelebten Natur aus eigener Anschauung untersucht werden soll, können Schüler und Lehrer sofort zu dem gewünschten Ort reisen. Es gibt Laboratorien, die mit allen möglichen wissenschaftlichen Instrumenten ausgestattet sind, wo die Schüler unter Anleitung und Führung von Experten experimentieren können.

Wunderbare und nützliche handwerkliche Fähigkeiten können erlernt werden von Meistern ihrer Kunst. Es gibt Werkstätten, in denen reges Schaffen herrscht und wo die Schüler durch Einsatz ihrer eigenen Geschicklichkeit ihre kreativen Ideen in die Tat umsetzen können.

Viele der Maler, Komponisten, Musiker und Designer, die in der geistigen Welt ihrer Berufung folgen, sind im allgemeinen bereit, vielversprechenden Schülern ihr Wissen mitzuteilen.

„In unserer Welt", sagt Silberbirke, „gibt es Lehrer, die nur einen Blick auf einen Schüler zu werfen brauchen, um zu wissen, ob er ein Talent für Musik oder Malerei hat. Sie beginnen sofort damit, die junge Seele darin zu unterrichten, das in ihr liegende natürliche Talent zu entfalten. Man versucht nicht, eine Entwicklung zu forcieren, die für die Seele nicht geeignet ist. Man versucht nicht, aus dem Musiker einen Maler oder aus dem Maler einen Musiker zu machen. Wir haben in unserer Welt viel mehr Möglichkeiten als ihr, die vielfältigen Formen und Farben zu erklären, die dadurch den Kindern gezeigt werden, daß sie ihre eigenen Gedanken hervorbringen.

Wenn wir etwas beschreiben wollen, brauchen wir nur daran zu denken. Dadurch daß wir daran denken, lassen wir es entstehen. Wenn wir es dann geschaffen haben, müssen wir uns auf eine bestimmte Form und dann auf die Farbe konzentrieren. Wenn es sich um eine Malstunde handelt, werden die Lehrer an die Farben und Formen der Vorlagen denken, die die Kinder malen oder zeichnen möchten. Alle unsere Vorlagen sind nicht willkürlich, sondern natürlich und entstehen aus jener Substanz, die die größte Formbarkeit besitzt — aus dem Gedanken."

Bei einer anderen Séance beschrieb Silberbirke die Hallen der Musik, wo jeder, der wollte, jedes gewünschte Stück eines Komponisten hören konnte. „Diese Kompositionen", so sagte er, „werden für uns von den großen Meistern, die in eurer Welt gelebt haben, gespielt. Jedes Stück wird aufgezeichnet. Wir können mehrere Meister nacheinander dasselbe Stück für uns spielen lassen, so daß wir all das Schöne und Künstlerische, verschieden interpretiert, hören können."

Er erklärte, daß hochentwickelte Wesen auch eigene

Musik schaffen können. Wegen der großen Möglichkeiten, die sich ihnen in der jenseitigen Welt bieten, können sie mit musikalischen Ideen experimentieren, wie es ihnen in der materiellen Welt gar nicht möglich ist.

Für viele von uns wäre das Leben in der geistigen Welt unvollkommen, wenn wir nicht unsere Tiere hätten. Wenn uns noch Bande der Liebe verbinden, dann erwarten uns unsere ‚toten' Tiere wie die Menschen in der geistigen Welt. Viele Kinder sind überglücklich, daß sie von einem geliebten Tier, dessen ‚Tod' dem ihren vorausging, begrüßt werden. Im allgemeinen empfinden Kinder eine große Liebe für Tiere. Diejenigen, die in ihrem irdischen Leben nie ihre Zuneigung einem Haustier schenken durften, bekommen in der geistigen Welt Gelegenheit, solch einen langersehnten Gefährten zu haben. Es herrscht große Kameradschaft zwischen jungen Tieren und Kindern. Habt ihr je einem Kind zugeschaut, das mit einem jungen Hund spielt? Ich finde, das ist ein reizender und recht rührender Anblick. Für mich verkörpern sie die natürliche Verwandtschaft, die zwischen allen jungen Geschöpfen gleich welcher Gattung herrschen sollte. In Großbritannien und vielen anderen Ländern hält man die Kinder für gewöhnlich dazu an, ihre Haustiere zu lieben. Man bringt ihnen bei, daß das Wohlergehen solcher Tiere vom Menschen abhängt und daß sie rücksichtsvoll und einfühlsam behandelt werden müssen. Die Kinder beobachten, daß die Tiere rückhaltlos auf die ihnen entgegengebrachte Zuneigung reagieren.

Leider gibt es aber auch Kinder auf der Erde, deren Eltern es zulassen, daß sie bestimmte hilflose Kreaturen grausam behandeln. Man bringt ihnen bei, die Haustiere mit Liebe und Respekt zu behandeln, erlaubt ihnen aber, andere Tiere zu töten. Bei ihrem Übergang erfahren sie dann, daß alle hilflosen Kreaturen dasselbe Recht auf rücksichtsvolle Behandlung haben. Sie lernen, daß auch andere Tiere als die Haustiere auf Schmerz und Unangenehmes reagieren, ganz ähnlich wie Menschen, denn unser gemeinsames Erbe verbindet uns. Im allgemeinen sind Kinder vernünftige Wesen. Wenn man sie auf die schreienden Ungerechtigkeiten bei der Behandlung von Tieren aufmerksam macht, fällt es ihnen nicht schwer, sich andere Verhaltensnormen zu eigen zu machen.

Das auf der Erde konventionelle Verhalten ist in der geistigen Welt nicht unbedingt gut. Manche Eltern glauben, das sich das Verhalten der Kinder stets nach den von ihren Eltern aufgestellten Konventionen richten sollte. Jedes Abweichen von dem vorgeschriebenen Kodex wird von den Eltern mit Stirnrunzeln betrachtet. Man ermuntert die Kinder nicht dazu, selbständig zu denken oder zu handeln, noch dürfen sie von den strengen Vorschriften dessen, was ‚man tut‘ und was ‚man nicht tut‘ abweichen. Kein Wunder, daß manche Kinder dadurch in ihrer Weltsicht äußerst beschränkt sind — sie sind sozusagen genormte Erzeugnisse eines materiellen oder gesellschaftlichen Verhaltenskodex. Die Individualität wird unterdrückt, und über jeden Ausdruck der eigenen Persönlichkeit ist man schockiert.

In der geistigen Welt fördert man bei Kindern stets eigenständiges Denken und eigenständige Ansichten. Sie lernen es, sich ohne Hemmungen zu geben, wie sie sind. Ihr so beeindruckbares Gemüt wird von ihren Lehrern und Beschützern geführt, aber nie gezwungen.

Es gibt auf der Erde aber auch Eltern, die wirklich jeder Laune ihres angebeteten Lieblings nachgeben. Eine wunderbare, liebenswerte Veranlagung kann so von zu nachgiebigen Eltern verdorben werden, und aus einem an sich guten Charakter kann ein selbstsüchtiges Wesen werden, das keine Rücksicht auf andere kennt. Ein verzogenes, mürrisches Kind wird durch den ‚Tod' nicht plötzlich zu einem sanften Engel. Doch durch eine weise, besonders dafür bestimmte Umerziehung wird das Kind sanft, aber bestimmt zu einem neuen Verhalten gebracht. Dabei helfen geistige Mütter, Beschützer und Lehrer, und sie alle ermutigen schwierige Kinder dazu, die in ihnen liegenden guten Eigenschaften zu entfalten, die zu entwickeln sie auf der Erde keine Möglichkeit hatten.

Verwöhnte, verzogene Kinder sind nur selten glücklich. Weder körperlich noch geistig sind sie ganz gesund. Oft sind sie auch bei Gleichaltrigen nicht beliebt und werden mißverstanden. Im Jenseits finden sie viele Kinder, die ihnen wohlgesinnt und die bereit sind, mit ihnen zu spielen und ihre Zeit zu verbringen. Sie entdecken, daß in den Sphären der Kinder Brüderlichkeit und Harmonie herrscht. Sie lernen, daß freundschaftliches Zusammenwirken in Spiel und Arbeit für sie bedeutet, daß sie nicht mehr mißverstanden werden, daß sie nicht mehr einsam sind, daß sie sich nicht mehr langweilen und daß rücksichtsvolles Verhalten anderen gegenüber in ihr vorher unzufriedenes Leben ein Glück bringt, von dem sie sich nie hätten träumen lassen.

Kapitel XX

Bürger von morgen

Auf der Erde widmen charaktervolle und integre Männer und Frauen ihr Leben der Unterweisung von Kindern. Sie wissen sehr viel von der Seele des Kindes, und sie bemühen sich unausgesetzt, den Kindern ein Gefühl der Verantwortung als zukünftige Bürger der Erde zu vermitteln. Doch das Wissen, das sie der Jugend zur Verfügung stellen können, bemißt sich nach der irdischen Erfahrung, die diese Lehrer in bestenfalls einigen Dutzend Jahren gesammelt haben.

In der geistigen Welt gibt es hochentwickelte Wesen, die, nachdem sie in ihrem Erdenleben beachtliches Wissen angesammelt haben, seit ihrem Übergang nicht aufgehört haben, weitere Weisheit und geistiges Urteilsvermögen zu erwerben. Dieses reiche Wissen steht den auf der Erde Lebenden immer noch zur Verfügung.

Menschen, die vom Spiritualismus wenig wissen, behaupten manchmal, daß nur triviale, alltägliche Dinge aus dem Jenseits durchgegeben werden. Ein kurzer Blick auf die Literatur des Spiritualismus widerlegt solche Behauptungen mit Leichtigkeit. Die ‚Toten' haben bisher wertvolle Beiträge geleistet auf allen möglichen Wissensgebieten, in der Naturwissenschaft, bei Erfindungen, in Literatur, Musik und anderen Künsten und werden das auch in Zukunft tun. Hier einige wenige Beispiele: Durch J. H. Curran, ein amerikanisches Medium mit durchschnittlicher Bildung, kamen in automatischer Schrift Texte in der Prosa Chaucers. Das Geistwesen, das sie durchgab, Patience Worth, sagte, sie habe im 14. Jahrhundert gelebt. Mrs. Curran zeichnete Tausende von Wörtern auf, die für sie zwar ohne jede Bedeutung waren, von denen Literaturexperten jedoch sagten, daß sie Englisch aus dem 14. Jahrhundert seien. Einige der von diesem Medium empfangenen Gedichte wurden wegen ihrer Schönheit mit einem Preis ausgezeichnet. Allerdings hatte man den Preisrichtern nichts von ihrem geistigen Ursprung gesagt.

Oscar Wilde hat sein Weiterleben nach dem Tode durch Botschaften bewiesen, die in seinem unnachahmlichen Stil geschrieben waren. Seine für ihn typischen Epigramme füllten viele Seiten, die das Schreibmedium Hester Dowden niederschrieb. Auch in diesem Fall haben Experten die Echtheit bezeugt, wie sie es auch bei den charakteristischen Jack-London-Botschaften taten, die ein anderes Medium empfing.

Dr. W. Osterley, der dem Bischof von London unterstellte Examining Chaplain (mit der Überprüfung religiöser Schriften beauftragter Geistlicher) er ist einer der größten Bibelspezialisten —, hat den Text, von dem es hieß, er sei die Fortsetzung der Apostelgeschichte, und von dem Medium Geraldine Cummins empfangen wurde, als „einwandfrei echt" bezeichnet. Ein Teil dieses Textes, der im Arbeitszimmer eines ehemaligen Bischofs von Kensington empfangen wurde, wurde mit einer Geschwindigkeit von 1.714 Wörtern in der Stunde niedergeschrieben!

Einen außerordentlich wichtigen Beitrag zur Ägyptologie leistete ‚Rosemary', ein Medium aus Blackpool. Ein Wesen aus der geistigen Welt, das vor 3.000 Jahren hinübergegangen war, teilte zum ersten Mal mit, wie Altägyptisch gesprochen wurde. Die Aussprache dieser toten Sprache war bis dahin fast unbekannt; nur ihre geschriebene Form wurde uns durch die Entdeckung des Steins von Rosette zugänglich. Übrigens hat derselbe Geist auch wertvolle Informationen über das Leben und die Gebräuche im alten Ägypten geliefert.

Die medialen Fähigkeiten von zwei Frauen – eine von ihnen war die berühmte Geigerin Jelly D'Aranyi – machten es möglich, den Ort zu entdecken, an dem ein verlorengegangenes Konzert von Schumann versteckt lag, eine Tatsache, die die BBC bekanntgab, als Jelly D'Aranyi die Komposition bei der Erstaufführung im Rundfunk spielte.

Sir Oliver Lodge, der ‚große alte Mann der Wissenschaft‘, hat die Hilfe aus der geistigen Welt gewürdigt, die er bei seinen Forschungen erhielt.

„Ich weiß, daß mir ständig Wesen aus dem Jenseits helfen", sagte er einmal. „Ich bin diesen höheren Mächten dankbar, die mich von der Realität der geistigen Welt überzeugten."

Die berühmten Philosophen, Weisen und Lehrer der Vergangenheit, die mit ihrem Leben auf der Erde der ganzen Menschheit ein Beispiel gaben, kehren immer noch zur Erde zurück. Sie bieten die Früchte ihrer Weisheit denen an, die bereit sind, dieses Wissen aufzunehmen. Wie ich an früherer Stelle schon gesagt habe, kehren manche der großen Lehrer im Mantel der Anonymität zurück. Sie treten bescheiden auf, doch ihre Worte sind so beredt, die Wahrheiten so tief, der Rat, den sie uns geben, so weise, daß wir über ihre reichen Erkenntnisse nur staunen können.

Der weise Lehrer einfacher Wahrheiten, Silberbirke, sagt uns: „Für uns ist weder Glaube noch Doktrin oder Dogma wichtig, es sei denn, sie ermöglichen es einer Seele, ein besseres Leben zu führen. Uns geht es nicht um etwas starr

Festgelegtes, sondern um lebendiges Handeln, denn es ist euer tägliches Leben, das von entscheidender Bedeutung ist. Kein Glaube, kein Dogma, kein Ritual kann auch nur im geringsten das Gesetz von Ursache und Wirkung ändern, noch kann eurem geistigen Entwicklungsstand, der durch euer tägliches Leben bestimmt wird, dadurch auch nur ein Jota genommen oder hinzugefügt werden. Unsere Treue gilt nicht einem Glauben oder einem Buch oder einer Kirche, sondern dem Großen Geist des Lebens und Seinen ewigen Naturgesetzen." Kinder, die in der Atmosphäre eines spiritualistischen Zuhause aufwachsen, können bei passender Gelegenheit mit den weisen Geistlehrern sprechen, die sich die Liebe und Achtung eines Hauskreises erworben haben. Diese Kinder können aus einer Quelle höherer Erkenntnis und Weisheit schöpfen, als sie sonst auf Erden zugänglich ist. Von diesen hochentwickelten Geistführern erfahren die Kinder etwas über ihre eigene Geistnatur und die Folgen und Verantwortlichkeiten, die dieses Bewußtsein mit sich bringt.

Der Nazarener verachtete die Gesellschaft kleiner Kinder nicht. Im Gegenteil, er sprach gern mit ihnen. „Wehret ihnen nicht", wies er jene zurecht, die die Kinder aus seiner Gegenwart entfernen wollten, „denn ihrer ist das Himmelreich." Ebensowenig wie dieser von Mitgefühl erfüllte Mensch weisen die hochentwickelten Geistlehrer die Freundschaft von Kindern zurück.

Mit ihren direkten und unvoreingenommenen Ansichten sind Kinder für gewöhnlich ausgezeichnete Sitzungsteilnehmer. Ich bin nicht dafür, daß sie wahllos an öffentlichen Séancen teilnehmen sollten. Doch in der Atmosphäre eines Hauskreises oder bei einer Séance mit einem Medium, dessen

Geistführer die Eltern lieben und vertrauen, kann es für die Kinder eine Freude und von Interesse sein, den weisheitsvollen Worten derer zu lauschen, die in den geistigen Sphären leben.

Während ich das niederschreibe, denke ich an die Freundschaft zwischen zwei Kindern, die ich kenne, und Silberbirke. Ruth und Paul haben von ihren Eltern gelernt, ganz selbstverständlich die Tatsache eines Weiterlebens nach dem Tod zu akzeptieren. Seit einigen Jahren betrachten sie Silberbirke jetzt als ihren ‚Führer, Philosophen und Freund'. Gelegentlich haben sie bei sich zu Hause eine Trancesitzung mit seinem Medium. Diese beiden Kinder bringen Silberbirke eine große Liebe entgegen, und sie wissen, daß er mit elterlicher Sorge allezeit über sie wacht. Trotz des großen Respekts gegenüber dem Geistführer haben sie in seiner Gegenwart weder Angst noch Scheu. Silberbirke seinerseits ist, wie ich weiß, gerührt von der tiefen Liebe der Kinder.

Es ist ihr besonderes Vorrecht, immer zur Weihnachtszeit mit Silberbirke zu sprechen. Die ‚Erwachsenen' der Familie sind zwar anwesend, aber es ist doch die Séance der Kinder. Ruth und Paul sind nicht anders als die meisten anderen Kinder. Ihr Wissensdurst und Informationshunger ist anscheinend nahezu unstillbar. Was für schwierige, komplizierte Fragen die Kleinen beantwortet haben wollen! Wie viele Erwachsene haben sich das Gehirn zermartert, um ihren Kindern verhältnismäßig einfache Antworten auf Fragen zu geben, mit denen sich der Mensch seit Jahrhunderten herumschlägt.

Gerade die Einfachheit einer kindlichen Frage macht es dem Erwachsenen manchmal schwer, seine Antwort zu formulieren. Es ist schwer, dem direkten Blick eines Kindes standzuhalten, das Fragen stellt wie diese: „Warum töten Menschen einander? Warum gibt es Arme, wenn manche Menschen so reich sind? Warum müssen manche verhungern, wenn andere so viel zu essen haben?" Es ist nicht leicht auf solche unbewußten Anklagen gegen die ‚Zivilisation' zu antworten, ohne vor Scham zu erröten, daß diese unschuldig gestellten Fragen in einer Welt des Überflusses, den Gott uns allen gegeben hat, nötig sind.

Vor der Sitzung mit Silberbirkes Medium bereiten Ruth und Paul normalerweise eine Liste mit Fragen vor, die sie dem Geistführer stellen wollen. Er ist es gewohnt, Fragen zu beantworten. Mitglieder aller Konfessionen, Gelehrte und berühmte Leute aus allen Teilen der Welt haben gelegentlich unseren Hauskreis besucht und Silberbirke komplizierte Fragen zu allen möglichen Themen gestellt. Ich habe nie erlebt, daß er nicht sofort und unumwunden auch auf die komplizierteste Frage geantwortet hätte.

Als Ruth und Paul das erstemal mit Silberbirke sprachen, war das Mädchen acht und der Junge sechs. Ihre Eltern hatten ihnen vorher erzählt, daß das Medium ‚einschlafen' und der Geistführer von seinem Körper Besitz ergreifen würde. Mit großem Interesse verfolgten sie diesen Vorgang. Das Medium hat immer deutlich veränderte Züge, wenn Silberbirke spricht.

Der Vater der Kinder, Paul Miller, ein Journalist und Schriftsteller, hielt diese Séance, bei der ich auch anwesend war, schriftlich fest. Ich bin ihm für den folgenden Bericht zu Dank verpflichtet.

Silberbirke begann, wie es stets seine Gewohnheit war, mit einer Anrufung. „O Großer Weißer Geist, mögen wir Dir mit der Einfalt eines kindlichen Herzens und Gemüts nahen, um jene großen Wahrheiten zu erfahren, die nur jenen enthüllt werden, die vollkommenes, kindliches Vertrauen in einen liebenden, allwissenden Vater haben. Mögen wir lernen, Dir ohne Furcht zu nahen in dem Wissen, daß Du vollkommene Weisheit, Liebe und Güte bist."

Als sich die Kinder dann rechts und links neben das Medium gesetzt hatten, sagte Silberbirke: „Heute abend werden wir nicht mit den großen Kindern sprechen, wir werden so tun, als seien sie gar nicht da. Wißt ihr, ich komme oft zu euch, um mit euch zu spielen."

„Du hast eine so schöne Stimme, und ich kann dich so gut hören", erklärte Ruth.

„Das ist meine Stimme und nicht die meines Mediums", sagte Silberbirke darauf. „Ich mache sie extra so."

Das ließ eine Frage in dem kleinen Mädchen aufsteigen: „Wie sprecht ihr in der geistigen Welt?"

„Wir sprechen gar nicht", erklärte Silberbirke, „wir senden unsere Gedanken auf kleinen Flügeln aus, und sie fliegen, von den Sternen getragen, schnell durch den Raum. Und dann erhalten wir andere Gedanken als Antwort. Wir brauchen keine Worte zu finden. Wenn wir ein schönes Bild vor unserem geistigen Auge sehen, können wir es sofort übermitteln. Wir haben so viele schöne Dinge hier, viel mehr als ihr — Bäume und Blumen, Vögel und Bäche. Wann immer wir ein schönes Bild haben wollen, können wir es sofort selbst machen. Wir können alles machen, was wir brauchen."

„Wie lange ist es her, seit du geboren wurdest?" fragte eines der Kinder. Silberbirke antwortete, daß er seit fast 3.000 Jahren in der geistigen Welt sei. „Und ich bin noch sehr jung", setzte er hinzu.

„Ich finde das nicht mehr sehr jung", sagte Ruth. „Wenn wir sterben, werden wir dann Geister?"

„Ihr seid jetzt schon kleine Geister, die zu großen Geistern heranwachsen", sagte Silberbirke.

„Aber wir sind nicht so wie du", sagte Paul.

„Wir sind alle Kinder des Großen Geistes, den ihr Gott nennt", erwiderte der Geistführer, „und da all die kleinen Teile des Großen Geistes miteinander verbunden sind, sind wir eine geistige Familie." Der Junge überlegte: „Gott muß sehr groß sein".

„Er ist so groß wie die große weite Welt", antwortete Silberbirke. „Und es gibt vieles, das du nicht sehen kannst."

„Aber hat Gott den Großen Geist gemacht?" war die nächste Frage.

„Er hat ihn nicht gemacht, denn Gott ist der Große Geist, der immer existiert."

„Kommt er auch auf die Erde?" wollte Ruth wissen.

„Ja", antwortete der Geistführer, „er kommt jedesmal, wenn ein Kind geboren wird, denn dann legt er einen Teil von sich selbst in dieses Kind hinein."

Die Kinder sagten, daß sie froh seien, etwas von der geistigen Welt zu wissen. „Ihr habt Glück", sagte Silberbirke zu ihnen, „weil ihr wißt, daß ihr von dem Licht und der Liebe derer umgeben seid, die von eurer Welt in die meine gegangen sind. Sie stehen euch immer schützend zur Seite."

„Ist deine Welt größer als unsere?" fragte Ruth.

„Sie ist viel größer", antwortete Silberbirke, „und in ihr gibt es viel schönere Dinge als in eurer Welt, zum Beispiel wunderbare Farben, solch herrliche Musik, so riesige Bäume − und Blumen und Vögel und andere Tiere.

Paul wollte mehr über die Tiere wissen, und Silberbirke versicherte ihm, daß in der geistigen Welt keine Tiere getötet werden.

„Warum die Menschen wohl die Tiere töten", sagte Paul ein wenig später.

„Weil sie noch nicht gelernt haben, daß das falsch ist", erfuhr er. „Manche Leute füttern die Tiere nur, um sie dann später zu töten", bemerkte Ruth.

„Ihr versucht, keine Tiere zu essen", sagte Silberbirke. (Ruths und Pauls Eltern sind Vegetarier.)

„Bekommt man in der geistigen Welt auch Hunger?" fragte der kleine Junge.

„Nie", antwortete der Geistführer, „weil wir immer von Lebenskraft umgeben sind, und wenn wir ein bißchen müde werden, dann atmen wir einfach mehr Lebenskraft ein. Wenn ihr abends ins Bett geht, dann stellt ihr euch hin und atmet tief ein, und wenn ihr das tut, dann atmet ihr auch Lebenskraft ein."

„Wann werde ich mit meinen geistigen Augen sehen?" fragte Ruth.

„Du hast geistige Augen und Ohren, Hände und Finger, Beine, Füße und Zehen, denn du hast einen zweiten Körper, das ist dein Geistkörper. Du kannst jetzt schon mit deinen geistigen Augen sehen, aber du kannst dich nicht an das erinnern, was du siehst, solange du in dem kleinen physischen Körper bist, den du jetzt hast. Aber im Lauf der Zeit wirst du in der Lage sein, das festzuhalten, was du siehst."

„Werden meine geistigen Augen ganz groß sein?" fragte Ruth mit weiblicher Neugier.

„Das ist nicht wichtig, denn die geistigen Augen können ganz weit sehen."

„Können sie über die ganze Welt schauen?" wollte Paul wissen.

„Sie sind wie ein Teleskop, mit dem ihr weit entfernte Dinge in euren Sehbereich bringen könnt."

„Wann werde ich dich denn richtig sehen können?" fragte das kleine Mädchen.

„Da must du noch ein bißchen warten. Du siehst uns sehr oft, aber du erinnerst dich nicht daran. Wenn du einschläfst, nehme ich dich und deinen Brunder bei euren geistigen Händen. Dann laßt ihr euren irdischen Körper schlafend im Bett zurück, und wir reisen in meine Welt und erleben solch wunderbare Abenteuer miteinander. Aber wenn ihr in euren Körper zurückkehrt, dann vergeßt ihr sie wieder. Ihr sagt nur, ‚Ich hatte aber einen komischen Traum.'"

Ruth war anscheinend immer noch von der Stimme des Geistführers fasziniert denn sie wiederholte: „Du hast wirklich eine wunderschöne Stimme", und Paul setzte hinzu: „Ich finde sie ganz ungewöhnlich."

Die Kinder fanden, daß es gut sei, daß die Menschen verschiedene Stimmen hätten. „Wenn sie alle dieselbe hätten", sagte Paul, „wäre das sehr langweilig."

Der Geistführer sagte den Kindern, daß wir zwar alle verschieden seien, daß wir aber auch alle sehr ähnlich seien, weil wir alle dem Großen Geist gehörten. „Manche Menschen", sagte er, „haben einen großen Geist in einem kleinen Körper und andere haben einen großen Körper, aber nur einen kleinen Geist."

Nachdem Ruth gefragt hatte, ob alle Geistführer gleich seien, forderte Silberbirke die Kinder auf, zuzuschauen, wie er die Gesichtszüge seines Mediums veränderte, so daß sie den Unterschied zwischen dem Gesicht des Mediums und dem des Geistführers sehen konnten.

Die Kinder fanden, daß der Geistführer ein längeres Gesicht hatte und daß sein Kinn spitzer war als das des Mediums. Ruth stellte auch fest, daß sie, während die Veränderung vor sich ging, von dem Gesicht des Mediums ein Licht ausgehen sah.

Der kleine Junge, der für gewöhnlich sehr zurückhaltend war mit Äußerungen seiner Zuneigung, sagte zu Silberbirke: „Ich hab dich lieb."

„Der Große Geist ist voll von solcher Liebe", antwortete der Geistführer, „von solcher Liebe, wie sie zwischen uns herrscht."

Silberbirke erzählte den Kindern von einem Fest in den Sphären, zu dem er gehen werde. Ruth und Paul wollten mehr darüber wissen. „Die Geistführer treffen sich", erzählte er ihnen, „nachdem sie ihre Medien verlassen haben. Wir beratschlagen und erfahren voneinander, was wir getan haben und was wir versucht haben zu tun. Wir gewinnen neue Einstellungen und vielleicht auch neue Weisheit, ja vielleicht sogar mehr Liebe, Glaube und Kraft, die wir eurer Erde bringen können, wenn wir unsere Arbeit fortsetzen."

„Was ist Weisheit?" fragte Paul.

„Das, was man weiß", war die Antwort.

„Wo ist der Himmel?" fragte Ruth.

„Der Himmel ist in euren Herzen, wenn ihr glücklich seid", war die schlichte Antwort.

„Er ist nicht im Herzen, wenn man unglücklich ist?" sagte das Mädchen.

„Du brauchst nie unglücklich zu sein", war die Antwort. „Du kannst immer im Himmel sein, wenn du willst. Ich bin immer bei euch und versuche, euch zu helfen. Wenn ihr es je vergeßt und weint, dann werde ich kommen und euch die Tränen fortwischen und das Lachen in eure Augen zurückbringen, damit euer Glück wachsen kann."

Paul Miller beschreibt das Ende der ersten Séance seiner Kinder mit dem geliebten Geistführer so: „Der Geistführer, dessen Worte die Erwachsenen mit Staunen erfüllt und sie zu stillen Zuhörern des freimütigen, offenen, liebevollen Gesprächs zwischen einer großen Seele und zwei Kindern gemacht hatten, legte jedem Kind eine Hand auf den kleinen Kopf und verließ sie mit den Segensworten: ‚Ich segne euch im Namen des Großen Weißen Geistes, der Liebe, Weisheit, Schönheit und Wahrheit ist. Ich bete darum, daß euch während eures ganzen Erdenlebens jene Einfalt erhalten bleibe, durch die ihr schon jetzt im Himmelreich seid. Ich bete darum, daß der Einfluß des Geistes, der um euch ist, in euch Widerhall findet und daß ihr zu Werkzeugen des Großen Geistes werdet, dem wir zu dienen uns bemühen.'"

Als der Journalist später über eine ähnliche Séance in „Psychic News" berichtete, schrieb er über den Einfluß, den der Geistlehrer auf seine heranwachsenden Kinder ausübte: „Hier ist die unsichtbare leitende Hand, die sie in ihrer geistigen Entwicklung führt, aber nicht zu sturem Auswendiglernen des Katechismus, den Menschen verfaßten, die von den Wahrheiten des Geistigen nichts wußten. Hier ist ein Führer, der den jungen Menschen rät, ihre eigenen, in ihnen liegenden geistigen Kräfte zu entfalten, damit sie selbst die Geistwesen sehen, die jedem Menschen als Schutzgeister mitgegeben sind. Hier in der geheiligten Atmosphäre des eigenen Heims tritt die Macht des Geistes in Verbindung mit dem heranreifenden Geist zweier Kinder; er gibt ihnen ein

Beispiel unermüdlichen Dienens, er führt sie ohne Angst und Gefahr zum Ausblick auf ein edleres Leben."

Gegen Ende dieser Sitzung sagte Silberbirke zu den Kindern:

„Die Dinge eurer Welt kann ich euch nicht bieten. Ich kann euch weder Geld noch Schmuck noch Kleider bringen. Ich kann euch nicht sagen, wo ihr nach Gold oder Silber oder Diamanten suchen sollt. Doch ich kann euch zeigen, wo ihr das Gold der Weisheit findet, das Silber der Erkenntnis und die Diamanten des Wissens. Ich kann euch die Reichtümer des Geistes zeigen, die einen Glanz haben, der nie vergeht, der noch lange anhält, wenn all das Gold eurer Erde nicht mehr die Bedeutung besitzt, die es für so viele heute noch hat. Das also sind die Reichtümer, die ich euch bieten kann, Reichtümer, die Bestand haben, die ihr nicht verlieren könnt, solange ihr sie nicht verlieren wollt."

Paul fragte den Geistführer einmal: „Helfen dir meine Gebete?" Schon viele von uns haben sich über die Frage Gedanken gemacht. Silberbirkes Antwort auf die Frage des Kindes paßt auch auf die der Erwachsenen: „Alle Gebete helfen", sagte er, „wenn der Wunsch aufrichtig ist. Das Gebet schafft sich selbst Flügel und schwingt sich hinaus in die Stille, bis es sein Ziel findet. Durch die Aufrichtigkeit fliegt es direkt und schnell auf sein Ziel zu. Wenn ihr also mit Andacht und Aufrichtigkeit betet, dann hilft das Gebet immer, weil all diejenigen, die wie ich zu eurer Erde herunterkommen, mit dem Gebet, mit der Liebe, mit all den Dingen, die zwar unsichtbar, aber doch so schön und real sind, arbeiten müssen.

Bete du nur weiter und sei gewiß, daß jedes Gebet, auch wenn es nicht so schnell in Erfüllung geht, wie du es gerne möchtest, gehört wird, daß jedes gewogen und zur rechten Zeit erfüllt wird."

Bei einer anderen Séance fragten Paul Millers Kinder Silberbirke: „Was geschieht mit den Kindern, die im Krieg umkommen?"

„Vieles geschieht mit ihnen", antwortete der Geistführer. „Zuerst kommen sie in ein Krankenhaus, wo draußen in den Gärten Tausende und Abertausende von herrlichen Blumen blühen, wo es wunderbare Bäume gibt und Seen mit glänzenden Fischen, und in den Bäumen sitzen Vögel mit buntem Gefieder. Wenn die Kleinen schwach sind, kümmern sich Schwestern um sie, und wenn sie dann ganz zu sich gekommen sind, findet man eine Mutter für sie, denn sie lassen ihre eigene Mutter oft auf Erden zurück.

Und all die Frauen, die in unsere Welt kommen und die auf Erden keine Kinder haben konnten, obwohl sie gerne welche gehabt hätten, sorgen für die Kleinen, bis ihre eigene Mutter kommt. Und sie wachsen und wachsen und wachsen, gerade so, wie sie es in eurer Welt auch getan hätten. Aber sie werden nicht älter, sie wachsen wie Früchte, sie reifen heran.

Und sie haben Schulen und spielen – genauso wie ihr –, und es gibt Lehrer, die alle Talente der Kinder fördern. Wenn man zum Beispiel erkennt, daß ein Kind ein Talent für Musik hat, dann kommen all die großen Musiklehrer und geben ihm Unterricht. Wenn es eine Begabung fürs Malen hat, kommen alle großen Maler und helfen dem Kind malen. Und da es in unserer Welt mehr Farben gibt als in eurer, können sie viel schönere Bilder malen. Wir haben auch mehr Musik in unserer Welt, weil wir nicht auf bestimmte Tonbereiche beschränkt sind wie ihr.

Wenn die Eltern der Kinder etwas davon wissen, was nach dem geschieht, was ihr Tod nennt, dann werden die Kinder immer wieder zu ihnen zurückgebracht. Wenn aber die Eltern nichts davon wissen, werden die Kinder auch von ihnen ferngehalten, weil es nicht gut für sie ist, in solch einer traurigen Atmosphäre zu sein. Man erspart ihnen diesen Kummer."

„Weißt du, was für eine Welt es in Zukunft geben wird?" fragte Ruth. Der Geistführer sagte, das hänge von vielen Dingen ab. „Aber", sagte er, „ich weiß, in was für einer Welt ihr leben werdet, wenn es auch noch lange dauern kann, bis es soweit ist. Es wird eine Welt sein, in der es keine Diktatoren gibt. Es wird eine Welt sein, in der es keine Reichen mehr geben wird, die zuviel haben, und keine Armen mehr, die zuwenig haben. Es wird eine Welt sein, wo es für den Geist des Menschen – den Geist Gottes im Menschen – Möglichkeiten geben wird, sich voll und ganz zu entfalten. Es wird eine Welt sein, die von keinem Tyrannen, sei er politischer und religiöser Natur, mehr beherrscht wird. Es wird eine Welt sein, in der all die großen Gaben, die der Große Geist so verschwenderisch verliehen hat, all Seinen Kindern frei zur Verfügung stehen. Es wird eine Welt sein, in der die Grenzen verschwunden sind, in der die Hautfarbe des Menschen keine Rolle spielt, in der es keine Trennungen geben wird, nur weil der eine weiß, der andere gelb und wieder ein anderer braun oder schwarz ist, weil sie alle erkannt haben werden, daß sie alle ein Teil Gottes sind. Es wird eine Welt sein, in der das Himmelreich gekommen ist, denn die Menschen werden Gott gefunden haben, weil sie sich selbst gefunden haben. Das ist die Welt, die kommen wird, die neue Welt, die Welt, die seit Jahrhunderten gesehen wird von

Dichtern und Malern, von Sehern und Propheten, von allen, die geistige Augen besaßen, und die einen Blick erhaschten in jene neue Welt, die kommen muß."

Mit diesen Worten beschrieb Silberbirke die neue Herrschaft, auf die wir alle voller Hoffnung unsere Augen richten. Ihre Verwirklichung kann durch unser eigenes Streben beschleunigt oder verzögert werden. Doch zu einem großen Teil wird sie gestaltet werden von den Kindern von heute — den Bürgern der Welt von morgen.

Kapitel XXI

Das große Abenteuer

„Sterben wird ein unheimlich großes Abenteuer sein!" Diese Worte legte J. M. Barrie, der gefeierte Schriftsteller und Dramatiker, der berühmtesten Figur in den Mund, die sein Genie schuf – „Peter Pan, der Junge, der nicht groß werden wollte." Vor Jahre hat sich Barrie selbst zu jenem ‚großen Abenteuer' aufgemacht, doch ist er seither viele Male aus der geistigen Welt zurückgekehrt. Er hat nicht nur mit Hilfe eines Mediums bewiesen, daß er weiterlebt, sondern er hat auch demonstriert, daß das Feuer seiner Phantasie und Inspiration noch brennt. Ruby Miller, die bekannte Schauspielerin, hat medial eine Geschichte empfangen, die ihr der ‚tote' Schriftsteller diktierte. Die Geschichte wurde veröffentlicht. Sie atmet ganz den unnachahmlichen Stil Barries.

In Barries Stück, das Kinder und Erwachsene gleichermaßen lieben, zeigen die Worte Peter Pans, wie gut der Autor die Mentalität der Kinder kannte. Wichtige Ereignisse, die ihnen zustoßen, werden als ‚Abenteuer' empfunden. Das Erlebnis des Todes ist ein neues, wunderbares Abenteuer, und das erste, was Kinder nach solch einem Erlebnis wollen, ist, zu ihren Eltern zurückzukehren, um ihnen davon zu erzählen. Peter verließ, wenn ihr euch erinnert, seine Eltern, um im ‚Niemalsland' zu leben. Aber er flog zu ihnen zurück, um ihnen von seinen wunderbaren, neuen Erlebnissen zu erzählen. Doch als er versuchte, das Haus zu betreten, stellte er fest, daß man ihn ausgesperrt hatte. Die Fenster waren geschlossen und verriegelt, weil seine Mutter nicht glauben konnte, daß ihr kleiner Junge je wieder zurückkehren werde. Traurig und verzweifelt kehrte Peter seinem Zuhause, von dem er ausgesperrt war, den Rücken und ging zurück ins ‚Niemalsland'.

Ihr Eltern, verschließt nicht eure Herzen euren Kindern, die in das Land hinter dem Schleier gegangen sind! Sobald sie sich von den vorübergehenden Nachwirkungen ihres Übergangs erholt haben, hilft man ihnen, in ihr irdisches Zuhause zurückzukehren. Ihren Lieben zu sagen, daß es ihnen gut geht, ist ihr erster Wunsch. Haltet fest an eurem Glauben an das Weiterleben eurer Kinder, bis Wissen die Tür der Medialität öffnet, durch die sie zurückkehren und Zeugnis von ihrem Weiterleben ablegen können. Macht es ihnen nicht so schwer, euch zu erreichen. Euer ungezügelter Schmerz wird ein Hindernis für sie sein. Mit ihrem einfachen, noch unreifen Denken können sie nicht begreifen, warum ihr weiterhin trauert, wenn sie doch bei euch sind. Sie mögen anfangs nicht verstehen, warum ihr ihre Gegenwart nicht zur Kenntnis nehmt, da sie euch doch sehen können. Macht sie also nicht traurig durch eine Haltung, die ihnen als Gleichgültigkeit erscheinen muß. Eure Gedanken sind für eure ‚toten' Kinder real und konkret. Von dem, was ihr denkt, hängt ihr Glück ab. Wenn sie erst einmal erkennen, daß ihr wißt, daß sie noch leben, werden sie zufrieden sein.

Selbst wenn ihr nur geringe mediale Gaben habt, werdet ihr, wenn ihr euch entspannt, manchmal fühlen, daß sie da sind. Die Kleinen werden oft bei euch sein, vor allem zu der Tageszeit, die sie früher immer mit euch verbrachten. Die ‚toten' Kinder lehnen am Knie einer Mutter, wenn der Abend kommt, sie sind an der Seite eines Vaters nach des Tages Arbeit.

Beweise für das Weiterleben nach dem Tod sind allen zugänglich, die mit der aufrichtigen, unvoreingenommenen Haltung eines Forschers nach der Wahrheit suchen. Es ist immer ratsam, einige Monate zu warten, ehe ihr euch auf eure Suche begebt. Diese Zeit ermöglicht es nicht nur euren Kindern, sich an ihren neuen Zustand zu gewöhnen, sondern es wird dann auch genug Zeit verstrichen sein, daß euer Gemüt wieder ruhig und gefaßt ist. Anspannung und aufgestaute Gefühle können bei einer Séance leicht die feinstofflichen Schwingungen stören und eine erfolgreiche Manifestation verhindern.

Da Medien sensible Instrumente sind, können allzu aufgeregte Gefühle die mediale Kraft beeinträchtigen, ja die Kommunikation mit der geistigen Welt sogar verzerren. Gebt vor oder während einer Séance keine Informationen, die die Beweiskraft des Durchgegebenen mindern. Angesehene Medien lehnen es ab, daß man ihnen irgend etwas über die Gründe für die Sitzung sagt. Sie wollen ebenso wie die Sitzungsteilnehmer, daß die Séance ein Erfolg ist. Nehmen Sie aber auch nicht in einer unnachgiebigen starren Geisteshaltung an einer Sitzung teil. Durch Ihre wohlwollende, empfangsbereite Haltung können Sie in jeder Weise helfen, ohne Beweise preiszugeben.

Ehe Sie sich aufmachen, um nach Beweisen für das Weiterleben nach dem Tod zu suchen, empfiehlt es sich, sich etwas mit diesem Thema vertraut zu machen, indem man Bücher oder sonstige Literatur über Spiritualismus liest. Lesen Sie diese unvoreingenommen, und lassen Sie sich dabei nicht von früheren religiösen Überzeugungen, von Aberglauben oder von engstirnigem Dogma behindern. Ich würde Ihnen vorschlagen, daß Sie, ehe Sie bei einem Medium eine Einzelsitzung haben, an ein oder zwei öffentlichen Demonstrationen teilnehmen. Die Zeit für eine Einzelsitzung ist gekommen, wenn Sie das Gefühl haben, daß Sie über ausreichendes Wissen verfügen, so daß die Sitzung ein Erfolg wird.

Ich glaube, daß sie von dem Ergebnis Ihrer Suche nicht enttäuscht sein werden. Während meiner langen Erfahrung mit dem Spiritualismus habe ich es nie erlebt, daß ein aufrichtig Trauernder das Séancezimmer ungetröstet verließ.

Es gibt keinen Grund, warum Sie eine Ausnahme sein sollten.

Aus unserem Programm

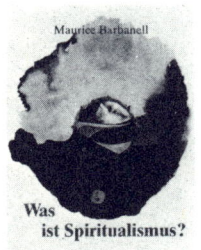

ISBN 3-923781-15-6
mehrfarbig broschiert
256 Seiten, DM 27,80

Maurice Barbanell

Was ist Spiritualismus?
– übersetzt von Rudolf Meldau –

Der Autor ist das Medium von „Silberbirke". Er war als Journalist und Verleger jahrzehntelang der Herausgeber von Psychic News und hat als solcher die besten Medien seiner Zeit kennenlernen dürfen. Dieses höchst aufschlußreiche Buch gehört zu den überzeugendsten Darstellungen der Tatsache, daß es ein Leben nach dem Tod nicht nur gibt, sondern daß unsere Verstorbenen aus dem Jenseits durch ihre Kommunikation mittels Medien tatsächlich ihre Identität beweisen können.

ISBN 3-923781-13-X
mehrfarbig, broschiert
104 Seiten, DM 16,80

Anne Dooley

„Silberbirke" spricht

Ein hoher Geistlehrer, der sich hinter dem Namen „Silberbirke" verbirgt, klärt uns mit einfachen Worten über die Grundwahrheiten und Geheimnisse des Lebens auf. Von ihm können wir alle viel lernen.

ISBN 3-923781-29-6
154 Seiten, br.,
DM 19,80

William Naylor
in der Übersetzung von Rudolf Meldau

Silberbirke und seine Lehren

„SILBERBIRKE" ist wie „WHITE EAGLE" ein hoher Geistlehrer, der uns Menschen mit einfachen Worten Licht und Wahrheit schenken möchte, damit wir die Gesetze der Schöpfung und uns selbst erkennen mögen, um unser irdisches Leben tatkräftigst zu nutzen und im Verstehen und in der Liebe zu wachsen.

Die Worte „SILBERBIRKES" sind im wahrsten Sinne Seelenspeise von erlesenster Art, die man besten Gewissens jedem Suchenden weiterempfehlen darf.

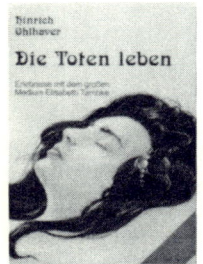

ISBN 3-923 781-43-1
farbig broschiert
156 Seiten, DM 22,80

Hinrich Ohlhaver

Die Toten leben

Dieses Buch macht den Leser mit Deutschlands wohl erstaunlichstem Medium bekannt. Unter den vielen medialen Fähigkeiten, die Elisabeth Tambke ausübte, sind die durch sie bewirkten Materialisationserscheinungen Verstorbener wohl die in ihrer „Leibhaftigkeit" bemerkenswertesten gewesen, die je auf deutschem Boden demonstriert worden sein dürften.

Trutz Hardo: Wohl kaum ein anderes Buch vermag den Leser von einem Leben nach dem Tod und vom Vorhandensein einer Geisterwelt nachhaltiger zu überzeugen.

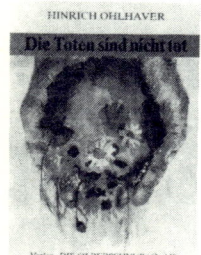

ISBN 3-923781-19-9
farbig broschiert
154 Seiten, DM 18,80

Hinrich Ohlhaver

Die Toten sind nicht tot

Dies ist der zweite Band zu Ohlhavers berühmten Buch „DIE TOTEN LEBEN", welches im letzten Jahr bei uns erschienen ist. Wurden in letzterem die Phänomene geschildert, die durch das Materialisationsmedium Elisabeth Tambke geschahen, so berichtet dieser zweite Band darüber, wie es zu diesen Phänomenen kam und wie überhaupt auch von den Lesern spiritistische Gruppen gebildet werden können, um mit Geistwesen Verbindung aufzunehmen und Geistheilungen erfolgreich durchzuführen.

ISBN 3-923781-03-2
mehrfarbig, broschiert
268 Seiten, DM 29,80

Anthony Borgia

Das Leben in der unsichtbaren Welt

Unternehmen wir zum erstenmal – sagen wir – eine Reise nach Amerika, so erscheint es uns zweckdienlich, uns vorher über jenes Land zu informieren, um uns bei unserer Ankunft besser zurechtzufinden. In das Land des Jenseits, jener uns nach unserem irdischen Tod erwartenden „Geistigen Welt", müssen wir aber alle einmal reisen!

ISBN 3-923781-40-7
farbig broschiert,
190 Seiten, DM 19,80

Prof. Werner Schiebeler

Leben nach dem irdischen Tod

— Die Erfahrungen Verstorbener —

Der bekannte Physiker und Parapsychologe erstellt aus den zuverlässigsten medialen Durchsagen der letzten 100 Jahre die Beschreibung des Jenseits.

Das Buch, das uns jetzt schon sagt, was uns „nachher" erwartet.

ISBN 3-923781-26-1
farbig broschiert
davon 16 Bildtafeln,
268 Seiten, DM 29,80

Werner Schiebeler

Der Tod, die Brücke zu neuem Leben

Nach jahrelanger Beschäftigung mit der Paraphysik beschreibt der weithin bekannte und noch lebende Physiker und Parapsychologe Prof. WERNER SCHIEBELER in diesem für Wahrheitssucher eminent wichtigen Buch die dokumentarisch gutbelegten Phänomene, welche unzweideutig auf ein Überleben des Menschen auf einer anderen Existenzebene schließen lassen.

Sicherlich dürfte es augenblicklich kein zweites Buch geben, das von den Sternstunden parapsychologischer Phänomene eindringlicher berichtete.

ISBN 3-923781-33-4
Farbig broschiert,
48 Bildtafeln,
344 Seiten,
DM 29,80

Werner Schiebeler

Zeugnisse für die jenseitige Welt

Wer sich für die parapsychologische Forschung und die erbrachten Beweise der namhaftesten Forscher auf dem Gebiet „Kommunikation mit dem Jenseits" interessiert, wird an diesem reichlich mit Bildern versehenen und für jeden verständlich geschriebenen Standardwerk nicht vorbeigehen wollen.

ISBN 3-923781-02-4
mehrfarbig, broschiert
90 Seiten, DM 16,80

Elisabeth Kübler-Ross

Über den Tod und das Leben danach

Zum erstenmal werden mit diesem Buch die Ergebnisse zum Thema „Über den Tod und das Leben danach" veröffentlicht, zu denen die berühmte Wissenschaftlerin und Ärztin Dr. ELISABETH KÜBLER-ROSS nach vielen Jahren des Erforschens an den Betten Sterbender gelangte.

„Ich glaube, es ist jetzt Zeit, daß die Leute wissen, daß der Tod gar nicht existiert, wenigstens nicht so, wie wir uns das vorstellen."

ISBN 3-923781-17-2
farbig broschiert
92 Seiten, DM 15,80

Harold Sharp

Auch Tiere überleben den Tod

Indem das berühmte hellsichtige Medium Harold Sharp seine Erlebnisse mit „verstorbenen" Tieren erzählt, führt er zugleich den Beweis, daß Tiere den Tod überleben und sich aus ihrer jenseitigen Welt ihren irdischen Freunden bemerkbar machen oder zeigen können. Zugleich vermochte es der Autor, mit seinem Astralkörper das Jenseits aufzusuchen und das Erlebte in Erinnerung zu behalten. Somit haben wir in diesem Buch auch einen authentischen Bericht vorliegen über das Leben der Tiere in der jenseitigen Welt.

ISBN 3-923781-12-1 (geb. Ausgabe), farb. Schutzumschlag, 220 Seiten mit vielen Bildern, DM 34,00
ISBN 3-923781-11-3 (brosch. Ausgabe) DM 27,80

Coral Polge

Ich male Gesichter Verstorbener

Coral Polge gehört mit Rosemary Brown, Doris Stokes und Doris Collins zu den bekanntesten noch aktiven Medien Englands und erregte darüber hinaus durch Presse, Funk und Fernsehen in vielen Ländern größtes Aufsehen. Dieses Medium hat die Gabe, die Präsenz der Verstorbenen wahrzunehmen und nebst der Durchsage von Botschaften deren Portraits zu zeichnen.
Bisher hat sie bereits schon über hunderttausend solcher Portraits von Jenseitigen skizziert und damit einer erstaunlich großen Menge von Menschen zu der klaren Überzeugung verholfen, daß deren Verstorbene weiterhin leben.